CB077510

O NAZISTA E O PSIQUIATRA

2ª edição

JACK EL-HAI

O NAZISTA E O PSIQUIATRA

Hermann Göring, Dr. Douglas M. Kelley, a história real de um encontro de mentes fatal no final da Segunda Guerra Mundial

Tradução
Solange Pinheiro

Planeta

Copyright © Jack El-Hai, 2013
Copyright © Editora Planeta do Brasil, 2016, 2025
Copyright da tradução © Solange Pinheiro, 2016
Todos os direitos reservados.
Título original: *The Nazi and the Psychiatrist*

Coordenação de produção editorial: Ana Paula Felippe
Preparação: Clara Diament
Revisão: Rosemary Lima e Ana Paula Felippe
Diagramação: Agwm produções editoriais
Capa: Daniel Justi

Dados Internacionais de Catalogação na Publicação (CIP)
Angélica Ilacqua CRB-8/7057

El-Hai, Jack

O nazista e o psiquiatra / Jack El-Hai ; tradução de Solange Pinheiro. – 2. Ed. - São Paulo : Planeta do Brasil, 2025.

320 p. : il., color.

ISBN 978-85-422-2999-8
Título original: The nazi and the psychiatrist

1. Ficção norte-americana I. Título II. Pinheiro, Solange

24-5338 CDD 813

Índice para catálogo sistemático:
1. Ficção norte-americana

MISTO
Papel | Apoiando o manejo florestal responsável
FSC® C112738

Ao escolher este livro, você está apoiando o manejo responsável das florestas do mundo

2025
Todos os direitos desta edição reservados à
Editora Planeta do Brasil Ltda.
Rua Bela Cintra 986, 4º andar – Consolação
São Paulo – SP – 01415-002
www.planetadelivros.com.br
faleconosco@editoraplaneta.com.br

PARA ESTELLE EL-HAI E O DR. ARNOLD E. ARONSON

com meu afeto e minha gratidão

SUMÁRIO

PERSONAGENS PRINCIPAIS

EQUIPE DO PRESÍDIO DE NUREMBERG

Coronel Burton Andrus, comandante
Capitão John Dolibois, assistente social
Tenente Gustave Gilbert, psicólogo
Major Douglas McGlashan Kelley, psiquiatra
Howard Triest, tradutor

RÉUS DE NUREMBERG

Karl Dönitz, almirante e sucessor designado de Hitler
Hans Frank, governador-geral da Polônia ocupada pelos nazistas
Wilhelm Frick, chefe da divisão de rádio do Ministério da Propaganda Alemão
Walther Funk, ministro da Economia
Hermann Göring, Marechal do Reich e chefe da Força Aérea
Rudolf Hess, adjunto do Führer
Alfred Jodl, chefe de operações do Alto-Comando Alemão
Ernst Kaltenbrunner, chefe da Polícia de Segurança
Wilhelm Keitel, chefe do Estado-Maior do Alto-Comando Alemão
Robert Ley, chefe da Frente Alemã para o Trabalho
Konstantin von Neurath, ministro das Relações Exteriores (até 1938)

Franz von Papen, vice-chanceler alemão
Erich Raeder, comandante em chefe da Marinha alemã
Joachim von Ribbentrop, ministro das Relações Exteriores
Alfred Rosenberg, filósofo do Partido Nazista e ministro do Reich para os Territórios Orientais Ocupados do Leste
Fritz Sauckel, chefe do recrutamento do trabalho escravo
Hjalmar Schacht, presidente do Reichsbank e ministro da Economia (até 1937)
Baldur von Schirach, líder da Juventude Hitlerista
Arthur Seyss-Inquart, chanceler austríaco e comissário do Reich para os Países Baixos
Albert Speer, ministro do Armamento do Reich
Julius Streicher, editor do Der Stürmer

MEMBROS DO TRIBUNAL MILITAR INTERNACIONAL

William "Bill Louco" Donovan, assistente especial do promotor-chefe
Robert Jackson, chefe norte-americano do conselho para a promotoria
Juiz Geoffrey Lawrence, presidente da corte

FAMÍLIA DE DOUGLAS MCGLASHAN KELLEY

Charles McGlashan, avô
June McGlashan Kelley, mãe
George "Doc" Kelley, pai
Alice Vivienne "Dukie" Hill Kelley, mulher
Doug, Alicia e Allen Kelley, filhos

1

A CASA

Os Kelleys viviam em uma *villa* esparramada, em estilo mediterrâneo, na Highgate Road, nas colinas de Kensington, ao norte de Berkeley, Califórnia. Seu telhado vermelho se erguia bem acima das águas distantes e oscilantes da baía, porém mais perto, além das quatro varandas e dos caminhos de pedra do jardim, e abaixo de uma encosta coberta de sequoias e de árvores frutíferas, ficavam as lápides do Cemitério de Sunset View.

Um pequeno carrossel e uma piscina para crianças se localizavam no centro do quintal da casa em forma de U dos Kelleys. A porta da frente se abria para um corredor com a cozinha à esquerda, onde o médico preparava as refeições da família usando um grande fogão, uma grelha e um moedor de carne. A cozinha se ligava a uma despensa com um *freezer*. O filho mais velho certa vez se sentou no topo do eletrodoméstico que zumbia e pensou em matar o pai com um machado.

O corredor da entrada conduzia a um banheiro do lado direito – cenário de um espetáculo macabro que aconteceu no primeiro dia de 1958 – e, depois dele, ficava a sala de estar, onde havia uma lareira, um grande sofá e a cadeira de couro verde do próprio médico. A sala era acarpetada, com a mobília colocada contra as paredes para abrir espaço para os hóspedes. Às vezes, o dr. Kelley fazia nessa sala um jogo com o filho mais velho: o menino tinha de sair da sala, e, durante sua ausência, o médico mexia um lápis em cima da mesa de centro. Ao voltar, o menino tinha de descobrir o que havia sido mudado.

Depois da sala de estar ficava o quarto de dormir do dr. Kelley e de Dukie, que tinha vista para a parte de trás do terreno de quase 2 mil metros quadrados. As crianças se esgueiravam através do corredor para um pequeno *closet*, de onde conseguiam ouvir as brigas dos pais.

Na sala de jantar, escadas manchadas de preto levavam para o andar de cima da casa. Lá, um buraco de bala, escondido sob um tapete, deixava uma marca no piso de madeira de um corredor banhado pela luz do sol que entrava pelas janelas altas. Antes de chegar ao escritório do dr. Kelley, o corredor passava por um *closet* que ocultava os itens de mágica e os adereços para as apresentações que fazia.

A vista da janela do escritório oferecia um panorama maravilhoso da baía da Golden Gate e da torre da prisão de Alcatraz. Virando a cadeira de sua mesa para ficar de frente para a vista, o dr. Kelley poderia fixar o olhar em Alcatraz e se lembrar dos meses em que trabalhara em outro presídio, em Nuremberg. Sua mesa era organizada. Ele conservava, em armários e em um pequeno laboratório, serras de ossos, uma mesa de laboratório, almofarizes, queimadores de álcool, cilindros e provetas graduados, coleções de cristais, amostras de plantas organizadas em lâminas de vidro, dois crânios humanos e uma grande variedade de produtos químicos, muitos deles tóxicos.

As crianças dormiam nos quartos do porão. Elas sentiam medo da imprevisibilidade das visitas de boa-noite do dr. Kelley. Quando ouviam o rangido causado pelo peso dele nos degraus, elas tinham alguns segundos para se prepararem para qualquer que fosse seu estado de espírito.

A última discussão começara na cozinha. Com frequência, quando o dr. Kelley e Dukie brigavam, ela arrumava a bolsa e sumia de casa o dia todo. Dessa vez, o dr. Kelley saiu aos berros da cozinha, subiu apressado as escadas e foi para seu escritório. Depois de alguns minutos ele saiu, trazendo alguma coisa oculta na mão. Ele desceu as escadas e parou no mezanino, que ficava acima da sala como se fosse um palco. Gritou uma frase que aterrorizou e deixou perplexos sua esposa, seu pai e os filhos. Então colocou algo na boca e engoliu.

2

MONDORF-LES-BAINS

O avião, um pequeno Piper L-4, não podia sair do lugar. Seu único passageiro, Hermann Göring – antigo ás da Primeira Guerra Mundial, chefe da outrora temida Força Aérea e oficial mais elevado da hierarquia do Terceiro Reich que ainda estava vivo –, era pesado demais para uma decolagem segura.

Esse era um interlúdio pouco habitual para Göring. Durante semanas ele estivera em um estado de movimento, incerteza e perigo contínuos. Ele havia abandonado seu amado chalé de caça e propriedade do partido, Carinhall. Suportara um confinamento forçado sob as ordens de Adolf Hitler, depois de se oferecer, a seu ver de modo heroico, para assumir o controle do governo nazista. Logo em seguida, Göring ficou sabendo das ordens dadas por Martin Bormann às forças alemãs para matá-lo, e ele escapou da custódia da SS (Schutzstaffel, o Esquadrão de Proteção).

Menos de quarenta e oito horas antes de subir a bordo do Piper, no dia anterior à rendição da Alemanha, 7 de maio de 1945, Göring havia mandado, através da linha de batalha que se desintegrava, uma carta para o comando militar norte-americano. Ele reconhecia o iminente colapso da Alemanha nazista e se oferecia para ajudar os Aliados a formar um novo governo do Reich. O general de brigada do Exército norte-americano, Robert I. Stack, espantou-se com a audácia do remetente, e logo estava liderando um comboio de soldados em jipes para capturá-lo. Eles se depararam com a caravana de veículos do próprio Göring perto da cidade austríaca de Radstadt. Göring estava em um Mercedes-Benz equipado com vidros blindados.

O motorista cutucou Göring e disse: "Os norte-americanos estão aqui, Herr Marechal do Reich". Inclinando-se na direção de sua mulher, Emmy, Göring disse: "Tenho um bom pressentimento a respeito disso". Stack saiu de um veículo do Exército norte-americano, e os homens trocaram cumprimentos. Göring e sua mulher, outrora um dos casais mais poderosos da Europa, haviam chegado ao fim de sua guerra. Emmy se desfazia em lágrimas. Esse encontro com os oficiais inimigos em uma estrada lotada de refugiados "certamente foi um momento extremamente penoso para nós", ela escreveu tempos depois.

Stack telefonou para o escritório de campo do general Dwight D. Eisenhower, comandante supremo das Forças Aliadas na Europa, dando notícias sobre a captura de Göring. Este, que se considerava o mais carismático e internacionalmente admirado dos líderes alemães, acreditava que Eisenhower logo iria ordenar sua libertação. Soldados norte-americanos escoltaram Göring e sua família até o Castelo Fischorn, perto de Zell am See, onde Göring fez brincadeiras com seus captores enquanto sua família se instalava em cômodos no segundo piso e jantava com Stack. Göring disse para Emmy que iria partir no dia seguinte para se encontrar com Eisenhower, mas que logo estaria de volta.

– Não se preocupe se eu ficar fora por um ou dois dias mais – ele disse. Depois de pensar um pouco, acrescentou: – Para dizer a verdade, tenho a sensação de que tudo ficará bem. Você não acha?

Göring passou a noite no quartel-general do Sétimo Exército norte-americano em Kitzbühl, onde uma vez mais solicitou um salvo-conduto e um encontro com Eisenhower. Seus captores disseram-lhe que não era muito provável que tal encontro acontecesse. No entanto, Stack e sua equipe trataram Göring com muita cortesia: o líder nazista bebeu champanhe durante recepções com soldados norte-americanos, posou para fotografias e deu uma entrevista coletiva, e foi tratado por uma última vez como o mais alto representante de Estado que ele acreditava ser.

* * * * * *

Na manhã seguinte, usando seu uniforme cinzento da Força Aérea, Göring foi levado à cabeceira de uma pista de decolagem nas vizinhanças, até a pequena cabine do Piper, onde ficou evidente que a aeronave não seria capaz de transportar seu corpo de 122 quilos.

Alguém achou um avião um pouco maior, um Piper L-5, que tinha potência para transportar o prisioneiro nazista. Göring embarcou e se acomodou no banco traseiro, mas surgiu outro empecilho para uma viagem segura. Ele não conseguia prender o cinto de segurança em sua barriga. Göring segurou a ponta solta e disse, *"Das gut"*, para o piloto da Força Aérea norte-americana que estava no controle, capitão Bo Foster. Então, em um gesto de indiferença, ele colocou o cotovelo para fora, apoiando-o na fuselagem, enquanto Foster taxiava o avião na pista e o fazia decolar.

O Piper voou por cinquenta e cinco minutos até Augsburg, Alemanha, onde oficiais de inteligência do Sétimo Exército americano estavam à espera. Durante o trajeto, Göring e Foster misturaram alemão e inglês ao discutir a vista aos pés deles. Göring apontou para campos de pouso e localidades industriais que ele reconhecia. Também falaram sobre outros assuntos. Foster perguntou quando a Alemanha havia começado a desenvolver aviões a jato, e Göring respondeu, "Tarde demais", e riu. O Marechal do Reich era espirituoso e jovial. Foster trazia uma pistola .45 no coldre de ombro, mas caso seu prisioneiro, um hábil piloto, tivesse tentado se aproveitar da proximidade entre eles para assumir o controle da aeronave, Foster não teria sido capaz de tirar uma das mãos dos instrumentos para se defender. Ele e o mais famoso prisioneiro de guerra do mundo estavam indefesos um em relação ao outro.

Depois de aterrissarem, Foster pediu a Göring para autografar um relatório de voo em branco. Passar uma hora em tão grande intimidade com Göring o havia abalado. "Eu pude ver que ele era como um de nossos oficiais, caso [um deles] tivesse sido apanhado", relembrou ele décadas mais tarde. "Eu não diria que isso mudou meu ponto de vista sobre a guerra, mas me mostrou que há...". Deixou que a frase ficasse sem terminar. "Bem", retomou, "fiquei me questionando tudo o que sabíamos sobre aquelas pessoas más."

Emmy e Edda Göring, a mulher e a filha de cinco anos do Marechal do Reich, foram transportadas para o Castelo de Valdenstein, uma residência que a família possuía na Francônia.

* * * * * *

Em Augsburg, Göring perdeu seus privilégios. Seus guardiões se apropriaram de seu valioso bastão de Marechal do Reich, um cabo de marfim de 2,2 quilos, enfeitado com águias de ouro e cruzes de platina e com 640 diamantes incrustados, que Hitler lhe dera em 1940. Entretanto, ele ainda comia e bebia no refeitório dos oficiais (talvez para fazer com que ele fosse mais cooperativo durante os interrogatórios), fruía dos olhares assombrados dos soldados norte-americanos e gozava da atenção da imprensa internacional. Pela última vez, ele falou com seu irmão mais novo, opositor do nazismo, Albert, que havia apoiado a resistência tcheca durante a guerra e frequentemente ajudava judeus perseguidos. Para Albert, Göring insinuou que ele sabia que provavelmente iria ficar sob custódia por um longo tempo. "Você logo vai ser libertado", ele teria dito para Albert. "Então, cuide de minha mulher e de minha filha. Adeus."

Eisenhower continuou a ignorar os pedidos de Göring para uma reunião "de homem para homem", e logo o prisioneiro soube que deveria se preparar para outra mudança, no dia 20 de maio. Tendo recebido permissão para levar um auxiliar, Göring escolheu Robert Kropp, seu ajudante pessoal havia muito tempo.

O destino de Göring era Mondorf-les-Bains, em Luxemburgo, onde os norte-americanos haviam estabelecido um centro de interrogatórios conhecido por Cinzeiro. (Com a mesma irreverência, os britânicos haviam chamado um de seus centros de detenção para inimigos de Lata de Lixo.) Göring deve ter se sentido mais alegre ao saber qual era seu destino, porque Mondorf, uma antiga estação de águas encravada entre as fronteiras de Luxemburgo com a França e a Alemanha, era conhecida por suas vinícolas, seus parques, seus campos floridos e seus bons hotéis. Antes de sua chegada, entretanto, os soldados norte-americanos que faziam os preparativos para os transportes de prisioneiros nazistas haviam removido a mobília do decorado mas decadente Palace Hotel, deixando os quartos de hóspedes vazios, a não ser por camas de armar com colchões de palha. Foram embora os candelabros, bem como os vidros das janelas que permitiam encantadoras vistas da cidade, substituídos por barras de metal e lâminas inquebráveis de acrílico. Os soldados também construíram uma paliçada ao redor do hotel, com quatro torres de vigia equipadas com metralhadoras, e logo iriam instalar holofotes, cercas de arame farpado eletrificado com 4,5 metros de altura e outros postos de metralhadoras.

Com tais toques de decoração, era difícil para o novo comandante do Cinzeiro, o coronel do Exército norte-americano Burton C. Andrus, manter oculto o propósito do antigo hotel. Mas ele tentou, mesmo quando outros nazistas famosos foram para lá. Entre os primeiros a chegar estavam o grande almirante Karl Dönitz, o último chefe de Estado da Alemanha nazista (a quem Hitler nomeara seu sucessor em uma derradeira manifestação de melindre contra Göring); o comandante das Forças Armadas Wilhelm Keitel e seu adjunto, Alfred Jodl; Robert Ley, um diretor da Frente para o Trabalho mentalmente instável que não manifestava interesse por sua alimentação ou bebida na qualidade de prisioneiro, mas solicitava com urgência companhia feminina; Hans Frank, antigo governador nazista da Polônia, já um veterano de duas tentativas de suicídio no cativeiro; o escritor da filosofia nazista Alfred Rosenberg, que se recuperava de uma torção no tornozelo sofrida depois de uma bebedeira quando a guerra terminou; Hjalmar Schacht, diretor do Banco Central da Alemanha, que se opusera a Hitler durante a guerra e havia acabado em um campo de concentração; e Julius Streicher, editor do notório jornal antissemita *Der Stürmer* [A Tropa de Assalto], que havia passado seus últimos dias de liberdade na Baviera fazendo de conta que era um pintor de paisagens. Andrus acabou se encarregando de cinquenta e dois oficiais de alto escalão do Exército alemão e de altos funcionários do governo em Mondorf. Ele recordou que temia ataques contra seus prisioneiros alemães vindos do exterior, "ou levados a cabo por nazistas fanáticos tentando resgatar os presos, ou pelos cidadãos de Luxemburgo, que odiavam não apenas os nazistas, mas todos os alemães, depois do impiedoso tratamento a que eles haviam sido submetidos [durante a guerra]". Um grupo de 176 luxemburgueses, que se recuperavam em Mondorf depois de sobreviverem aos horrores do campo de concentração de Dachau, estava entre os que não poderiam ser culpados por desejarem linchar os líderes nazistas.

Andrus levou sua ocupação a sério. Epítome da secura da classe militar, com seu capacete reluzente, os óculos com aros de metal, modo de falar conciso e porte rígido, ele insistia que os prisioneiros nazistas o tratassem com deferência, como o oficial comandante deles. Embora a revista *Time* o descrevesse como "uma figurinha rechonchuda, parecida com um pombo *pouter* inchado", o coronel era um apaixonado por polo aquático, nascido no Estado de Washington, tinha quase 1,80 metro e pesava mais de 72 quilos. Distinguira-se como oficial da cavalaria durante a Primeira Guerra Mundial e também servira como administrador de um centro de detenção militar em Forte Oglethorpe, na Geórgia. Antes de sua chegada ao forte, a disciplina do presídio era um desastre. As fugas eram frequentes, e os assassinos condenados impunham suas próprias regras por meio do que Andrus chamava de "farsas judiciárias". Para iniciar Andrus, os condenados da Geórgia haviam assaltado e destruído a ala das celas. Ele forçou os líderes da confusão a limpar a bagunça, mandou construir celas solitárias e estabeleceu novas regras de conduta. Então deu ordens aos guardas para que atirassem em qualquer prisioneiro que tentasse fugir. Depois disso a disciplina ficou excelente.

Göring chegou ao Cinzeiro descontente com o desrespeito mostrado pelos guardas norte-americanos mascadores de chiclete que o haviam conduzido desde o aeroporto. Ainda usando seu uniforme da Força Aérea e suando copiosamente, Göring compareceu ao escritório de Andrus. Este não gostou de Göring desde o momento em que os dois se encontraram. "Com a gordura derivada da boa vida balançando sob seu dólmã, ele ostentava uma figura maciça", observou Andrus, acrescentando que considerava Göring um "pateta choramingas". Göring arrefeceu sob o olhar avaliador do comandante.

Junto com seu ajudante, Kropp, Göring trouxera uma dúzia de malas com monogramas e uma grande caixa vermelha de chapéus. Os funcionários do presídio passaram uma tarde inteira revistando o conteúdo delas em busca de contrabando e esquadrinhando itens como medalhas militares incrustadas de pedras preciosas; anéis de diamante e de rubi; joias brasonadas com suásticas; abotoaduras enfeitadas com pedras semipreciosas; a Cruz de Ferro de Göring na Primeira Guerra Mundial; roupas íntimas de seda; quatro uniformes militares; chinelos de quarto; uma bolsa de água quente; quatro pares de óculos; dois cortadores de cigarro; e um sem-fim de relógios, alfinetes de gravata e cigarreiras. Göring também se munira com dinheiro, num total de 81.268 reichsmarks (equivalente hoje ao poder de compra de cerca de um milhão de dólares). Ele se vangloriou de que um dos anéis continha a maior esmeralda que ele jamais vira em sua longa experiência como colecionador de pedras preciosas. A pedra tinha 2,5 centímetros de comprimento e 1,25 centímetro de largura. Muitas dessas posses haviam sido roubadas de países ocupados, os faiscantes espólios de guerra.

Escondido em uma lata de café e nas costuras das roupas de Göring, um conjunto de frascos de bronze continha pequenas cápsulas de um líquido claro com um precipitado branco: o mortal cianureto de potássio. Muitos dos altos dirigentes nazistas – incluindo o ministro do Interior e chefe da Polícia alemã, Heinrich Himmler, e possivelmente o ministro da Propaganda, Joseph Goebbels – já haviam cometido suicídio usando cápsulas semelhantes, ou logo viriam a fazê-lo. Göring confidenciou para seu ajudante, Kropp, que ele dera um jeito de esconder em sua cela pelo menos uma cápsula de cianureto.

O comandante mandou Göring para sua cela, antes um quarto luxuosamente mobiliado que provavelmente tinha papel de parede e uma janela com vista e agora estava vazio, a não ser por uma mesa frágil, uma cadeira e uma cama sem travesseiro. Göring, relatou

Andrus, despedaçou a cadeira na primeira vez em que sentou nela. "Se ele tivesse sentado sobre a mesa, ela teria desabado imediatamente", observou Andrus, "pois ela havia sido feita de modo que um prisioneiro não pudesse subir nela para se enforcar". A preocupação com tentativas de suicídio também levou Andrus a fornecer cadarços para os sapatos com 10 centímetros de comprimento, curtos demais para o autoestrangulamento ou para amarrar os sapatos.

Um exame médico inicial confirmou que Göring estava muito acima do peso. Sua pulsação era oitenta e quatro, com batimentos irregulares; sua respiração era rápida e superficial; suas mãos tremiam, e ele aparentava estar "em condições físicas muito precárias", observou o médico que o examinara. Göring relatou ter um histórico de ataques cardíacos.

A princípio grosseiro com os guardas e nervoso por ter sido detido como um suspeito de um crime – ele frequentemente imbuía de sarcasmo o ato de se levantar para ficar em posição de atenção, cumprimentar e bater os calcanhares na presença da equipe do presídio –, Göring continuou a protestar para Eisenhower. Em Mondorf, ele reclamou, estava recebendo um tratamento "que me abalou profundamente, na qualidade de oficial alemão de alto posto e marechal". Ele reclamou que seu quarto não tinha luz ou maçaneta na porta; que quase todos os seus pertences pessoais lhe haviam sido retirados; que o confisco de suas medalhas e do bastão de marechal era humilhante; que soldados aliados de baixo escalão o depreciavam; e, talvez o mais perturbador, que fora privado dos serviços de seu ajudante pessoal, Kropp, o qual as autoridades Aliadas haviam enviado para fazer trabalhos manuais em outro lugar como prisioneiro de guerra. (Antes de Kropp partir de Mondorf, o que quase levou Göring às lágrimas, o criado realizou uma última tarefa para seu patrão: roubar um travesseiro, que os norte-americanos quase na mesma hora pegaram de volta.) Göring pediu a Eisenhower que o levasse de avião de Mondorf para visitar a família e que devolvesse Kropp ou mandasse outro empregado alemão como seu criado de quarto. O comandante aliado não respondeu. Andrus ficou furioso, entretanto, e repreendeu os prisioneiros:

> Embora não deseje me intrometer no direito de vocês escreverem cartas relacionadas a supostos roubos de propriedade ou outras violações dos direitos humanos, o ato de escrever sobre as inconveniências ou falta de conveniências, ou sobre suas opiniões quanto a quaisquer indignidades ou deferência devida a vocês, é infrutífero e tende somente a desgostar as autoridades... O comandante, seus superiores, os governos aliados e o público das nações do mundo não se esqueceram das atrocidades cometidas pelo governo alemão, por seus soldados e seus funcionários civis. Apelos feitos pelos perpetradores e por envolvidos nessas condições para aumento de conforto tenderão somente a acentuar qualquer tipo de desprezo com que eles já sejam considerados.

Apesar da repreensão, Göring se transformou em um enfadonho crítico do presídio, encontrando defeitos em tudo, principalmente na comida. Andrus insistia que a comida podia ser favoravelmente comparada à dos guardas do presídio. O cronograma do presídio especificava que Göring e os demais prisioneiros se levantassem cedo e se reunissem às 7h30 da manhã na sala de jantar, um cômodo escuro com entrada em arcos, para um café da manhã composto por sopa, cereais e café. O almoço consistia tipicamente em sopa de ervilhas, carne picada com legumes e espinafre, e eles terminavam o dia com ovos em pó, batatas e chá para o jantar. Cada prisioneiro usava uma única colher e enrolava seus próprios cigarros. Andrus determinava onde os prisioneiros se sentariam para as refeições, às vezes deixando como vizinhos de mesa prisioneiros que não gostavam muito um do outro. O comandante contou uma história sobre Göring receber o jantar e se lamentar para um empregado alemão prisioneiro de guerra: "Esta comida não é tão boa quanto [a que] eu dava para meus cachorros". O prisioneiro respondeu: "Bem, se for esse o caso, o senhor alimentava seus cachorros muito melhor do que alimentou qualquer um de nós que serviu sob suas ordens na Força Aérea".

Essa história, possivelmente apócrifa, demonstra a animosidade que Andrus sentia por Göring. Assim como muitos dos inimigos desse nazista, passados e atuais, Andrus pode ter interpretado erradamente Göring como uma personagem de filme banal, o tipo de manipulador grosseiro a quem o investigador britânico de Nuremberg, Airey Neave, descreveu como "o homem gordo em incontáveis filmes que se afasta com a gangue de assassinos de sua refinada mesa de jantar". Como Neave descobriu, no entanto, Göring "era muito mais astuto e perigoso do que qualquer personagem de cinema".

* * * * * *

Hermann Göring, com cinquenta e dois anos de idade na época de sua captura, era filho de um juiz e funcionário público na colônia do Sudoeste Africano Alemão (atual Namíbia). Antigo ás da aviação que certa vez foi abatido e levou o crédito da destruição de vinte e dois aviões inimigos para a Alemanha durante a Primeira Guerra Mundial, Göring alcançou *status* de celebridade ao conduzir até a Alemanha a unidade de aviões que ele comandava no fim da guerra e por se recusar a se render aos Aliados. Ele recebeu o Pour le Mérite, a então mais alta condecoração militar de seu país, por suas façanhas.

No fim da década de 1920, Göring era um estudante na Universidade de Munique, onde ouviu pela primeira vez Adolf Hitler falar em uma plataforma improvisada. "Vocês têm de ter baionetas para dar respaldo às suas ameaças", ele recordava da mensagem de Hitler. "Bem, aquilo era o que eu queria ouvir. Ele queria criar um partido que tornaria a Alemanha forte e acabaria com o Tratado de Versalhes. 'Bem', eu disse com meus botões, 'esse é o partido para mim! Fora com o Tratado de Versalhes, diabos! É isso o que eu quero!". Incerto quanto aos rumos de sua carreira e amargurado por causa do desmanche das Forças Armadas alemãs, Göring devorou a mistura de nacionalismo, antissemitismo e anticomunismo de Hitler. Ele apoiou o movimento Nacional-Socialista – então pequeno e aberto para novos adeptos, que poderiam rapidamente subir para posições de liderança – para expressar seu ódio contra a República de Weimar que surgira na Alemanha, ajudar a destruí-la e assumir uma posição de comando no governo que a sucedesse. O Partido Nazista era jovem, mas "isso significava que eu logo poderia ser um homem importante dentro dele", disse Göring mais tarde. Seu plano, alimentado pelo oportunismo e por seu desejo de poder pessoal, finalmente foi concretizado. "Hermann ou vai ser um grande homem ou um grande criminoso!", previra sua mãe.

Enquanto formava seu nascente movimento nazista, Hitler reconheceu as vantagens da fidelidade de Göring e de seu histórico como herói de guerra. Ele levou Göring a liderar os paramilitares da SA (Sturmabteilung) [As Tropas de Assalto], o primeiro de um impressionante número de postos e de honras que Göring acumularia como líder nacional-socialista. "Para Hitler, Göring era um combatente originário da classe média alta que poderia conquistar o respeito de homens de negócios e de antigos oficiais do Exército, e era, acima de tudo, um homem de inabalável fidelidade", observou o historiador Eugene Davidson. Sob a pressão dos membros da República de Weimar, Göring partiu então da Alemanha e viveu na Itália e na Suécia por muitos anos, observando a distância o crescimento do Partido Nazista.

Em 1927, Hitler recebeu Göring de volta a uma organização nazista mais forte que estava prestes a eleger membros para o Parlamento, o Reichstag. Depois da ascensão dos nazistas ao governo em 1932, Göring, então um dos mais altos organizadores do partido, planejou algumas das ações mais conhecidas do governo ou desempenhou papéis importantes nelas: o *putsch* de Roehm em 1934, que eliminou a liderança rival da SA considerada uma ameaça para Hitler; a criação da Gestapo (polícia secreta); a criação dos primeiros campos de concentração para inimigos do nazismo; e a perseguição a oponentes políticos a quem Hitler culpava pelo incêndio do Reichstag de 1933. Durante o resto da década de 1930, Göring desempenhou um papel crucial na incriminação de inúmeros nazistas e oficiais do Exército cujo comportamento parecia uma ameaça para Hitler e para ele próprio; nas Leis de Nuremberg, que limitavam os direitos civis dos judeus alemães; em decisões que legalizavam o extermínio de judeus; e, em estreita parceria com Hitler, nos planos dos preparativos da Alemanha para a guerra, entre muitas outras ações. Esse envolvimento profundo em tantos dos piores crimes da Alemanha nazista posteriormente levou o promotor norte-americano em Nuremberg, Robert Jackson, a declarar: “Göring metia sua colher torta em todos os assuntos”. Göring caiu na gargalhada quando os tradutores do júri lutaram para repetir a frase de Jackson em alemão.

Na época da Segunda Guerra Mundial, os títulos de Göring – superados em quantidade entre os nazistas somente pelos inúmeros honoríficos do próprio Hitler – incluíam presidente do Reichstag, adjunto de Hitler, primeiro-ministro da Prússia, ministro da Aviação do Reich e comandante em chefe da Força Aérea, ministro da Economia, membro do Conselho Secreto do Gabinete, diretor do gigantesco conglomerado industrial Hermann Göring Works, marechal de campo, presidente do Conselho do Reich para a Defesa Nacional e mestre das Florestas e da Caça do Reich. O mais precioso dos títulos de Göring era o de Marechal do Reich – um posto correspondente ao de um general de seis estrelas –, alcançado apenas uma vez na história, cerca de duzentos anos antes, por outra pessoa, o príncipe Eugenio de Savoia.

Com menos autoridade apenas do que Hitler, Göring oficialmente se tornou o sucessor designado do Führer em 1935. Ele despendeu uma grande quantidade de energia no cumprimento de seus deveres, tornando-se inestimável para o governo nazista. Ao mesmo tempo, sua vasta riqueza aumentou por meio de roubos e de trapaças. Ao contrário de muitos outros no regime nazista, Göring projetava uma jovialidade que conquistou a afeição dos soldados e dos pilotos nos primeiros anos da guerra. Ele adorava desfiles, uniformes e medalhas, e certa vez, em uma época em que se usavam roupas formais para conferências diplomáticas, se encontrou com o presidente norte-americano Herbert Hoover usando uma camisa de seda vermelha enfeitada com um lenço preso por um alfinete de esmeralda. Em Carinhall – sua grandiosa casinha de brinquedo no interior da Prússia, batizada em honra de sua primeira mulher – ele mantinha leões domesticados, aparecia perante os hóspedes com lança e capacete como se fosse um combatente do século XVI, operava uma ferrovia em miniatura projetada com todo o luxo, assistia a filmes de caubóis e índios e exibia peças de arte roubadas de museus e de colecionadores por toda a Europa.

Quando a guerra se voltou contra a Alemanha e a Força Aérea entrou em colapso, as excentricidades de Göring perderam seu encanto. Sua influência sobre Hitler diminuiu, e seu valor como conselheiro enfraqueceu, à medida que outros, principalmente Heinrich Himmler, Joseph Goebbels, Albert Speer e Martin Bormann, ocuparam seu lugar. Ele ficou cada vez mais recluso; mantinha-se afastado das frentes de batalha e passava mais tempo caçando, se apropriando de obras de arte e lidando com seus brinquedos. Com a rendição da Alemanha, apenas um de seus títulos, Marechal do Reich, permaneceu. Somente a relutância do chefe da Gestapo, Ernst Kaltenbrunner, em cumprir as ordens de execução de Hitler sem confirmação escrita salvou a vida de Göring.

* * * * * *

Os guardas que revistaram a bagagem de Göring descobriram imensas quantidades de pequenos tabletes feitos de ingredientes desconhecidos. Logo depois da chegada de Göring, um guarda mostrou para Andrus uma cara maleta de viagem de couro e disse: "Achei que o senhor deveria ver isto". Andrus abriu a maleta, olhou fixamente para o que ele chamou de "a maior coleção de comprimidos que já vi em minha vida" – após uma inspeção detalhada, cerca de 20 mil comprimidos –, e na mesma hora chamou Göring em seu escritório. Göring explicou que tinha o costume de ingerir quarenta desses comprimidos por dia para cuidar de seu problema cardíaco. Mas esses comprimidos não eram parte de nenhum tratamento normal para problemas cardíacos. No fim da guerra, Göring havia acumulado uma quantidade de remédios muito maior do que a que impressionara Andrus; ele tinha jogado muitos comprimidos na privada, acreditando que seria desonroso ter tantos remédios em sua posse quando fosse capturado.

Andrus não aceitava as afirmações de Göring quanto aos ingredientes ou à eficácia dos comprimidos; então, enviou uma amostra para o diretor do FBI, J. Edgar Hoover, em Washington. Hoover a mandou para Nathan B. Eddy, PhD, pioneiro no estudo de dependência em remédios no Bureau of Narcotics Research [Agência de Pesquisa de Remédios] do Departamento de Saúde Pública dos Estados Unidos. A análise de Eddy confirmou que os comprimidos não continham substâncias para problemas cardíacos, mas paracodeína, um eficaz analgésico e "um narcótico relativamente raro, não usado nos Estados Unidos", observou Hoover. O FBI considerava o potencial da paracodeína de causar dependência semelhante ao da morfina, e alertou os funcionários da prisão de Mondorf para que não suspendessem a paracodeína de Göring de modo abrupto. Hoover solicitou que fosse informado sobre a recuperação do nazista. (Göring com certeza não sabia da análise feita pelo FBI, mas deduziu o interesse de Hoover por ele quando dois agentes do FBI posteriormente foram até Mondorf em busca de um suvenir para o museu da instituição em Washington. "Pensem só, eu aparecer no famoso museu do FBI com o revólver de John Dillinger e a máscara do Baby Face Nelson", exclamou Göring. "É uma ideia incrível!". Ele parou de repente, entretanto, quando compreendeu as implicações dessa solicitação. "Ahá, já fui acusado formalmente. Um criminoso famoso. No futuro, as crianças norte-americanas irão estremecer quando virem um suvenir do maldoso Marechal do Reich na coleção do FBI." Finalmente, os agentes o persuadiram a contribuir com uma de suas dragonas militares.)

A provisão de comprimidos de Göring, que ele havia solicitado a fabricantes alemães, se aproximava bastante do suprimento total mundial da droga sintética. Desenvolvida pelas indústrias farmacêuticas alemãs quatro décadas antes, a paracodeína é um depressor com um ingrediente ativo relacionado quimicamente ao do ópio. "A paracodeína preenche um vazio entre a codeína e os grupos [de drogas] da morfina", observou uma revista farmacêutica alemã do começo do século XX. "Quando a paracodeína é administrada, assim como a codeína, em doses pequenas, ela com frequência age com maior intensidade do que a codeína. Comparado com a codeína, o medicamento tem maior poder sedativo."

Göring era viciado e, para satisfazer suas necessidades, fez com que farmacêuticos manipulassem comprimidos com doses baixas especialmente para seu uso. Cada comprimido continha dez miligramas da droga, com cinco comprimidos fazendo o efeito narcótico de sessenta e cinco miligramas de morfina, mais do que o suficiente para anestesiar uma pessoa comum. No fim da guerra, Göring com frequência pontuava o trabalho e as reuniões com pausas, de modo que pudesse ingerir esses comprimidos.

Andrus não admitiria que sua prisão acolhesse um viciado. No dia 26 de maio, o sexto dia de Göring em Mondorf, Andrus ordenou que a equipe médica da prisão – um alemão chamado Ludwig Pflücker e o norte-americano William "Clint" Miller – suspendesse o uso da paracodeína pelo prisioneiro. Eles começaram reduzindo a dose diária de Göring para trinta e oito comprimidos, e então para dezoito no dia 29 de maio. Um ansioso Göring começou a contar os comprimidos que recebia e "mostrava que estava aborrecido e, afora isso, não demonstrava efeitos", escreveu Andrus nos relatórios da prisão. Dois dias depois, entretanto, Göring teve uma crise de bronquite, e o pessoal de Mondorf retomou temporariamente o fornecimento da droga. "Em minha opinião, uma redução ainda maior no tamanho da dose, ou a suspensão completa da droga, iria produzir uma reação mental e física muito séria no paciente", Miller relatou a Andrus. Muitas semanas iriam se passar antes que alguém tomasse a iniciativa de continuar com a reabilitação de Göring.

* * * * * *

Com o processo de suspensão da droga ainda por terminar, um novo membro da equipe chegou a Mondorf no começo de agosto. Ele havia sido enviado do 130º Hospital Geral do Teatro Europeu de Operações do Exército norte-americano, onde trabalhava como psiquiatra consultor e estava encarregado dos serviços psiquiátricos oferecidos aos milhares de soldados dos Estados Unidos.

Com aparência jovem, ossatura sólida e bastante atraente, cabelos castanhos e ondulados, o recém-chegado era o capitão Douglas McGlashan Kelley, um médico nascido na Califórnia. Ele estava completando três anos de serviço médico no Exército norte-americano. Sua responsabilidade em Mondorf, como Andrus logo lhe explicou, era manter a saúde mental de Göring e de outros prisioneiros nazistas, até que o destino deles fosse decidido.

Depois de se instalar, Kelley passou um tempo com todos os nazistas de alto escalão em Mondorf, mas ele se encontrou com Göring pela primeira vez para fazer um exame médico. Göring deve ter notado que aquele jovem psiquiatra não tinha o comportamento distante e sério que ele talvez estivesse esperando. Kelley falava em voz alta e de modo direto, e com frequência erguia e abaixava as sobrancelhas espessas para expressar ênfase. Ele começou seus exames iniciais com gentileza, em primeiro lugar esquadrinhando o histórico médico do nazista. Kelley não sabia o que esperar de seu mal-afamado paciente. Ele ouvira Göring ser chamado de tudo, "de um vilão maquiavélico a um eunuco gordo e inofensivo, tendo a tendência geral sido a de identificá-lo com um mero satélite de Hitler, que passava os dias em busca de medalhas, glória e riquezas", escreveu tempos depois Kelley.

Um membro da equipe de Mondorf que já conhecia o mais mal-afamado prisioneiro da instituição era John Dolibois, um nativo de Luxemburgo de rosto honesto e amável, cidadão norte-americano e oficial do Exército que trabalhava no serviço de informações. Quando menino, ele havia visitado o Grand Hotel durante seus dias de glória, antes de sua família emigrar para Akron, Ohio. Trabalhando na prisão desde maio de 1945, ele tentou proteger seus parentes na Alemanha dizendo para os detidos que seu nome era John Gillen. Entre os prisioneiros, Dolibois tinha a reputação de ser um pouco "maleável", e assumiu as funções de assistente social – ajudando-os com seus problemas e necessidades, e muitas vezes prestando atenção em suas reclamações –, buscando informações valiosas para transmitir aos interrogadores militares que entrevistavam os prisioneiros regularmente. Muitos dos nazistas falavam abertamente, acreditando que jamais seriam julgados por seus crimes. "Não precisávamos usar de estratagemas para fazer com que nossos prisioneiros falassem", recordou Dolibois. "Nós às vezes tínhamos trabalho para fazer com que eles se calassem. Quase todos os homens no Cinzeiro estavam ansiosos para falar. Eles se sentiam negligenciados se não tivessem sido interrogados por alguém por vários dias." A fluência de Dolibois em alemão, bem como sua formação em psicologia na Universidade de Miami, fez dele o tradutor ideal para Kelley, que tinha apenas um conhecimento básico da língua.

Homem sociável, Göring sentia muita falta de estímulos sociais. Ele recebeu bem as atenções do médico, e em um de seus primeiros encontros se vangloriou para Kelley de prestar muita atenção ao próprio corpo. O Marechal do Reich, na verdade, declarou ter o físico mais admirável de toda a Alemanha. Ele descreveu "com detalhes minuciosos cada cicatriz e marca em sua pele", escreveu Kelley, que começou a esboçar um histórico médico:

> 5 kg ao nascer. Não era gordo – esguio quando criança – começou a engordar em 1923.
> 1916 – 16 de novembro. Baleado – bala no flanco direito – estilhaços de metal e estofamento. Hosp. até jan. 1917 – cicatriz de 16 cm...
> Foi baleado na coxa – em 1923, em Munique – no dia 9 de nov. 23 a março de 24.
> Na época recebeu morf. injetável. Depois de sair do hospital, tomou via injeções e via oral de 6 meses a 3 anos.

Kelley ficou curioso a respeito da montanha de posses que chegara ao Cinzeiro com Göring. A coleção de artigos de higiene pessoal e de acessórios do prisioneiro impressionou o psiquiatra, que reparou em loções e talco para o corpo entre as provisões, mas não maquiagem, conforme diziam os rumores. O que realmente chamou a atenção de Kelley entre os tesouros do nazista foram os três anéis. Eles eram "brinquedinhos realmente grandes", escreveu Kelley, um encimado por um imenso rubi, outro com um diamante azul incrustado, e o terceiro trazia uma esmeralda. Até ser preso, Göring "sempre levava esses anéis, para que pudesse escolher a cada dia a cor que mais combinasse com seu estado de espírito", segundo disse para Kelley. O psiquiatra também prestou bastante atenção na imensa esmeralda guardada entre os pertences de Göring.

Göring falou com orgulho para Kelley sobre seu bem-estar, sua força e suas proezas como esportista. "Eu sempre fui atlético", disse para Kelley, enquanto se sentavam lado a lado no catre do prisioneiro, "e até os últimos anos da guerra eu passava muito tempo esquiando, caçando e escalando montanhas". Göring parecia acreditar que o perigo real jamais poderia ameaçá-lo. Em uma ocasião, na juventude, ele havia ficado parado observando uma avalanche arremeter ao seu redor nos Alpes austríacos, enquanto seus companheiros fugiam para se salvar, e em outra ocasião havia repreendido seus amigos por entrarem em pânico quando o bote deles ficou à deriva perto da queda de uma catarata. "Se nós cairmos, nós morremos, e não há nada que se possa fazer a respeito; então, para que ficar excitado?", Göring lembrou-se de ter gritado aos amigos.

Kelly fez perguntas para Göring a respeito de seus hábitos pessoais, e Göring respondeu que comia com gosto, ingeria álcool com moderação e, às vezes, fumava charutos. "Ele alega ter uma vida sexual normal e afirma que ela não mudou depois de ele ter engordado durante a década de 1920", escreveu Kelley.

O psiquiatra então abordou o vício em remédios de Göring. Como explicou para Kelley, vinte e cinco anos antes ele havia participado do famoso *putsch* da cervejaria em Munique, uma tentativa fracassada, por parte de membros do Partido Nazista, de assumir o controle do governo do Estado alemão da Baviera. Göring, que já era um dos principais assessores de Hitler, ajudou a planejar a revolta; organizou a tropa de assalto nazista, que intimidou cidadãos e ocupou prédios do governo, e incitou uma multidão que ocupava a cervejaria de Munique onde Gustav von Kahr, um funcionário de alto escalão da Baviera, estava fazendo um discurso. Depois de vinte e quatro horas de tomada de reféns e de confusão, os nazistas e membros da Polícia Estadual da Baviera lutaram nas ruas de Munique, trocando tiros, o que deixou vinte pessoas mortas e muitos feridos. Hitler e seus apoiadores foram derrotados, e Göring levou um tiro na coxa. Uma subsequente infecção o deixou hospitalizado por muitos meses, durante os quais a dependência da droga se estabeleceu. Enquanto os médicos cuidaram de sua perna, Göring recebeu repetidas doses de morfina para diminuir a dor. Gradualmente, o ferimento cicatrizou, mas a necessidade que ele tinha de morfina persistiu. Quando os médicos interromperam as injeções, Göring recorreu ao mercado negro para obter comprimidos de morfina. Exilado da Alemanha devido ao seu papel no *putsch*, estava procurando trabalho como consultor de aviação quando ele e sua primeira esposa, Carin, se mudaram para a Suécia em 1924.

Ele levou seu vício consigo. Reclamava que a dor na perna havia ficado insuportável, e que a ociosidade causada pelo desemprego o deixava se sentindo inútil. Aumentou a ingestão diária de morfina. A droga às vezes o deixava delirante, não confiável, falante, maníaco, com mania de grandeza e insone. Ela exacerbava suas emoções como fogos de artifício, desencadeando ataques de raiva e de violência. Jogava a mobília pelo apartamento. A morfina superestimulava suas secreções hormonais, e seu peso aumentou rapidamente para quase 136 quilos. O esbelto e impetuoso herói da aviação da Primeira Guerra Mundial havia engordado de modo grotesco.

Göring transformou a vida de Carin em um inferno. Os médicos disseram a ela que ele era um perigo para si próprio e para os outros. Ela o internou no Hospital Aspudden, onde, de acordo com as terapias de tratamento para dependência da época, médicos suecos reduziram de modo abrupto o acesso dele à morfina. Göring foi para o hospital voluntariamente, mas não imaginava as agonias que o esperavam. Os médicos negaram seus pedidos de mais morfina e lhe disseram que ele deveria enfrentar a suspensão da droga como um homem. Tomado pela raiva, o desejo e a frustração, atacou uma enfermeira, tentou tomar à força o estoque de drogas do hospital e ameaçou se matar. Göring teve de se submeter a uma camisa de força antes de ser transferido para uma instituição muito mais rígida: o Hospício Langbro para Insanos.

Os três meses seguintes em Langbro eram para ele apenas um amontoado de imagens pavorosas. Atendentes o amarraram em um quarto com paredes estofadas para evitar que ele se machucasse, e o deixaram lá por dias. Ele não tinha acesso à morfina, e suportou o impacto avassalador dos agonizantes sintomas da abstinência da droga. Deixado aos cuidados da mulher, Göring voltou a usar morfina, e logo estava de volta a Langbro para outra sessão de supressão abrupta. Ele repetiu o tratamento na Alemanha em 1927, e disse para Kelley que tomou uma dose final de morfina durante o inverno de 1928–29 para tratar uma dor de garganta. Göring então interrompeu o uso de drogas por muitos anos, mesmo com a morte de Carin em 1930 e a subsequente ascensão dos nazistas ao poder na Alemanha.

Apesar do uso ocasional e controlado de remédios para perder peso e para dormir, Göring parecia ter abandonado o vício em remédios. Uma mudança, porém, ocorreu em 1937, quando uma dor de dentes o levou de volta à dependência. Seu dentista acreditava que o nervosismo e a ansiedade estavam causando a dor, e deu para Göring um vidro de paracodeína, com instruções para ingerir dois comprimidos a cada duas horas até a dor diminuir. Cinco dias mais tarde, quando a dor e os comprimidos haviam desaparecido, Göring, ansioso para vencer seu crescente desejo por morfina, pediu mais. O dentista alertou-o a respeito do potencial para dependência e se recusou a ceder, mas Göring não teve dificuldades para encontrar um suprimento. Logo ele estava tomando dez comprimidos por dia.

Göring deveria ter ouvido os avisos do dentista a respeito da dependência física e psicológica. Embora a paracodeína não lhe desse a sensação de euforia, ele contava com ela para aumentar seu otimismo, seu estado de alerta e encanto. Ela também fazia seu estado de espírito oscilar entre a exaltação e a depressão, e parecia exagerar suas tendências para o egocentrismo, o estilo bombástico e a extravagância nas roupas e na aparência. Ele guardava os comprimidos na sua casa em antigos potes de vidro de Veneza, que lhe davam um conveniente acesso ao narcótico sempre que ele sentia o desejo.

O Marechal do Reich disse para Kelley que havia tomado paracodeína em uma dose relativamente pequena até 1940, quando as tensões do período de guerra se multiplicaram, e ele então começou a consumir até 160 comprimidos por dia. Ele diminuiu essa dose assustadora de consumo no fim daquele ano, mas ela se fez presente de novo quando a derrota da Alemanha começou a se fazer sentir. "Quando foi capturado, ele afirma que estava tomando cerca de 100 comprimidos por dia", escreveu Kelley em suas observações sobre o exame – cerca de três vezes a dose máxima diária recomendada. Essa, observou Kelley, não era "uma dose anormalmente grande. Não era o suficiente para ter afetado seu raciocínio em nenhum momento".

Kelley apelou para o orgulho que Göring sentia de sua força física e de suas proezas para acelerar a suspensão do narcótico. Ele percebeu quão fácil era sugerir para o prisioneiro que ele era um homem mais poderoso que os demais e poderia abandonar o vício rapidamente. Göring reagiu às lisonjas de Kelley com entusiasmo, ocultando as dores na perna e outros sintomas da abstinência que ele sentia, a não ser quando lhe perguntavam especificamente a respeito deles. Kelley reduziu a ingestão de paracodeína de Göring suavemente, e no dia 12 de agosto o prisioneiro estava livre da droga.

O médico estava aprendendo a manipular Göring psicologicamente. Mas ele não percebia como o nazista estava influenciando seu próprio modo de pensar. Ao ocultar informações sobre seu desconforto com a supressão da droga, Göring conseguira convencer Kelley de que seu vício em paracodeína era fraco, mal era um vício. Kelley decidiu que era mais um "hábito". "Era a necessidade de fazer alguma coisa com as mãos e a boca, de realizar uma ação com a qual ele estava acostumado, e que gostava de fazer", escreveu. "Assim como os fumantes tomam cuidado para ter um suprimento de cigarros e de tabaco em suas mesas a cada manhã, Göring colocava em sua mesa um vidro contendo uma centena desses pequenos comprimidos. Então, durante conferências ou outros debates, ele estendia a mão, abria o vidro, colocava alguns comprimidos na mão e, jogando-os na boca, mastigava-os lentamente, enquanto continuava a conversar." Kelley acrescentou: "Posso testemunhar que a dependência dele não era grave".

Outras pessoas em Mondorf ouviam coisas diferentes de Göring. Ele disse para o comandante Andrus, durante o processo de abstinência, que sua cabeça doía, e que ele não conseguia dormir. Queria voltar à sua antiga dosagem de paracodeína. O indiferente Andrus observou que "ele havia choramingado e reclamado como uma criança mimada quando deixa de ser amamentada".

O longo histórico de dependência de Göring em derivados do ópio e suas tentativas malsucedidas para restringir seu consumo de paracodeína durante os períodos de tensão da guerra fizeram com que as alegações de Kelley a respeito de a dependência de Göring não ser severa soassem sem fundamentos. Um aumento de ansiedade, e não de dores na perna, fizera Göring aumentar sua ingestão para dezenas de milhares de comprimidos de paracodeína durante as décadas de 1930 e 1940. Atualmente, a Drug Enforcement Administration [Órgão para o Controle das Drogas] dos Estados Unidos classifica a paracodeína como uma substância Schedule II, o que significa que seu uso pode levar à dependência e é restrito por lei. William Lee, o viciado no romance de William Burroughs, *Almoço Nu*, menciona a paracodeína como uma de suas drogas recreativas favoritas.

O Marechal do Reich jogou com o orgulho profissional de Kelley, lisonjeando-o enquanto se submetia às ordens do médico. Kelley estava satisfeito com o modo como ele conduzia Göring durante o processo, mas não fica claro quem estava conduzindo quem. Nas primeiras semanas do relacionamento deles, Kelley não tinha uma percepção completa do bem-sucedido histórico de Göring de ocultação, manipulação e aguda percepção dos motivos das pessoas que estavam ao seu redor, habilidades que Göring desenvolvera durante sua ascensão na Alemanha de Hitler. Ele não era um viciado comum.

Enquanto superava seu vício em paracodeína, Göring também aceitou a ajuda de Kelley para perder peso. Durante um programa de redução de gordura que durou cinco meses, Göring emagreceu 27 quilos. Proteger o coração de Göring motivou Kelley a conseguir essa redução, mas o médico ofereceu ao seu paciente um motivo diferente: perder peso faria com que Göring tivesse uma aparência melhor. "Ele imaginava se parecer com o herói da Força Aérea de novo", observou Dolibois, "o altamente condecorado ás do famoso esquadrão Richthofen da Primeira Guerra Mundial". Göring concordou com o programa de redução de peso e comeu menos. Ele também solicitou alterações na sua indumentária e seu uniforme de preso. Era preciso diminuir 15 centímetros da cintura de suas calças. "Essa concessão foi feita", reconheceu Kelley, "não porque estivéssemos interessados na aparência de Göring, mas porque sem a reforma ele não conseguiria manter suas calças no lugar."

Então com melhor saúde, Göring perdeu parte de sua animosidade contra seus captores, e seu estado de espírito melhorou. Ele, porém, continuava ansioso, às vezes acusando os guardas de planejarem matá-lo. Ele não gostava da solidão, e uma noite a violência de uma tempestade, que Göring passou na solidão de sua cela, desencadeou o que a princípio parecia ser um ataque cardíaco. Um médico disse que era somente uma palpitação. Aos poucos, ele reassumiu seu papel de Hermann Göring, o confiante e astuto jogador de poder político que havia dominado amplas porções da Europa antes de ser capturado. Ele ficou mais à vontade, loquaz e fascinante para o psiquiatra encorajadoramente intenso que se sentava e ouvia com paciência cada palavra que ele dizia.

3

O PSIQUIATRA

Quando se envolveu no drama do Cinzeiro, Douglas Kelley não tinha experiência com criminosos de guerra e pouca *expertise* no tratamento de supressão de droga em viciados. O encargo surgira de modo inesperado no dia 4 de agosto de 1945, quando ele recebeu novas ordens do comando executivo do Exército norte-americano. "Você deve entrar em contato com o capitão Miller... [no] Palace Hotel em Mondorf-les-Bains, uma cidadezinha aproximadamente 16 quilômetros ao sul da cidade de Luxemburgo", dizia a mensagem. "O capitão Miller irá lhe dar instruções específicas em relação à sua missão." Kelley não sabia que essas ordens iriam catapultar sua vida em uma nova direção.

Durante os dois meses anteriores, uma grande quantidade de psiquiatras e de outros médicos havia solicitado permissão para ir a Mondorf examinar os altos dirigentes nazistas presos e tentar encontrar razões para seu comportamento. Um, o psicanalista John Millet, esperava "fazer acréscimos às nossas informações relativas ao temperamento e aos desejos comuns do povo alemão". Outros que tentavam entrevistar os nazistas desejavam bem mais que o tempo deles. "Alguns chegaram ao ponto de propor a dissecação dos cérebros dos... perpetradores: isso envolveria executar os homens com um tiro no peito, de modo a não danificar o tecido cerebral", escreve o historiador da medicina Daniel Pick. Os militares norte-americanos preteriram todos eles em favor de um de seus próprios médicos que não havia sequer solicitado a honra.

Era um encargo muito bom, um encontro com os homens normalmente considerados os piores criminosos do século. O período de Kelley como supervisor de diversos hospitais psiquiátricos lhe havia ensinado que o comportamento fora do habitual muitas vezes tinha origens misteriosas e fascinantes, e ele estabeleceu seus próprios objetivos para sua temporada naquela penitenciária. Chegou ansioso para examinar os prisioneiros e encontrar os sinais de um defeito comum aos líderes nazistas: a inclinação para cometer ações maldosas. Compartilhariam eles de uma doença mental ou de uma causa psiquiátrica para seu comportamento? Haveria uma "personalidade nazista" que explicasse seus crimes atrozes? Kelley tencionava descobrir. "A devastação da Europa, as mortes de milhões, a quase destruição da cultura moderna não terão servido para nada se não tirarmos as conclusões corretas a respeito das forças que produziram tamanho caos", escreveu Kelley tempos depois. "Nós precisamos aprender os motivos do sucesso nazista, de modo a tomarmos medidas para prevenir a recorrência de tamanho mal."

Kelley havia formado uma opinião imediata sobre Göring. De seus encontros com outros prisioneiros nazistas, ele reconheceu que Göring "era, sem dúvida, a personalidade de maior destaque na prisão, porque ele era inteligente", como Kelley escreveu em seu relatório médico. "Ele era bem desenvolvido mentalmente – muito capaz –, um corpo maciço e poderoso quando estava coberto com sua capa, e não dava para perceber a gordura balançando enquanto ele caminhava; uma criatura bem-apessoada a distância, um sujeito muito poderoso e dinâmico." Mas tendo também falado rapidamente sobre política, a guerra e a ascensão do nazismo durante suas conversas iniciais confinadas à cela, Kelley não deixava de ver o lado escuro de Göring. O ex-Marechal do Reich demonstrava impiedade, narcisismo e um desprezo insensível por qualquer pessoa que estivesse fora de seu pequeno círculo de família e de amigos. Essa mesma combinação de características encontrada em Göring – o notável e o sinistro – fez com que o interesse de Kelley por ele crescesse. Somente um homem atraente, capaz e inteligente, que havia destruído e obliterado as vidas de tantas pessoas, poderia conduzir Kelley na direção das regiões da alma humana que ele desejava explorar com urgência.

* * * * * *

Ambições desmedidas eram comuns na família Kelley. Os McGlashans, a família da mãe de Kelley, June, eram um dos mais precoces e excêntricos clãs da Califórnia. Kelley sentia orgulho da extravagante saga deles. Eles eram maiores do que a vida, um obsessivo grupo de empreendedores, colecionadores e construtores de prédios, sobretudo monumentos para si mesmos. O patriarca era Charles Fayette McGlashan, que chegara à Califórnia com sete anos de idade vindo do Wisconsin e crescera para se transformar em um enérgico advogado de defesa, editor de jornais, amante da natureza, inventor e detentor de patentes e historiador amador.

Nos primeiros anos do século XX, a casa de Charles McGlashan encimava uma colina que tinha vista para Truckee, uma cidadezinha rústica do norte da Califórnia aninhada na Sierra Nevada, acima da joia azulada do lago Tahoe. Rodeada por papoulas, centáureas e arbustos de lilases, e encarapitada em uma alta fundação de pedra que cintilava com reflexos de mica, a casa era uma assombrosa estrutura de dois pavimentos com brancas colunas gregas e altas janelas em arco que luziam sob o sol. Os habitantes de Truckee por muito tempo se lembravam da visão mágica dessa habitação bizarra, as janelas iluminadas por lâmpadas bruxuleantes, que se erguia da neve iluminada pela luz da lua. Cada cômodo continha tesouros que contavam histórias: tapetes persas, caixas repletas de gravações musicais da Edison, esculturas e suvenires, mobília escolhida com grande deliberação.

"Nossa casa se destacava na colina, conspícua como um bolo de casamento", recordou um dos primos de Kelley. Na rotunda, Charles McGlashan com frequência se instalava em seu assento favorito, uma cadeira estofada de couro negro que se voltava para a vista de um espetacular pico de montanha. Uma passarela ligava a casa a uma torre circular semelhante no topo de uma das excentricidades naturais da região: a Rocking Stone, uma rocha de 16 toneladas delicadamente equilibrada, famosa por balançar para lá e para cá ao menor toque. Em décadas anteriores, membros da tribo dos índios Washoe haviam guardado comida na base da rocha, cujo movimento assustava animais escavadores.

A torre abrigava a vasta coleção de McGlashan, de 20 mil borboletas, raridades indianas e artefatos de uma das mais infames tragédias da nação. Durante o inverno de 1845–1846, diversas famílias que migravam para o oeste ficaram presas em uma nevasca e tiveram de passar meses nas montanhas geladas perto de Truckee. Muitas dessas pessoas, conhecidas como o Grupo de Donner, morreram, e, antes de as demais serem resgatadas, os famintos sobreviventes tiveram de comer os corpos dos membros de suas famílias. McGlashan passou anos coletando restos dos acampamentos do grupo nas montanhas próximas, e construiu sua casa a apenas cinco quilômetros a leste do Lago Donner, cenário dos piores meses da tragédia. A torre-museu na Rocking Stone abrigava muitos artefatos macabros, como o osso do dedinho do pé de uma das vítimas, retirado do buraco onde uma das famílias fizera uma fogueira. Nada como aquele incongruente par de edifícios existia em qualquer outro lugar na Sierra Nevada.

Durante muitos anos McGlashan, uma figura imponente, com nobres entradas nos cabelos e um olhar agressivo, perambulara pela região a cavalo, parando para caçar borboletas para sua coleção. "Deem-me um prado nas montanhas e vocês podem ficar com todas as metrópoles do mundo", disse ele certa vez a um amigo. "Eu preferiria caçar borboletas nos prados de Truckee a competir por posições e remuneração e fama em qualquer cidade. Peixe grande em um aquário pequeno? Isso cai bem para mim."

Entretanto, Charles McGlashan não poderia deixar de procurar a fama e a controvérsia. Como repórter, ele viajou para Utah a fim de seguir os rastos do controverso Massacre dos Montes Meadows, perpetrado pelos mórmons em 1857. Duas décadas mais tarde, ele se encontrou com James F. Breen, sobrevivente do Grupo de Donner, e esse encontro o direcionou a uma busca obsessiva e ininterrupta da história da tragédia, que muitos na região consideravam que seria melhor se fosse esquecida. Lewis Keseberg, o vilão das histórias do Grupo de Donner, que supostamente teria apressado a morte de outros membros do grupo, o intrigava de modo especial. Seria esse homem tão mau quanto muitas pessoas acreditavam? McGlashan rastreou Keseberg em Sacramento, entrevistou-o e ficou convencido de sua inocência.

McGlashan assumiu a responsabilidade de localizar as deterioradas cabanas das famílias do Grupo de Donner. Aos trinta e um anos de idade, ele escreveu a *History of the Donner Party* [História do Grupo de Donner], um trabalho respeitável, baseado em inúmeras entrevistas com os sobreviventes, que ainda é publicado até os dias de hoje. Nas décadas seguintes, ele se encarregou do esforço imenso, mas que acabou sendo bem-sucedido, de construir um grande monumento para as vítimas de Donner onde se localizava uma das cabanas. Outros podem ter considerado a tragédia de Donner uma história de horror que não trazia nenhuma honra para a região da Sierra, mas para McGlashan isso era algo que tinha mais importância pessoal. Para ele, tornar a trazer os tristes acontecimentos dos migrantes para a memória dos contemporâneos acarretava distinção para ele próprio e para sua família, e ele se apossou daquele inverno calamitoso. Passou a ver sua pesquisa sobre os acontecimentos ligados ao Grupo de Donner não apenas como uma interpretação inovadora de um desastre humano, mas como uma prova de seu próprio valor e conquistas. E os descendentes de McGlashan aceitaram esse ponto de vista. A distinção de sua família estava envolvida nos fatos sinistros da catástrofe humana que acontecera tão perto da terra deles. Os McGlashans garantiram que o Grupo de Donner jamais seria esquecido. Por sua vez, o Grupo de Donner se transformou em um elemento fundamental da identidade da família McGlashan. Era uma dependência mútua, poderosa e estranha.

Esse projeto obsessivo causou seus efeitos negativos na família de McGlashan. Sua esposa, Nona, não gostava das ausências frequentes do marido e do apego dele ao seu trabalho, que o tornava distante e tenso mesmo quando ele estava em casa. Ele fazia longas caminhadas até as cabanas do Grupo de Donner sob o menor pretexto, contentando-se em se sentar entre as fundações arruinadas e os tocos de árvores, enquanto imaginava o inverno terrível de décadas atrás. Coletava lascas de madeira das toras das cabanas do Grupo de Donner, que ele mais tarde encerrou em frascos de vidro e vendeu por um dólar cada para juntar fundos para seu monumento de Donner. Quando McGlashan não estava presente para as refeições que Nona preparava para a família, "o prato vazio dele crescia perante os olhos dela até ocupar a mesa inteira", uma das filhas deles escreveu. "Se vocês quiserem saber a verdade", Nona disse muitos anos mais tarde, "do Grupo de Donner, quem mais sofreu fui eu".

Os interesses do polímata McGlashan o conduziram a muitas direções, incluindo política (ele foi eleito membro da assembleia da Califórnia em 1884 e presidente da conhecida Liga Antichinesa logo depois; também foi nomeado para o governo do Estado pelo Partido Trabalhista) e biologia (com a mãe de Kelley, June, ele descobriu uma espécie de borboleta que ficou conhecida como *Melataea macglashani*). Para outras pessoas, que não conheciam sua tendência a trabalhar demais, McGlashan aparentava ser atencioso, educado, bastante inteligente e sensível. Ele tinha um olhar hipnótico, cabelos brancos e um bigode que lhe conferia autoridade, e sentia-se muito à vontade perante uma plateia. Se a Califórnia podia se orgulhar de famílias imperiais nos anos anteriores ao *showbiz* hollywoodiano, Charles McGlashan chefiava uma delas.

Sua filha June o seguiu na carreira de Direito, e foi uma das primeiras mulheres admitidas na profissão na Califórnia. Eles trabalharam juntos por vários anos, e observadores dos tribunais notaram que June herdara o fervor do pai na oratória e na persuasão. McGlashan ensinou June, uma pessoa introvertida, que era inútil tentar fazer com que outros entendessem as motivações de alguém. Ele lhe disse para simplesmente fazer o que julgava ser melhor sem se preocupar em explicar por que e ver se outros iriam entender. Era uma abordagem arrogante que menosprezava o valor de opiniões diferentes e a importância de estabelecer contato com outras pessoas.

Charles McGlashan havia conquistado muitos louvores por seu trabalho no Direito, no governo, na história e na ciência – era um grande homem no ponto de vista da maior parte das pessoas ao seu redor –, e vivia dos elogios do público. Quando era publicamente desafiado, como quando o comitê que controlava a construção do monumento ao Grupo de Donner alterou o que ele escrevera para gravar na pedra, ele rapidamente pararia de dar seu apoio e ficaria amargurado. June compartilhava dessas características contemplativas e melancólicas de seu pai, que ficavam escondidas sob o fulgor público. Ela ocultava sua raiva e tentava conter sua tensão. Antes de fazer a arguição de um caso no tribunal, ela com frequência cerrava os punhos com tanta força que tirava sangue. E, como seu pai, June se recolhia para restaurar suas energias quando se sentia exausta.

Em 1909, June se casou com George "Doc" Kelley, um dentista de Truckee que era advogado em tempo parcial. Ela então saiu do escritório de seu pai. Doc era conhecido por ser afável, um homem de gostos simples que mergulhava na vida cívica da cidade e que havia, a princípio, cortejado a irmã de June. Durante alguns anos, June continuou a trabalhar como vice-promotora do condado, um cargo que às vezes a opunha a seu pai, defensor, nos tribunais. "O soar dos metais e o estrondo das espadas faziam com que os júris e as testemunhas ficassem muito excitados", recordou um membro da família McGlashan. "Eles insultavam um ao outro em demonstrações sofisticadas e educadas de um profundo desdém que recorriam aos instintos dramáticos de ambos ao ponto máximo."

Em agosto de 1912, June deu à luz um filho, Douglas McGlashan Kelley. A família se mudou de Truckee para San Francisco em 1919, e Doc montou um consultório de dentista na Ninth e Irving, onde trabalhou por mais de cinquenta anos. O jovem Douglas sentia o amor e proteção intensos de June, que contrastavam com a companhia afável de Doc. Para ela, o menino era a personificação da linhagem dos McGlashan; ele não era uma nulidade amável, como June cada vez mais considerava seu marido. Como estudante, Douglas se dedicou profundamente a atividades cerebrais: auxiliando a construir dioramas para feiras de ciências locais, vendendo cartões que descreviam as constelações, saindo em busca de flores silvestres, colecionando selos e lendo de modo voraz e abrangente. Em notas de pesquisas que ele fez por essa época, descrevendo as qualidades das pessoas nascidas sob seu signo astrológico, Leão (e, certamente, atribuindo-as a si próprio), Douglas listou: "Supervitalidade, coragem, brusquidão, não perde tempo com delicadezas, homens de ação, energia, empreendimento, jamais apáticos, teimosos... muito sensíveis, impetuosos... talvez geniais... geralmente chegam ao ponto máximo de qualquer posição que escolham".

Esse menino precoce – cada vez mais seguro de suas opiniões intelectuais e autoritário por causa de sua confiança – logo chamou a atenção de Lewis Terman, um psicólogo da Universidade de Stanford que estava iniciando um estudo sobre a vida das crianças muito inteligentes da Califórnia. Tendo profunda consciência da superioridade intelectual de seu filho, June levou-o às inúmeras sessões de exames e avaliação de Terman. Quando medido, o QI de Douglas, acima de 135, era alto o suficiente para qualificá-lo para inclusão no estudo, e ele e Terman se corresponderam regularmente nas quatro décadas seguintes como parte do processo do psicólogo para descobrir se crianças excepcionalmente inteligentes se transformavam em adultos excepcionalmente inteligentes. Terman observou cuidadosamente todos os sujeitos à medida que eles cresciam, mas passou a considerar Kelley a mais intrigante e enigmática das 1.444 crianças do estudo.

Aos quinze anos, Douglas já fizera coleções de flores silvestres, fungos e liquens; se tornara líder da sua tropa de escoteiros (e logo chegaria a ser Águia); tinha entrado na sociedade de debates da sua escola, na qual se tornara presidente do clube de botânica; e ganhara dinheiro em uma madeireira e trabalhando na lanchonete da escola. O menino era impetuoso em suas pesquisas intelectuais, algo como um animal cerebral. Ele tinha o impulso de ser bem-sucedido, de acumular e classificar os conhecimentos, e de dominar todos os seus desafios.

Anos mais tarde, mesmo os filhos pequenos de Douglas perceberam a necessidade que ele sentia de dominar tudo que experimentava fazer e de garantir que as demais pessoas reconhecessem sua supremacia. Em certa época de sua adolescência, ele se dedicou à mágica de palco, um passatempo muito adequado para um menino que tencionava impressionar os outros. Quer esteja lidando com cartas de baralho, ilusionismo ou outros truques, o mágico controla a direção do olhar de sua plateia, e o que ela percebe. A partir de truques simples aprendidos em revistas e manuais, Douglas passou para mágicas mais complicadas. Seu interesse pela prestidigitação se intensificou quando fazia o curso preparatório para medicina no *campus* de Berkeley da Universidade da Califórnia. O jornal da escola publicava relatos divertidos dos truques de mágica que ele promovia e realizava para tantos colegas quantos quisessem ir vê-los. Esses feitos incluíam dirigir um carro pelo *campus* encapuzado e com os olhos vendados, um truque para o qual o chefe de polícia de Berkeley aparentemente dava sua aprovação, mas julgava ser perigoso o suficiente para comentar sobre "os riscos tanto para Kelley quanto para os carros que passam nos bairros da cidade". Kelley imitava Harry Houdini em apresentações públicas tirando as mãos de algemas enquanto estava preso em um saco dos correios e em uma arca coberta por placas de ferro, do tipo usado por marinheiros; fazia mágicas em festas no clube e em jantares, e imprimiu cartões de visita promovendo suas habilidades na prestidigitação. Posteriormente, viria a ser presidente da Sociedade dos Mágicos de San Francisco. Como o próprio Kelley observou mais tarde, trabalhar como mágico fortalece a autoconfiança e dá um sentimento de superioridade sobre a plateia. Ele logo aprendeu que pessoas cultas – aquelas treinadas para aceitar sugestões de outrem, submeter sua atenção e chegar a conclusões a partir da observação – eram as que mais ficavam impressionadas na plateia de um espetáculo de mágicas quando um truque desafiava suas expectativas. Ele também teve um vislumbre das desvantagens da prestidigitação: a plateia apreciava o espanto, mas o mágico tinha o conhecimento de que tudo aquilo não era mais que um truque, um hábil engano.

À medida que crescia, Douglas ficou ainda mais próximo da personalidade autoritária de sua mãe e se afastou da esfera de influência do pai. Doc raramente fazia perguntas para o jovem Douglas a respeito de suas leituras ou de suas experiências científicas e das atividades de escoteiro que ocupavam seu tempo. Intelectualmente, Douglas era uma mistura de uma esponja e de um touro desenfreado, mas Doc parecia não entender os sentimentos ardentes de seu filho. Além do mais, comparado ao clã McGlashan, Doc era um fracassado, um homem que se contentava em fazer seu trabalho e em mostrar seu temperamento alegre, por si só prova de que ele não tinha o ardor contemplativo e furioso de um grande homem. Douglas observava a sinceridade e a boa natureza de seu pai e acreditava que elas o faziam parecer um fraco. Os McGlashans nunca se satisfaziam em seguir a correnteza da vida; eram levados a subir ao ponto máximo, a dominar sua situação e a reivindicar sua superioridade. Eles controlavam os seus territórios. Douglas absorveu de June esse modo de abordar a vida, e jamais se desviou dele.

Charles McGlashan morreu no dia 6 de janeiro de 1931 – nos últimos dias, ele ansiava por ver June, que também estava acamada, doente –, e Nona o seguiu três anos depois. Dentro de poucos anos, a espetacular casa dos McGlashans em Truckee foi destruída em um incêndio, e a torre da Rocking Stone, poupada pelas chamas, foi demolida. Pior de tudo, a própria rocha havia parado de oscilar. Guardiões da propriedade haviam preenchido o espaço vazio para evitar que a oscilante rocha esmagasse os visitantes. O fascínio da propriedade se acabara totalmente.

Douglas Kelley foi fazer medicina na Universidade de Berkeley e se formou aos vinte e quatro anos de idade. Então com 1,75 metro de altura, corado e corpulento, ele quisera ser um neurocirurgião, mas acreditava que suas mãos eram pequenas demais para dominar essa especialidade. Então, ele se voltou para a psiquiatria, talvez, como sustentava a lenda familiar, porque soubesse que os McGlashans eram um bando de loucos. Ele brilhou nos estudos e ganhou uma bolsa de pós-graduação de um ano do Instituto Rockefeller na Universidade de Columbia, que o levou à titulação em ciências médicas na Faculdade de Médicos e Cirurgiões de Columbia em 1941. Lá passou horas no Hospital Psiquiátrico de Nova York. Sua pesquisa em Nova York lhe trouxe muitas novas ideias sobre o funcionamento da mente e abarcou um vasto conjunto de temas, e ele colaborou com colegas para descobrir um teste cutâneo para sensibilidade ao consumo de álcool, muito parecido com os testes já usados para medir reações a alérgenos. Ele também participou esporadicamente de estudos misteriosos e secretos de tópicos tais como o efeito da lua cheia sobre o comportamento de doentes mentais, que ele relatou na *The Psychoanalytic Review*.

O que exerceu maior influência em sua carreira foi o fato de ele ficar exposto ao relativamente recente teste do borrão de tinta de Rorschach, que proporcionava *insights* sobre o estado psiquiátrico de pacientes, permitindo que médicos treinados interpretassem as respostas dadas a um grupo de dez cartões que mostravam padrões simétricos e abstratos de tinta, alguns em tons de cinza e alguns coloridos. Por si sós, os borrões de tinta nada mostravam. O que quer que os pacientes vissem neles, portanto, seriam projeções de suas personalidades internas.

"O indivíduo médio dá de duas a cinco respostas para cada borrão de tinta", observou um artigo de uma revista da época. "Dez ou mais indicam ambição – um ímpeto enérgico na direção do sucesso, uma determinação para ser bem-sucedido pela quantidade no caso em que a pura qualidade não é suficiente. Menos de duas respostas, sobretudo se elas forem vagas e maldefinidas, denotam o indivíduo preso em si mesmo, sem ideias e imaginação. Mas, quando uma pequena quantidade de respostas é exata, claramente vista e referida com precisão, revela o indivíduo hábil e confiante. Ele sabe o que quer e vai atrás disso." Durante um período de testes de cerca de uma hora, avaliadores em geral anotavam exatamente o que a pessoa dizia a respeito das manchas de tinta, examinando minuciosamente não apenas o conteúdo das respostas, mas se a pessoa se concentrava no conjunto da imagem do borrão de tinta ou apenas em parte dela, e a quantidade de animais, seres humanos, figuras fantásticas e outras imagens percebidas na figura. Trapacear era impossível, Kelley acreditava; a personalidade do indivíduo transparecia em qualquer resposta, não importando quanto aquela pessoa tentasse disfarçá-la ou distorcê-la.

Introduzido pelo psiquiatra suíço Hermann Rorschach em 1921, o teste do borrão de tinta havia adquirido considerável influência na psiquiatria, e posteriormente na psicologia, como um instrumento para investigação da personalidade individual. (Ele ainda é bastante valorizado na psicologia até os dias atuais.) Até a década de 1960, quando métodos padronizados de interpretação para os dados do Rorschach se popularizaram, o valor do teste dependia da habilidade e da experiência do intérprete em tirar conclusões dos resultados. Kelley conheceu Bruno Klopfer, um líder na defesa do teste de Rorschach nos Estados Unidos, e se aproximou dele profissionalmente; e, segundo dizem, Kelley era muito talentoso como intérprete. "O método deve ser sempre considerado um auxílio para o diagnóstico, e não completo por si só", ele escreveu. "É uma técnica que, quando usada de modo adequado, é um acréscimo para o instrumental do psiquiatra, dando-lhe um método objetivo adicional de diagnóstico." Ele às vezes comparava a coleta dos resultados do Rorschach ao ato de cortar uma fatia fina de torta. "E como qualquer pessoa que come tortas sabe, uma fatia fina dá uma boa ideia de como a torta inteira é", disse ele.

O uso do teste de Rorschach acabou se expandindo além do diagnóstico dos transtornos psiquiátricos para uso pelo governo, pelos militares, por empresas e por qualquer pessoa interessada em determinar o tipo de personalidade de um empregado em potencial, de uma pessoa que desejasse ter acesso a informações confidenciais ou alguém em busca de boas oportunidades profissionais. Mas o teste de Rorschach só foi ganhando uso mais abrangente durante a década de 1930 e começo da década de 1940, quando Kelley assumiu um papel predominante em sua difusão. Em 1942, ele e Klopfer publicaram *The Rorschach technique* [A técnica de Rorschach], um guia detalhado para a aplicação e interpretação do teste. A contribuição de Kelley para o livro se concentrava no uso do Rorschach nos meios médicos.

Igualmente fascinante para Kelley era o estudo emergente da semântica geral, um campo desenvolvido em 1933 pelo excêntrico engenheiro e físico e ex-conde polonês Alfred Korzybski. Careca, dono de um olhar inquisidor e de mãos como as de um lutador, e frequentemente com um cigarro em uma longa piteira, o imponente Korzybski propôs um método de pensamento que ele acreditava que iria pôr fim à estupidez e promover a sanidade, sobretudo no relacionamento entre as pessoas. Ele dava muita importância ao princípio do *time-binding*, a capacidade de nossa espécie de transmitir o conhecimento coletivo de uma geração para a próxima. O pensamento emocional e irracional torna o *time-binding* difícil ou impossível, impedindo o progresso humano. Korzybski estabeleceu essas ideias em seu influente livro, *Science and sanity: an introduction to non-aristotelian systems and general semantics* [Ciência e sanidade: uma introdução aos sistemas não aristotélicos e à semântica geral], grande parte do qual ele escreveu no escritório de sua casa, com seus dois macacos de estimação sentados em seu colo.

Ansioso para aplicar essas ideias à psiquiatria, Kelley tornou-se um devoto de Korzybski e de sua nova ciência. Kelley considerava a semântica geral o estudo da comunicação e a preservação de ideias mais elevadas. "Essa comunicação deve ser livre e mútua, ou as pessoas e as nações irão se encaminhar para a autodestruição regredindo ao *status* animal", explicou ele. "A manutenção e o progresso das ideias mais elevadas são a maior diferença entre os seres humanos e os animais." Ele explorou inúmeras aplicações da semântica geral para a psiquiatria clínica. Ao contrário dos animais, que reagem aos estímulos mas não podem pensar em explicações racionais para eles, os seres humanos têm a capacidade de alterar seu comportamento entendendo as causas, as circunstâncias e as soluções. Um soldado pode ficar condicionado ao perigo do campo de batalha sentindo-se extremamente ansioso sempre que ouvir barulho alto, mas o uso terapêutico da semântica geral, nesse caso, iria persuadi-lo de que aqueles sons são perigosos somente em certos ambientes e vindos de fontes específicas. O pensamento racional pode, com frequência, superar os resultados danosos das reações emocionais. Do mesmo modo, um debatedor hábil pode persuadir um oponente, não por argumentar de modo agressivo, mas ouvindo cuidadosamente, identificando o pensamento emocional de seu oponente e determinando o que leva o adversário a se comportar daquele modo. Esclarecer as diferenças, sustentava Kelley, é muito mais fácil quando a pessoa entende os sinais que impulsionam os outros.

* * * * * *

A paixão de Kelley pela mágica se intensificou. Na metade da década de 1930, ele havia se tornado membro da venerável Sociedade dos Mágicos Norte-Americanos e escrito diversos artigos educativos na *GENII*, uma revista para prestidigitadores. Um deles descrevia como embaralhar cartas de modo falso, para fazer com que um membro da plateia, sem ter consciência, pegasse quatro ases de um maço de cartas. Ele apresentou para os leitores outros truques, como *O truque da aposta vencedora de Kelley* (outra mágica com cartas), o *Truque da mesa da cidade* (uma façanha do mentalismo) e *Deixem que ele adivinhe* (um truque com objetos). "Muito antes de a palavra psicologia estar na boca de todos", escreveu Kelley, "os mágicos empregavam os princípios dela com o nome de engano".

Ele fez surgir o interesse de Korzybski pela mágica, a qual o polonês mencionava com frequência quando tentava explicar os princípios da semântica geral. Os truques de mágica, Korzybski dizia, não nos enganam mais quando entendemos como eles funcionam. O jogo da bolinha perde seu encanto quando vemos como a bolinha é escondida dentro da latinha. "Uma questão de estrutura", dizia Korzybski. "E, como vocês sabem, tudo na ciência diz respeito à busca por estrutura. Quando nós compreendemos a estrutura de uma coisa, então evitamos o engano e o autoengano. Essa é uma razão pela qual eu trabalho para explicar a estrutura das experiências comuns – incluindo a guerra – e a linguagem. Mas isso não é óbvio a olhos nus."

Douglas Kelley estudou por três anos em Nova York e escreveu sua dissertação de Columbia sobre como usar o teste Rorschach para avaliar alcoólatras. Ele fez uma série de testes de personalidade e vocacionais durante esse período. Em uma avaliação vocacional ele teve uma pontuação baixa nas categorias que avaliavam a adequação para profissões como psicólogo, arquiteto e engenheiro, e se adequou melhor aos parâmetros do teste para corretor de imóveis e ocupações solitárias como fazendeiro, tipógrafo, músico e escritor. A autoconfiança de Kelley lhe permitiu ignorar as sugestões do perfil quando ele realizou sua nova mudança na carreira em 1941, para supervisionar a ala psiquiátrica do Hospital dos Psicopatas de San Francisco, uma instituição vinculada à Faculdade de Medicina da Universidade da Califórnia, onde ele também assumiu uma cadeira como professor de psiquiatria.

De volta à Bay Area, perto de sua família e de seus amigos mais próximos, Kelley chamou a atenção por dar o pontapé inicial a um tipo de terapia ocupacional que talvez fosse único na psiquiatria norte-americana. Ele ensinou os pacientes a realizar truques de mágica, uma atividade que ele sustentava ser mais eficaz para a reabilitação dos doentes mentais do que muitas outras formas de terapia. Em um artigo para a revista *Occupational Therapy and Rehabilitation* em 1940, ele observou a importância da inteligência e da imaginação do prestidigitador para entreter sua plateia; descreveu como a mente – não o olho – é enganada, e apresentou as qualidades da mágica de palco que mais o atraíam: "Nenhum outro tipo de entretenimento pode ser apresentado de modo tão eficaz com tão pouca prática. Depois de uma única lição, a pessoa pode executar de modo hábil truques mecânicos fáceis. Contudo, a sensação de sucesso produzida por uma ação inteligente, aprendida tão facilmente, estimula o estudante a tentar apresentações mais difíceis. Assim, ele gradualmente desenvolve a verdadeira habilidade e sagacidade do artista da mágica completo".

Bastante adequada como terapia ocupacional para pacientes deprimidos, esquizofrênicos e neuróticos, a mágica poderia devolver-lhes a autoestima, destacá-los em um grupo social e evitar que eles se sentissem ignorados, acreditava Kelley. (Pelas mesmas razões, ele a considerava inapropriada para os pacientes que sofressem de paranoia, delírios e egos superinflados.) "A mágica confere ao paciente o sentimento de superioridade a cada vez que ele ludibria a plateia", disse ele a um repórter de jornal. "Como resultado, isso também irá desencadear uma ligeira inclinação para o exibicionismo. Esse é um fator de grande valor para personalidades tímidas e reservadas." Como terapia, a mágica era adaptável, barata e segura até mesmo para pacientes potencialmente suicidas. Ele passava horas ensinando seus discípulos doentes como aperfeiçoar o truque do jogo da bolinha, fazer com que dedais desaparecessem, unir cordas que haviam sido previamente cortadas e realizar outros truques de salão – truques, declarava ele, que "não exigem capacidade mental e não podem dar errado". Kelley sentia especial orgulho pelo tratamento, auxiliado pela mágica, de um vendedor debilitado pelo medo de falar com outras pessoas. "Depois de dominar três truques para poder fazê-los para outros pacientes, o vendedor sarou e voltou ao trabalho", escreveu um repórter.

A terapia realizou outro tipo de mágica: colocar Kelley sob os holofotes da imprensa, que publicou rapidamente diversos artigos sobre seu uso pouco comum da prestidigitação. Em San Francisco, ele se transformou em porta-voz de uma variedade de temas da psiquiatria. Era citado em tópicos tão variados quanto a crescente epidemia de doenças mentais, a falta de instituições e de dinheiro disponível para tratar pacientes psiquiátricos, o alto número de inscritos para o serviço militar rejeitados por motivos mentais e a luta para proporcionar serviço psiquiátrico para as grandes quantidades de veteranos que tinham precisado dele desde a Primeira Guerra Mundial.

Além disso, os jornais davam ampla cobertura aos esforços de Kelley em San Francisco para descobrir modos de diagnosticar pacientes que se recusavam a fazer o teste de Rorschach ou a aceitar outros cuidados investigativos. Um método de diagnóstico involuntário bastante praticado por Kelley era o uso cuidadoso de amobarbital, o chamado soro da verdade, para enfraquecer a resistência dos pacientes. Kelley considerava importante a droga, usada de modo rotineiro como um anestésico e sedativo, por seu efeito, em doses pequenas, de deixar o paciente entontecido e cooperativo. Em tal estado, com frequência reforçado por uma segunda injeção de amobarbital, eles responderiam com boa vontade às perguntas e se submeteriam aos rigores da avaliação do Rorschach.

Enquanto isso, Kelley havia conhecido e cortejado Alice Vivienne Hill, a muito inteligente filha de uma família rica e conservadora em Chattanooga, Tennessee. Apelidada Dukie (por causa de "Little Dukie-Do", um carinhoso reconhecimento de sua presença loira, bela e digna), ela era oriunda da Escola Preparatória para Moças em Chattanooga e do Colégio Ward-Belmont em Nashville, uma conceituada escola de boas maneiras, onde ela foi presidente da turma avançada e se formou com honras.

Dukie tinha família no norte da Califórnia e ia com frequência visitá-la. Durante uma das visitas, uma prima providenciou para que ela encontrasse Kelley no encontro dos escoteiros Águia em San Francisco, onde Kelley, assistente do líder escoteiro, tinha a honrosa responsabilidade de acender a imensa fogueira da reunião. Quando eles começaram a conversar, a voz estrondosa de Kelley – um vendaval sonoro que era capaz de sobrepujar a banda que tocava, atravessar a multidão e penetrar até o fundo de quase todos os cômodos – se harmonizou com o doce contraponto do Tennessee de Dukie. Dukie sentia a agitação de namorar o jovem psiquiatra. Ela o considerou atraentemente grandão, divertido e criativo, e o fato de ele caçoar dela por causa de sua formalidade fez com que ela se sentisse especial. Em uma carta de amor do fim da década de 1930, Kelley a censurou: "A vida não é assim tão séria... e... nós provavelmente vamos chegar – então, por que se preocupar tanto com os detalhes ao longo do caminho?". Ela era forte, uma boa parelha para a personalidade notável de Kelley. A família dela tinha – segundo relatos legendários – ajudado a criar o Connecticut; a dele, a Califórnia. Eles se casaram em outubro de 1940, com Dukie participando de sua festa de casamento, como os jornais de Chattanooga descreveram para os leitores das páginas da coluna social, em um conjunto azul-turquesa debruado de peles de lince, um turbante combinando, luvas negras e um buquê de orquídeas.

O período que eles passaram juntos como marido e mulher foi breve. Depois de seis meses da entrada dos Estados Unidos na guerra, e menos de dezoito meses depois de seu casamento, Kelley se juntou ao Exército norte-americano como capitão e foi enviado para a

Europa no mês seguinte. Com sua partida iminente, Dukie ofereceu-lhe uma ordem militar, com caligrafia elaborada e sarcasticamente falsa, selada com um lacre, que instruía o novo oficial a permanecer conectado com sua esposa. Kelley recebeu ordens de mandar para ela cartas que contivessem "uma panaceia para a preocupação e a solidão", de que ele se ocupasse o máximo possível pensando nela, de ter sonhos agradáveis com ela e de lembrar-se do "eterno amor + devoção + espera impaciente" dela. O documento estipulava que essas ordens teriam valor até o fim da guerra e o retorno de Kelley para "o abraço da repetidamente já mencionada e eterna Sra. Kelley". Foi uma carta jovial, sagaz e afetuosa de uma jovem esposa que não poderia ter mais que uma pálida ideia das experiências de guerra nas quais seu marido estava prestes a embarcar.

* * * * * *

Nos campos de batalha da Primeira Guerra Mundial, os soldados haviam sofrido danos psicológicos terríveis, que neurologistas, psiquiatras, médicos, enfermeiras e outros haviam lutado para compreender e tratar. Aquela guerra deixou combatentes com traumas mentais, mas fisicamente ilesos – alguns dos quais sequer tinham chegado perto do combate – paralisados, cegos, catatônicos, tontos, esquecidos, aterrorizados, com alucinações e mergulhados em pesadelos. Somente entre os Aliados da Primeira Guerra Mundial, mais de 1,6 milhão de soldados foram afetados por danos à psique. Psicanalistas especulavam que antigos conflitos no inconsciente, que às vezes remontavam à infância, eram as causas dessa recém-identificada neurose de guerra. Outros suspeitavam que era fingimento. Pessoas encarregadas de cuidados aos doentes submetiam os soldados afetados a repouso no leito, confinamento solitário, punições disciplinares, choques elétricos e conversas de formação do caráter, tentando fazer com que eles recuperassem a saúde. Médicos mais familiarizados com os recentes avanços na psiquiatria usavam terapia conversacional, hipnose e reeducação. Seriam esses pacientes insanos, covardes, sem força de vontade, ou algo além?

A Segunda Guerra Mundial confrontou os combatentes com horrores igualmente espantosos. Um maior número de norte-americanos experienciou traumas psicológicos do que na guerra precedente, e qualquer pessoa que conseguisse aliviar a tortura dos soldados e, ainda melhor, mandá-los de volta para o serviço seria um herói para os militares. Entre o ataque a Pearl Harbor e o fim da guerra, o Exército norte-americano foi assolado por 1,1 milhão de traumas psiquiátricos incapacitantes. O temor e o estresse eram, na maior parte das vezes, os responsáveis. Kelley, servindo como psiquiatra do Exército, chamava o problema de "neurose de combate" e "esgotamento de combate".

Sob o comando de Lloyd J. Thompson, o psiquiatra de posto mais elevado no teatro europeu de combate, Kelley criou a ala neuropsiquiátrica do 30º Hospital Geral, uma das primeiras instituições médicas dos Aliados dedicadas ao combate dos casos de esgotamento e ao treinamento de médicos para que lutassem com sucesso contra os casos de estresse causado pelo combate. Com uma grande quantidade de soldados com problemas psicológicos ao seu dispor, Kelley reservou noventa leitos em seu hospital inglês para os casos de estresse causado pelo combate que mais resistiam ao tratamento. Ele treinou outros médicos em psiquiatria de guerra encenando espetáculos que apresentavam técnicas de tratamento com médicos e pacientes reais como atores. (Kelley não conseguiu deixar de apresentar para a equipe do hospital e para os pacientes Oscar, o Pato, uma ave mecânica que ele usava para pegar cartas em alguns de seus truques de mágica favoritos. Ele colocou Oscar para trabalhar na reabilitação dos pacientes, como havia feito anteriormente em San Francisco.) Mais tarde, o hospital foi transferido para um antigo prédio escolar em Ciney, Bélgica, perto dos combates.

Lá, Kelley e seus colegas tinham de determinar se seriam capazes de curar soldados traumatizados para que voltassem ao serviço de combate ou de não combatentes, ou se os pacientes deveriam retornar para os Estados Unidos para continuar o tratamento. (Uma grande quantidade, ele descobriu, jamais poderia ter sido admitida no serviço militar porque eles eram psicopatas, tinham problemas mentais ou eram psicóticos.) Ficar perto do *front* permitia a Kelley tratar os soldados com danos mentais – os quais ele insistia que não eram insanos – o mais rápido possível, com a chance de curá-los no prazo de três semanas. Depois de fazê-los descansar com um banho quente, uma boa refeição quente e um sono longo e profundo induzido por uma forte dose de insulina, ele os colocava no regime de tratamento que inicialmente incluía uma prolongada psicoterapia individual. Essa abordagem, porém, demonstrou não ser exequível quando os pacientes começaram a aumentar, e ele se voltou para um novo rumo de tratamento, começando em janeiro de 1944. Frequentemente depois de uma sessão de narco-hipnose – o uso de drogas tais como tiopentato de sódio ou amobarbital para induzir um entorpecimento mental no qual os pacientes relaxavam suas inibições e suas recordações dos dolorosos eventos de seus traumas –, Kelley colocava os soldados em sessões condensadas de psicoterapia em grupo que ele concebera para permitir aos soldados um *insight* consciente em seus problemas. Em encontros que duravam de quatro a cinco horas, grupos de dez a vinte soldados esgotados pelo combate ouviam palestras de Kelley e de outros membros da equipe médica familiarizados com a aplicação clínica da semântica geral. Eles davam aos pacientes explicações médicas para seus sintomas e preparavam os soldados para os sintomas da neurose de guerra que eles poderiam desenvolver. As sessões em grupo sempre se encerravam com discussões a respeito das perguntas dos pacientes e suas respostas individuais para os choques da guerra. Esse foi um dos primeiros usos – em qualquer lugar – de psicoterapia em grupo, e Kelley atribuía seu sucesso ao seu método korzybskiano de dar "ao paciente algumas razões compreensíveis e aceitáveis para o desenvolvimento de seus sintomas e [oferecer-lhe] pela primeira vez algumas técnicas para superá-los. Basicamente, as técnicas extraídas da metodologia de Korzybski representavam um modo de quebrar uma reação condicionada aguda". Em uma abordagem típica da aplicação clínica da semântica geral, os pacientes poderiam substituir seus embaraçosos sintomas neuróticos por uma explicação racional e científica de suas doenças.

O tratamento de Kelley para combatentes traumatizados e com neurose de guerra cobria a necessidade de tratamento psiquiátrico que havia atormentado os exércitos Aliados. Setenta e cinco por cento dos casos fatais na Batalha do Passo de Kasserine, no Norte da África, em 1943, haviam sido casos psiquiátricos sem quaisquer ferimentos visíveis. Ao longo de toda a campanha no Norte da África dos primeiros anos da guerra, somente dois por cento das vítimas de exaustão de combate conseguiam recuperar a saúde o suficiente para voltar à guerra. Dezesseis meses mais tarde, durante a invasão na Normandia no Dia D, mais de noventa e cinco por cento dos soldados com neurose de combate retornaram à guerra, e o treinamento que Kelley deu aos médicos militares norte-americanos indubitavelmente contribuiu para esses números. Parte do progresso se devia a nada mais do que confiança. Dando aos soldados traumatizados pela batalha uma explicação para a angústia que sentiam, Kelley os ajudava a lidar com suas emoções. Também ajudou o fato de Kelley disseminar autoconfiança em sua metodologia e conquistar a confiança de seus pacientes com sua exuberância juvenil – e, às vezes, maliciosa.

Seus amigos no Exército apreciavam sua animação cheia de energia mesmo não acreditando sempre na metodologia de Kelley, sem saber se ele era um médico altamente especializado ou um geniozinho com um belo arsenal de truques. Um companheiro do Exército, Howard Fabing, que trabalhou com Kelley nos hospitais do tempo da guerra, reconheceu que "havia tanta fraude no coração dele... Ele adorava golpes e trapaças e fugas e traições, e era uma das poucas pessoas que estavam sempre animadas para rir durante aqueles longos meses de enfado periódico que aconteciam em nossa guerra". Em um memorável dia de agosto de 1944, Kelley, de modo bastante corajoso, ajudou um médico da força aérea do Corpo de Fuzileiros Navais dos Estados Unidos em um experimento científico. A bordo de um voo que decolara de Ridgewell, Essex, Inglaterra, suspenso entre 7 mil e 7 mil e novecentos metros, ele consentiu em retirar sua máscara de oxigênio durante quarenta e cinco minutos para estudar os efeitos. Embora apresentasse a pele azulada característica da falta de oxigênio, bem como euforia, fadiga e fala arrastada, "a tolerância de Kelley à diminuição da pressão barométrica é maior do que qualquer outra que eu já tenha observado", relatou o médico. O antigo escoteiro Águia era extraordinariamente durão.

Promovido ao posto de major em maio de 1944, Kelley assumiu responsabilidades que ficavam cada vez maiores. Durante o restante da guerra, ele supervisionou todas as pesquisas para o desenvolvimento de novos métodos para tratar o esgotamento de combate; assumiu o tratamento de todos os casos psiquiátricos de militares na Europa, organizou as clínicas psicológicas do Exército e conseguiu uma nomeação como consultor em psicologia clínica no teatro de combate da Europa em março de 1945. Nessa época, quando a rendição da Alemanha se aproximava, o trabalho de Kelley estava diminuindo. "Suspeito que em um futuro não muito distante ele e outros da organização se vejam sendo mandados de volta para casa", um companheiro do Exército escreveu para Dukie em maio de 1945. Não era para ser assim.

* * * * * *

Na metade do verão de 1945, o Hermann Göring conhecido por seus companheiros nazistas havia recobrado a saúde na prisão. Confiante e carismático, ele ansiava por desafiar novamente o mundo. Transformou-se em um líder determinado de um grupo de diversos companheiros de prisão que, contra a vontade, haviam sido enviados para Mondorf. Assim como Göring, Karl Dönitz enviara mensagens para Eisenhower protestando que o tratamento que lhe era dado não estava de acordo com os padrões da Convenção de Genebra para prisioneiros de seu posto capturados em guerra. Eisenhower se recusou a ordenar quaisquer mudanças no tratamento de Dönitz, observando em uma declaração pública sua insatisfação com as condições de cativeiro quase luxuosas nas quais alguns nazistas viviam nos dias imediatamente posteriores à rendição. Ele declarou que "aos alemães de alto escalão serão dadas apenas acomodações minimamente básicas que não serão mobiliadas de modo minucioso, e que todos os prisioneiros serão alimentados estritamente com a ração que foi autorizada para prisioneiros alemães dessa categoria específica".

Depois de dois meses, a presença de Göring e de outros altos dirigentes nazistas em Mondorf não era mais um segredo. Repórteres divulgaram notícias de prisioneiros passando horas de ociosidade em um hotel de luxo, e a Rádio Moscou fez para seus ouvintes uma absurda e fantástica descrição dos nazistas confinados em um palácio onde lhes eram servidas em baixelas de prata refeições sofisticadas e bebidas envelhecidas, e que eles engordavam, ficavam desrespeitosos e eram conduzidos em carros de luxo no terreno da prisão. Assustado com essas invenções, o coronel Andrus determinou um horário de visitas para a imprensa no dia 16 de julho, e enviou mais convites para que repórteres examinassem a prisão. Ele usou essas oportunidades para mostrar que nenhum nazista estava sendo mimado sob sua guarda. Repórteres chegaram e escreveram a respeito da comida comum, da condição das roupas de baixo dos prisioneiros, da limpeza (ou falta de limpeza) de suas celas e das cercas e armas que rodeavam a prisão.

A disciplina de Andrus, os repórteres ficaram sabendo, não era uma farsa. Ele impunha um comportamento que irritava muitos dos presos. Os nazistas tinham de se levantar à chegada de oficiais Aliados visitantes, por exemplo, e em uma ocasião Dönitz – assim como Göring, irritado com o tratamento que ele considerava indigno de um ex-chefe de Estado – não se mexeu. "Levante-se, homem!", gritou Andrus, e Dönitz, relutante, se levantou de sua cadeira. Os primeiros relatos da imprensa, entretanto, já haviam influenciado a opinião pública. Os oficiais Aliados queriam que Göring e os demais nazistas de alto escalão fossem transferidos para uma prisão de verdade.

* * * * * *

Göring, entre outros, ainda se considerava um chefe de Estado capturado, e havia reiterado que estava intrigado com a duração de sua prisão. Incapaz de imaginar um julgamento vindouro – havia poucos precedentes de julgamento de chefes de Estado –, ele esperava acabar sendo libertado da prisão. Outros tinham maior presciência; Franz von Papen, ex-vice-chanceler da Alemanha nos primeiros dias do regime nazista, sentiu medo quando os guardas o transferiram para uma cela perto da de Göring. Poucos dos prisioneiros, entretanto, perceberam exatamente o que os Aliados reservavam para eles. No centro de detenção britânico, a Lata de Lixo, onde os prisioneiros podiam ouvir rádio, o antigo ministro dos armamentos Albert Speer ouviu a respeito de um planejado tribunal para os crimes de guerra. Ele insinuou para outros prisioneiros que queria uma cápsula de cianureto de potássio igual às que Göring tinha, mas nenhuma chegou às suas mãos.

William "Bill Louco" Donovan, diretor da Agência de Serviços Estratégicos dos Estados Unidos e futuro fundador da Agência Central de Inteligência (CIA), trabalhou na incipiente acusação dos futuros julgamentos de crimes de guerra, e visitava Mondorf com frequência. No dia 8 de agosto, as quatro potências Aliadas finalmente chegaram a um acordo sobre a carta para o tribunal. Embora a França, a Grã-Bretanha, os Estados Unidos e a União Soviética fossem processar e julgar em conjunto os réus nazistas, os Estados Unidos assumiram a liderança na administração do Tribunal Internacional, e um dos juízes da Suprema Corte norte-americana, Robert Jackson, concordou em ser o chefe da promotoria. A equipe de Jackson apontou Göring como o líder nazista de mais alto escalão na ausência de Hitler, e dedicou muito de sua energia para conseguir sua condenação.

Três meses depois de Göring ter chegado a Mondorf, ele e um grupo seleto de altos dirigentes nazistas souberam que teriam uma nova mudança à frente. Eles não sabiam quando ou para onde. Talvez como preparação para essa mudança, no dia 6 de agosto Kelley escreveu uma detalhada avaliação física, neurológica e psiquiátrica de Göring. Ele julgava seu paciente alerta, perfeitamente adequado ao ambiente da prisão e cooperativo. O meio em que Göring se encontrava mal afetava suas emoções; pelo contrário, "fortes e instáveis", suas emoções eram "geradas principalmente do íntimo". Ao mesmo tempo, observou Kelley, Göring não demonstrava interesse pelos assuntos alheios. Graças ao seu treinamento militar e autodisciplina, Göring alegava que os sofrimentos dos outros não o incomodavam. Consequentemente, Kelley declarou que ele era "um indivíduo agressivamente narcisista", voltado apenas a si mesmo.

Para ajudar Göring a dormir depois da supressão de paracodeína, Kelley receitara fenobarbital. E concluiu no relatório psiquiátrico: "O paciente é são e responsável e não demonstra evidências de qualquer tipo de desvio psicótico". Essa avaliação da sanidade básica de Göring não iria se alterar nos meses vindouros.

No início da manhã do dia 12 de agosto, um comboio de ambulâncias norte-americanas e de outros veículos apareceu na entrada do Palace Hotel, e quinze prisioneiros que carregavam sacolas de couro entraram nelas em fila. Os detentos, que logo seriam réus, foram privados de cintos, gravatas e cadarços de sapatos. (Os demais detentos nazistas viajaram separadamente.) Três guardas armados viajavam em cada veículo, e Andrus entrou no carro da frente. Sem escoltas, sirenes ou qualquer indício da importância de seus passageiros, o comboio passou silenciosamente por Mondorf e seguiu para a cidade de Luxemburgo, onde dois aviões de transporte C-47 esperavam sua chegada em um campo de pouso.

Göring, carregando sua caixa de chapéus vermelha e com a mão livre puxando suas calças largas, estava entre os primeiros que saíram das ambulâncias. Desconhecendo a carga que estavam prestes a conduzir, os pilotos observaram com espanto enquanto os nazistas subiam a bordo. Os detentos sentaram-se em bancos dispostos no sentido do comprimento dos aviões, onde pouco mais havia, a não ser um balde para as fezes e um urinol.

Dois guardas, um portando uma pistola de calibre .45 e o outro, um cassetete policial feito com um cabo de espanador, entraram. Um guarda armado ficou vigiando os prisioneiros da parte de trás de cada avião. Quando cada aeronave decolou e se inclinou para a esquerda rumo ao sul, a maior parte dos prisioneiros ficou em silêncio, incluindo Julius Streicher, que sentia enjoos ao voar. A exceção era Göring. "Deem uma boa olhada nisso", ele disse para os companheiros, quando sobrevoaram o rio Reno. "Pode ser a última vez que vocês vão ver isso." Mais tarde, Göring pediu para inspecionar os controles na cabine. O coronel Andrus negou a solicitação. A cidade de Nuremberg se encontrava à frente.

Kelley seguiu os nazistas para o presídio de Nuremberg. Suas novas ordens eram avaliar a saúde mental dos vinte e dois homens de maior escalão para se defrontar com a Justiça no julgamento vindouro. Suas experiências com os nazistas em Mondorf, e com Göring em particular, continuavam a fazer com que seus pensamentos fossem muito além das preocupações de seus deveres de oficial. Haveria uma falha mental comum a todos aqueles prisioneiros? Eles compartilhariam de um distúrbio psiquiátrico que os fizera participar das monstruosas ações do Terceiro Reich? Trabalhar entre aqueles alemães fez com que Kelley ficasse pensando se ele conseguiria responder às perguntas prementes que ocupavam seu cérebro. Talvez seu estudo científico das mentes daqueles homens pudesse identificar um fator significativo que seria útil para a prevenção da ascensão de um futuro regime nazista semelhante.

A necessidade era urgente. Sem sanção oficial, Kelley estava desenvolvendo um plano para explorar os recantos psicológicos do cérebro dos líderes nazistas prisioneiros.

4

EM MEIO ÀS RUÍNAS

Durante anos, a cidade alemã de Nuremberg sediou importantes congressos do Partido Nazista. Seu nome foi usado em um conjunto de leis que negavam os direitos humanos básicos aos judeus alemães, e a cidade sustentava todos os princípios do fascismo europeu. Mas na metade da década de 1940, ela mal se sustentava. Bombardeios pesados e quarenta ataques aéreos a haviam pulverizado. Um único ataque aéreo britânico em janeiro de 1945 havia arrasado o centro de Nuremberg e matado mil e oitocentas pessoas. Os moradores haviam trabalhado vinte e quatro horas por dia durante um mês para encontrar os mortos e enterrá-los. Mais de metade das casas de Nuremberg jazia em ruínas – noventa por cento na parte antiga da cidade –, e centenas de milhares de alemães haviam fugido da região. Muitos do que permaneceram viviam em porões úmidos.

O coronel Andrus, com sua procissão de prisioneiros alemães, passou de carro através de uma cidade repleta de cenas assustadoras de pessoas amontoadas ao redor de fogões improvisados ao ar livre, de famílias ocupando apartamentos com paredes destruídas e cômodos expostos à vista, e habitantes famintos surgindo de buracos subterrâneos para vaguear entre montes de escombros que ainda soterravam seus vizinhos. Escadas conduziam ao nada. Com a falta de dinheiro, chefes do mercado negro usavam cigarros como moeda. A água não era potável. Os moradores da cidade continuavam enraivecidos e perigosos. O lugar tinha cheiro de morte, de pó e de desinfetante.

Embora poucas pessoas em Nuremberg compreendessem isso – os residentes, os ocupantes e os prisioneiros igualmente –, essa cidade selvagemente atacada logo iria sediar um acontecimento mais importante do que os comícios nazistas que haviam ocupado os noticiários ao redor do mundo uma década antes.

O Exército norte-americano requisitou o Grand Hotel, um centro social da cidade que anteriormente havia abrigado convidados dos comícios nazistas. Ele foi um dos primeiros grandes edifícios em Nuremberg a ser restaurado; uma bomba destruíra uma parte do hotel de alto a baixo. Antes, a vizinhança havia sido um posto arriscado para os soldados Aliados, um local de ataques frequentes e de roubos cometidos pelos habitantes. Em sua nova função, o hotel abrigava os militares e civis que trabalhavam com os futuros procedimentos dos crimes de guerra. (As mulheres viviam em outro hotel, a poucos quarteirões dali, apelidado de "Cidade das Meninas".) Por muito tempo, ele foi o único edifício grande da cidade com luz elétrica; à noite, ele resplandecia em meio à escuridão que o rodeava. "Para chegar ao meu quarto no quarto andar, eu tinha de atravessar uma prancha de madeira temporária estendida sobre mais um buraco cavernoso causado por um segundo bombardeio Aliado", um dos ocupantes Aliados escreveu. "A prancha tinha um frágil corrimão de um lado, e a engenhoca inteira oscilava quando alguém caminhava por ela." No hotel, a equipe do tribunal vivia e bebia e dançava em um restaurante ao estilo norte-americano chamado Marble Room, que era vetado aos civis alemães. (De modo semelhante, os norte-americanos em Nuremberg não tinham permissão para frequentar a maior parte dos bares e restaurantes alemães.) O bar tinha boas provisões. O jantar, servido por garçons com casacas, custava o equivalente a 60 *cents*. Das portas e janelas do hotel flutuava a música dos vencedores, um som que um visitante recordou como "de pouca qualidade e potente". Os ocupantes russos às vezes fugiam de seu isolamento para se divertir e beber prodigiosamente ali.

O Palácio da Justiça era um dos poucos edifícios de tamanho considerável em Nuremberg que havia escapado da destruição, embora um ataque aéreo houvesse danificado o telhado, destruído os andares superiores com fogo e derrubado a torre do relógio. Nos dias finais da guerra, o edifício abrigava divisões da SS nazista que faziam uma defesa final antes que as forças Aliadas as sobrepujassem em maio de 1945, e meses mais tarde a derrota ainda dava um colorido aos seus seiscentos cômodos e infindos corredores. Alemães em fuga e soldados Aliados ocupantes haviam deixado a principal sala do tribunal do Palácio de Justiça uma bagunça, com janelas estilhaçadas, cadeiras reviradas e garrafas de Coca-Cola amontoadas em mesas sob o candelabro ainda intacto e o relógio barroco. Lá, no tempo de guerra, um tribunal especial, sob a vigilância do conhecido juiz nazista Oswald Rothaug, havia apresentado veredictos contra os oponentes políticos e raciais do nazismo. Os norte-americanos estavam juntando material de construção de centenas de quilômetros ao redor, em um esforço de US$ 5 milhões para restaurar o edifício e expandir o pátio para propósitos judiciais que poucas pessoas de fora compreendiam. Trabalhadores alemães tiravam vidros quebrados e lixo da sala do tribunal com pé-direito alto. Certo dia, durante a reconstrução, em um lembrete de como qualquer prédio que estava em pé em Nuremberg ainda era inseguro, a sala do tribunal desabou ruidosamente sobre seu próprio porão. Enquanto isso, tanques, soldados armados e baterias antiaéreas protegiam o edifício contra uma sublevação da SS ou outros propalados possíveis ataques de partidários do nazismo ou de vítimas do regime derrotado.

A procissão do coronel Andrus dos altos dirigentes nazistas foi encaminhada para um complexo penitenciário de três andares adjacente, construído no século XIX. Kelley achou que o formato do presídio lembrava uma gigantesca mão esquerda. Três alas se estendiam como dedos no alto, outra ala formava o dedinho a oeste, e um corredor final, futuro lar de Göring e de outros nazistas proeminentes, assumia o lugar do polegar a leste. Parte do presídio abrigava criminosos alemães civis sob um outro comandante, mas a área que Andrus dirigia confinava cerca de 250 homens e mulheres em três alas, muitos dos quais testemunhas e possíveis réus para futuros tribunais de crimes de guerra. O edifício estava muito danificado, precisando de escoras de madeira para conter as paredes e de trabalhadores para reconstruir as paredes externas do presídio, que tinham buracos grandes o suficiente para que um caminhão fosse conduzido por ali. Prisioneiros de guerra alemães, muitos ainda usando uniformes da SS, faziam os consertos. À noite, alguns desses mesmos prisioneiros se recolhiam às celas no presídio, onde somente um guarda vigiava cinquenta detentos. "Não havia nada que impedisse que dessem uma olhada na nossa ala do presídio", observou Andrus, "mal havia qualquer obstáculo para que eles escolhessem um momento e então se precipitassem lá para dentro... Se alguma gangue de fanáticos tivesse decidido conduzir um caminhão com explosivos potentes, fazendo com que ele atravessasse a parede do presídio em alta velocidade, nós todos teríamos sido jogados para o alto". A instalação tinha uma perigosa escassez de norte-americanos, e Andrus considerava seu contingente de segurança uns párias sem vontade e péssimos trabalhadores. Ele estava furioso com a precária segurança em que ele e os altos dirigentes nazistas estavam entrando, e achava que eles tinham chegado a Nuremberg cedo demais.

O coronel logo começou a trabalhar fortificando o presídio com mais guardas. Ele declarou que o "segredo sombrio" de Nuremberg era o fato de sua equipe de segurança ser "refugo", sem experiência em trabalho na prisão, e obcecada com a ideia de voltar para casa. Alguns se divertiam rabiscando grafites nas paredes das celas dos prisioneiros; outros não sabiam como usar um revólver. Não havia homens em quantidade suficiente para vigiar os possíveis prisioneiros suicidas nas celas com maior frequência do que a cada trinta segundos. Embora acabasse reforçando seu contingente de guardas, Andrus jamais conseguiu homens de primeira linha para trabalhar na segurança do presídio, e sofreu uma taxa de substituições de seiscentos por cento durante os dezoito meses seguintes.

Kelley, então em serviço de guerra na Europa por tanto tempo que Dukie vinha se chamando de viúva de guerra, tinha uma nova missão oficial. Além de cuidar dos altos dirigentes nazistas presos, como fizera em Mondorf, ele estava então encarregado de avaliar a sanidade dos prisioneiros – que variavam em idade: de Baldur von Schirach, com trinta e oito anos, até Konstantin von Neurath, com setenta e dois – e julgar se eles estavam mentalmente sãos para um futuro julgamento. Ao mesmo tempo em que aceitava seus encargos oficiais com toda a seriedade, ele os estabelecia nos limites das exigências de sua ambição pessoal. Ele passou a ver que seu propósito em Nuremberg "não era somente o de preservar a saúde dos homens que iriam enfrentar um julgamento pelos crimes de guerra, mas também estudá-los como um pesquisador em um laboratório", escreveu. Se o nazismo era uma doença que poderia contaminar as pessoas em qualquer lugar, e até chegar a ter proporções epidêmicas ao redor do mundo, então os homens que ele visitava em suas celas de Nuremberg representavam concentrados isolados da doença que poderiam produzir uma inoculação protetora. Embora a causa do comportamento dos prisioneiros se encontrasse fora de seus limites oficiais, Kelley tinha de investigar mais profundamente para satisfazer suas ambições pessoais. Ele estabeleceu para si mesmo uma missão excitante, sem sanção oficial e com tempo limitado. "Eu assumi a responsabilidade de examinar os padrões da personalidade daqueles homens e, até certo ponto, as técnicas que eles empregaram para vencer e manter o poder", ele escreveu. A missão que impusera a si próprio era a de entender a mente nazista. "Naturalmente, não nos interessava se eles eram culpados ou não", disse Kelley mais tarde a respeito desse período. "E nem estávamos nos encaminhando para a cura terapêutica. Nós somente queríamos descobrir o máximo possível a respeito deles."

Ele visitou todo o presídio logo depois de sua chegada a Nuremberg. Os altos dirigentes nazistas presos ocupavam celas solitárias no piso térreo do corredor do lado leste, uma área chamada de Ala dos Criminosos de Guerra. "As celas ficavam dos dois lados do corredor, e em cada ponta escadas em caracol conduziam aos dois andares superiores de celas", observou Kelley. As celas, de 2,7 metros por 3,9 metros, eram austeras e não continham nada que um prisioneiro pudesse usar para cometer suicídio. Parafusos fixavam as camas nas paredes. Os colchões eram recheados de palha. Gesso úmido caía das paredes. Mesas frágeis que não conseguiriam suportar o peso de um homem continham os pertences pessoais mais miúdos dos prisioneiros, e o resto tinha de ficar empilhado no chão. Um prisioneiro, o antigo ministro da economia Hjalmar Schacht, descreveu as mesas como "instáveis construções de madeira com uma estrutura frágil e um pedaço de papelão fino pregado no topo. Usar aquela mesa para escrever era um tormento imenso, porque ela oscilava o tempo todo".

Uma única janela com grades deixava entrar um pouco de luz. Cadeiras, que, pelas regras não podiam ficar a menos de 1,2 metro das paredes, eram retiradas ao cair da noite. Isso deixava aos prisioneiros pouco mais para fazer além de dormir e andar pelo chão de pedras irregulares. As portas de entrada tinham postigos quadrados de 0,30 centímetro, jamais fechados ou bloqueados, que também permitiam a entrada das refeições. Uma única lâmpada, presa do lado de fora da porta, brilhava durante o dia. "A criatura poderia enlouquecer sentada em uma cela pequena e com o que alguns daqueles rapazes tinham em mente", observou Andrus.

O coronel Andrus exigia silêncio no bloco das celas. Até mesmo os guardas mantinham-se quietos, a não ser para dar ordens aos prisioneiros ou apontar infrações às regras. Assim como todas as prisões, entretanto, Nuremberg ecoava com os sons do confinamento forçado. As portas batiam, e calcanhares topavam contra o piso duro. Chaves retiniam. "O próprio *ar* parece aprisionado", observou Andrus, satisfeito. Telas de arame circundavam as escadas em caracol e cobriam espaços através dos quais um prisioneiro pudesse tentar o suicídio. Os guardas se alinhavam ao longo dos corredores, inicialmente um para cada quatro prisioneiros, controlando os detentos através da abertura da porta, que oferecia uma visão da cela inteira, a não ser pela área do banheiro, em um canto perto da porta da cela. Mas mesmo quando eles estavam ocupados nesse pequeno santuário de privacidade, usando um sanitário que não tinha tampo, os pés dos presos poderiam ser observados. As sentinelas vigiavam os prisioneiros dia e noite. Kelley notou que os altos dirigentes nazistas consideravam esse confinamento humilhante e indigno, forçando-os a sentir "o travo amargo de suas próprias palavras arrogantes". Comparado a Mondorf, aquele lugar era duro.

Outras normas regulavam o comportamento dos prisioneiros. Andrus não fez concessões ao antigo posto de seus detentos. Eles podiam conservar em suas celas somente um mínimo de artigos pessoais: fotos de família, livros da biblioteca do presídio (que requeriam o expurgo de textos nazistas), artigos de higiene, cigarros e material para escrita. As cabeças e mãos dos prisioneiros tinham de permanecer à vista dos guardas enquanto eles dormissem, não importando o quanto o frio os fizesse sentir vontade de se enterrar sob suas cobertas, e as sentinelas direcionavam lanternas ofuscantes dentro das celas à noite para reforçar essa regra. Os prisioneiros não tinham permissão de se virar. Escrever cartas era algo limitado e monitorado, e eles podiam receber poucas encomendas. Banhos quentes supervisionados eram limitados a um por semana. Em um pátio interno fortificado, os prisioneiros, dois de cada vez, podiam caminhar e se exercitar de quinze minutos a meia hora por dia em meio às árvores raquíticas. Os prisioneiros que se exercitavam tinham de caminhar pelo menos a nove metros de distância um do outro ou então em lados diferentes de um muro divisório. Sentinelas armadas vigiavam do alto de torres circundantes.

Em intervalos imprevisíveis, guardas diziam aos prisioneiros que se despissem e ficassem em um canto de suas celas enquanto funcionários procuravam contrabando: qualquer coisa que pudesse ser usada para cometer suicídio ou fugir, comida proibida e material de leitura não autorizado. Kelley observou que "essas buscas eram tão minuciosas que os prisioneiros precisavam de umas quatro horas para colocar suas celas em ordem". Se qualquer prisioneiro tentasse fugir, Andrus se voltava para sua rígida regra em Fort Oglethorpe para decretar a resposta dos guardas: "Se o tempo permitir, eles irão dizer 'PARE' antes de atirar. O comandante irá apoiá-los completamente em suas ações".

Subitamente destituídos de privilégios e de poder, com aparência acabada e sentindo-se acabados também em suas roupas desconjuntadas, muitos dos prisioneiros direcionavam seu ressentimento contra Andrus. Eles consideravam o comandante mandão, irritadiço, comicamente formal e desrespeitoso. Ele dizia na cara deles que não se importava nem um pouco com a posição deles ou com o que aconteceria com eles. Göring o depreciava como "o coronel do corpo de bombeiros"; Schacht reclamava que o hálito de Andrus cheirava a bebida. Muitos se sentiam pessoalmente humilhados por ter de limpar as próprias celas, e o silêncio obrigatório enfurecia outros. Joachim von Ribbentrop era conhecido por fazer muito mal seu serviço de limpeza, enquanto Keitel brilhava com a meticulosidade militar.

De vez em quando, porém, Andrus demonstrava uma surpreendente gentileza. Quando o ex-ministro da propaganda Hans Fritzsche chegou ao presídio tarde da noite vindo de uma detenção russa, o coronel pediu desculpas pelo fato de a cozinha fechada não poder preparar uma refeição quente para o prisioneiro naquela hora tardia, e enviou uma fatia de bolo para a cela do homem faminto. Em outra ocasião, Andrus suspendeu a proibição do uso de cadarços nos sapatos, pelo menos para os prisioneiros mais velhos, reconhecendo que o uso deles proporcionava uma facilidade para andar que superava o perigo que podiam representar como um auxílio para o suicídio. O comandante também tinha um senso de humor banal, embora previsível, às vezes repetindo suas piadas favoritas interminavelmente.

O coronel Andrus, que via seus prisioneiros como "um grupo de homens que provavelmente poderia ser incluído entre os piores que o Senhor permitiu que vivessem na face da Terra", impunha uma rotina diária sufocante. Depois de se levantarem cedo, os detentos recebiam, dos prisioneiros de guerra que trabalhavam no presídio, água para a higiene. O café da manhã, na maior parte das vezes cereal, biscoitos e café, vinha em recipientes de metal sem alças. Atendentes vigiavam cada colher; facas e garfos não eram permitidos. O almoço normalmente consistia em pão, sopa, carne e vegetais. A maior parte dos prisioneiros comia vorazmente. O jantar às 18h marcava a atividade final diária em que a iluminação era permitida. Não havia muita diferença entre o monótono sonambulismo da existência diurna deles e o sono a que eles se entregavam na hora de dormir, 21h30.

Kelley era um dos poucos membros da equipe do presídio que tinha acesso irrestrito à Ala dos Criminosos de Guerra. Outro era Ludwig Pflücker, o bondoso médico alemão, ele próprio um prisioneiro de guerra, que cuidava das necessidades diárias de saúde dos prisioneiros no presídio de Nuremberg, assim como o fizera em Mondorf. Pflücker mantinha uma sala de atendimento onde media a pressão arterial e tratava de transtornos tais como os pés chatos do antigo marechal de campo Wilhelm Keitel e a paralisia da mão do ex-governador geral Hans Frank. O capelão luterano Henry F. Gerecke e o padre católico Sixtus O'Connor, falantes fluentes de alemão, oficiavam serviços religiosos semanais na capela improvisada do presídio, que abrigava um altar e um órgão. Embora os interrogadores Aliados que trabalhavam para os serviços de informação e para a promotoria do tribunal não pudessem falar com os prisioneiros em suas celas, eles frequentemente tiravam os altos dirigentes nazistas do presídio para sessões de interrogatórios. O assistente social John Dolibois estava então trabalhando em outro local no serviço militar de informações, por isso outros ocuparam temporariamente o posto para ajudar Kelley com as traduções.

Assim confinados, silenciados e limitados, os prisioneiros de mais alto escalão ansiavam por companhia. Os detentos "ficavam muito felizes por conversar com qualquer pessoa, até mesmo um psiquiatra", como Kelley descobriu. E quando falavam, os prisioneiros com frequência falavam abertamente, de modo torrencial, e sem que fossem instados – com muito mais liberdade do que eles jamais haviam falado com os interrogadores oficiais dos Aliados –, fazendo com que essas entrevistas psiquiátricas fossem das mais fáceis que Kelley jamais conduzira. "Todo homem era uma autoridade sobre seu vizinho", disse o psiquiatra. "Se quisesse saber a respeito de A, você falava com B a respeito dele, e você podia ter a certeza de que B trazia à tona as piores características de A. Göring falava de Ribbentrop, [...] Streicher de Frick, e assim por diante. A única hora em que eles falavam a respeito de si mesmos era quando desejavam enaltecer sua própria posição e enfatizar sua esperteza ou inocência."

A solidão e o isolamento aumentaram o fluxo das conversas deles, mas o talento de Kelley como examinador também fez com que os nazistas baixassem a guarda. Ele baseava suas entrevistas em um respeito tácito, porém tangível, entre paciente e médico. Os prisioneiros percebiam que Kelley desejava entender o modo de eles pensarem e as suas motivações sem declará-los monstros ou personagens de um pesadelo. Seu conhecimento de semântica geral fez com que ele fosse sensível ao que eles diziam, capaz de descobrir significado na cadência da fala deles e nos movimentos de seus corpos, e ele obtinha muitas informações sem que eles tivessem consciência disso. Ele era a única pessoa em Nuremberg que persuadiu esse grupo de homens apavorados com egos gigantescos de que ele não estava simplesmente interessado em descobrir quais eram as transgressões deles – ele queria entendê-los.

Todos os dias, Kelley passava horas com os altos dirigentes nazistas. Ele os ouvia, esquadrinhava e registrava os pensamentos deles, fazendo com todos eles os primeiros exames mentais de suas vidas. Para Kelley, a língua alemã às vezes se interpunha, mas muitos dos prisioneiros falavam um bom inglês. (Göring, por exemplo, compreendia bem inglês, algo que muitos norte-americanos descobriram quando viram as expressões faciais dele durante as conversas traduzidas.) De qualquer modo, em todas as ocasiões ele se encontrava com os prisioneiros na companhia de um intérprete, cuja habilidade Kelley testava passando de um intérprete para outro para comparar suas traduções. Ciente de que os prisioneiros poderiam dizer qualquer coisa para causar uma boa impressão, Kelley também lia as cartas deles, descobriu transcrições de seus discursos, mergulhou na leitura de livros muitas vezes execráveis que eles haviam publicado e assistia a noticiários nazistas. Ele entrevistava seus amigos e quaisquer colegas que conseguisse localizar.

* * * * * *

O coronel Andrus acreditava que o perigo estava à espreita dos prisioneiros nazistas em todos os cantos no presídio de Nuremberg. Prisioneiros de guerra e criminosos representavam um risco por ficarem atirando coisas a esmo nos seus valiosos detentos, por exemplo, enquanto eles caminhavam as poucas centenas de metros entre o presídio e o Palácio de Justiça. Seus temores se concretizaram um dia quando uma escolta levava Göring do presídio para o prédio adjacente. O guarda armado, que seguia Göring na distância estabelecida de seis passos, de repente ouviu algo zunindo pelo ar, seguido por um baque desagradável. Cravada no madeirame atrás de Göring estava uma faca de combate da SS de 20,5 centímetros. A sentinela olhou para o alto, mas não pôde determinar quem a havia arremessado ou se ele ou Göring eram o alvo visado. "E se Göring tivesse morrido, quem poderia provar que um norte-americano não havia sido o responsável?", preocupou-se Andrus, que guardou a arma como recordação. O comandante não perdeu tempo, e mandou erguer um corredor murado e coberto entre essas partes do complexo de Justiça para evitar assassinatos e fugas.

Depois de os prisioneiros terem se instalado, os especialistas em segurança do Exército norte-americano conceberam o que eles esperavam que fossem medidas à prova de fugas para controlar a movimentação entre o presídio e o adjacente Palácio de Justiça. Começando na área do tribunal, eles colocaram obstáculos, barreiras, sinos, sentinelas armadas com armas de fogo e cassetetes de polícia, postigos, buscas, janelas gradeadas, burocratas dedicados, sinais de alarme, portas trancadas, solicitações de salvo-conduto e superfícies revestidas de metal que se oporiam a quaisquer pessoas que tentassem passar entre as duas partes do complexo.

Mais magro e livre de seu vício em paracodeína, Hermann Göring estava entre os que se ajustaram melhor à vida de prisioneiro. "A mudança repentina de ambiente, de uma situação em que seus menores desejos eram imediatamente satisfeitos para o encarceramento em uma cela minúscula que continha apenas uma cama, uma mesa, uma cadeira e um banheiro deve ter sido profundamente chocante", observou Kelley, "e, no entanto, Göring provavelmente reclamava menos e aceitava a rotina do presídio com mais boa vontade do que quase qualquer outro do grupo". Mesmo assim, ele confessou para Kelley que às vezes se sentia deprimido. "Psicologicamente, eu sinto por causa do ambiente, que agora está muito reprimido", afirmou

Göring em um bilhete enviado para seu psiquiatra. "Fisicamente, além de palpitações cardíacas recorrentes, não tão ruim assim."

Visitantes da cela número 5 com frequência o encontravam lendo um livro enquanto fumava em um grande cachimbo feito à mão. Um desses visitantes observou que Göring parecia teatralmente bem, com uma coloração morena na pele, "como a de um astro veterano de cinema habituado com maquiagem e vestuário". Parecia que o encarceramento o havia deixado mais saudável, embora ele conservasse um ar de decadência, como um homem outrora elegante que se entregara à devassidão.

Com seu uniforme cinzento pendendo folgado de seu corpo emagrecido – uma aparência que a correspondente da *New Yorker*, Rebecca West, disse que lhe dava "um ar de gravidez" –, ele ainda fazia pensar em energia e entusiasmo. "Todos os dias, quando eu chegava à cela dele em minhas visitas", Kelley escreveu, "ele se levantava da cadeira de um salto, me cumprimentava com um amplo sorriso e a mão estendida, me acompanhava até sua cama e dava umas palmadinhas no centro dela com sua grande mão. 'Bom dia, doutor. Estou tão feliz por o senhor ter vindo me ver. Por favor, sente-se. Sente-se aqui.'" Era um manipulador hábil em ação, e as habilidades e *insights* de Kelley como psiquiatra não impediram que ele se sentisse atraído pelo encanto de Göring. Esses encontros entre as paredes úmidas e cobertas de gesso da cela de Göring, na verdade, punham um ególatra extremamente confiante contra outro.

O desembaraço social de Göring e a liderança se estendiam a seus antigos colegas. Quando ele e seus companheiros de detenção conseguiam conversar no pátio de exercícios, Göring tentava elevar o estado de espírito dos demais. Ele se considerava o nazista vivo mais apreciado, e previa honras que iriam beneficiar os prisioneiros de Nuremberg no futuro, tais como os túmulos de mármore que ele tinha certeza de que os alemães dedicados iriam acabar construindo como locais de descanso final dos membros do regime nazista. Göring, Kelley estava aprendendo, vivia com determinação no presente. Um realista, ele se adaptava de modo magnífico à mudança. Concentrava-se nas responsabilidades e nos esforços que conduziam aos seus objetivos, e acordava a cada manhã convencido de que o dia oferecia "o alvorecer rosado de um futuro sempre melhor", observou Kelley.

Com esse otimismo, Göring descobria graça no encarceramento, e se tornou o piadista campeão do bloco de celas. Kelley raramente achava essas piadas engraçadas, mas Göring, com os olhos brilhando em seu papel de cômico do presídio, as apreciava, mesmo que ninguém mais o fizesse. Kelley se sentia fascinado "não pelo que era dito, mas por quem dizia", como quando Göring contou a seguinte historinha:

> Se você tem um alemão, você tem um homem decente; se você tem dois alemães, você tem um Estado; três alemães juntos resultam em uma guerra. Por outro lado, se você tem um inglês, você tem um idiota; dois ingleses imediatamente formam um clube; e quando três ingleses se juntam, você tem um império. Um italiano é sempre um tenor; dois italianos fazem um dueto; quando você tem três italianos, então você tem uma retirada. Um japonês é um mistério; dois japoneses são um mistério. Mas e três japoneses? Eles são um mistério também!

Göring, rindo às gargalhadas, mal conseguia chegar ao fim da piada. Ele também gostava de fazer citações de um caderno que ele tinha de piadas "secretas" que caçoavam de seus pontos fracos e dos de Hitler e de outros líderes nazistas.

Ele contudo cuidava de sua vida pessoal com seriedade absoluta. Na mesa de sua cela ele mantinha fotos emolduradas de sua esposa Emmy e da filha pequena do casal, Edda. Sua dedicação a elas impressionou Kelley. Andrus reconheceu que Göring era o mais prolífico escritor de cartas entre os prisioneiros, e a única inconveniência da vida no presídio de que o Marechal do Reich reclamava era a dificuldade que tinha de se comunicar com sua esposa.

Na década de 1920, Göring havia se casado com uma glamorosa cantora loira, Carin von Kantzow. Ela o ajudou a vencer suas crises causadas pelo vício em drogas, e eles viajaram bastante juntos. Emmy Sonnemann, uma atriz muito conhecida, havia encontrado o poderoso casal pela primeira vez em 1931, quando ia em um carro com a capota abaixada para fazer uma representação particular para dignitários na cidade de Kochberg. A comitiva dos Göring passou pelo carro em alta velocidade, salpicando Emmy e seus acompanhantes com lama e pedras. Ela encontrou Göring formalmente depois da apresentação. No fim de 1931, Carin foi para a Suécia, onde morreu de tuberculose; Göring, porém, ficou na Alemanha para promover a causa nazista com Hitler. "Quando a doença final dela se manifestou, ele estava sob a influência de novos entusiasmos", observou Kelley com secura.

Em 1934, Göring transladou o corpo de Carin da Suécia para sua magnífica propriedade na floresta de Schorfheide, a chamada Carinhall. Ele conservou a área de caça, os salões de baile e a ostentação de Carinhall como um templo para sua falecida esposa. "Desse modo, Göring tentou acalmar sua consciência com uma manifestação de pompa e de cerimônia", notou Kelley. "Ele sempre deve ter tido um sentimento de culpa em relação ao modo como tratara sua primeira esposa. Afinal, ela havia abandonado o marido para se casar com ele, e ele se envolvera demais na política até para ficar ao lado dela na hora da morte. A história de sua falta de atenção para com a esposa se espalhara por toda a Alemanha."

Göring se casou com Emmy em 1935. Ele continuou a se referir a seu retiro favorito como Carinhall, mas batizou outro chalé de caça de Emmyhall. Quando Emmy deu à luz a filha Edda, no terceiro ano de seu casamento, Göring mandou que quinhentos aviões da Força Aérea cruzassem os céus de Berlim para celebrar (embora ele dissesse que teria dobrado o número se Emmy tivesse dado à luz um menino). Apesar de Julius Streicher, companheiro de prisão em Nuremberg e editor, ter insinuado na imprensa que Göring era gay e que a gravidez resultara de uma inseminação artificial, "Eu tenho bastante certeza de que a filha que a esposa de Göring teve em 1938 era dele mesmo", escreveu Kelley. Vendo a dedicação de Göring ao escrever para Emmy, Kelley se convenceu de que o casamento deles era uma feliz união por amor, e não um arranjo político.

Na qualidade de dedicada esposa de um alto dirigente nazista, Emmy Göring compartilhava as responsabilidades pelas transgressões inigualáveis do regime. E ela sofreu suas próprias tribulações após a captura do marido, quando vivia no Castelo de Valdenstein. Um soldado norte-americano certa vez lhe levou a falsa notícia de que uma corte militar norte-americana já havia inocentado Göring de todos os crimes e que a volta dele para ela era iminente, e Emmy então o recompensou com um anel de esmeralda. Não muito depois, outro soldado, de modo maldoso ou por engano, informou a ela que Göring havia sido baleado. Ao passar por tudo isso, Emmy manteve a compostura de uma esposa de um Marechal do Reich. Edda se parecia com o pai, e causava boa impressão como uma criança de bons modos e alegre.

Kelley tinha experiência suficiente em psiquiatria para tratar Göring e seus outros pacientes de Nuremberg como teria tratado pacientes na vida civil, sem mostrar suas opiniões a respeito de seus atos horrendos. Sem ser muito crítico em seus julgamentos, ele encorajava Göring e seus companheiros nazistas a responder livremente a perguntas a respeito do governo deles e o papel que desempenhavam nele. Göring, ansioso por atenção, sentia-se feliz por ter uma pessoa inteligente com quem conversar.

Em diversas das conversas entre eles, Göring discutia seu apego emocional aos animais. Assim como muitos caçadores, ele amava suas presas, e havia reformulado as regulamentações de caça e das florestas da Alemanha nazista para dar aos animais um tratamento melhor. Além disso, propôs uma lei incrivelmente compassiva e progressista contra operações em animais vivos para fins de pesquisa. Infratores iam parar em campos de concentração. Como médico, Kelley não aprovava os efeitos dessa legislação antivivissecção de Göring sobre a proteção da saúde pública e o desenvolvimento de vacinas que poderiam salvar vidas. "A Alemanha tem mais casos de difteria por centímetro quadrado do que qualquer país no mundo", ele observou, "tudo porque Hermann Göring proibiu a produção de antitoxina para a difteria".

Kelley lutava para conciliar a empatia de Göring por outras espécies com sua crueldade em relação a um imenso número de seres humanos. Esse homem exercera sua influência na legislação para proteger cães e gatos abandonados, mas liderara sangrentos expurgos de seus inimigos, declarando que tinha o direito de executar oponentes sem o devido processo, e, como chefe da Força Aérea, autorizara o bombardeio aéreo de civis no centro de Roterdã durante a invasão nazista da Holanda em 1940, um ataque que matou mil não combatentes e deixou oitenta e cinco mil pessoas desabrigadas. "Para [...] seus amigos, sua família, nada era bom o suficiente. Além desse círculo, o interesse dele por qualquer outra criatura viva chegava a um desprezo quase total", o psiquiatra observou.

Aos poucos, Kelley formou uma imagem de seu paciente de alto escalão. Os esforços de Göring para ser um prisioneiro modelo e se apresentar sob um aspecto mais lisonjeiro estavam funcionando. O tempo que eles passaram juntos mostrou para Kelley o encanto, o poder de persuasão e "a inteligência excelente, que beirava os níveis mais altos", de Göring. O nazista era divertido, carismático, com bons modos, e culto. Essas qualidades admiráveis, contudo, não impediam que o psiquiatra visse a maldade inata de Göring. Kelley estava intrigado com sua "habilidade de executar medidas, não importando quão brutais".

O Marechal do Reich claramente apreciava as conversas frequentes deles sobre tópicos que variavam de táticas militares à iminente Guerra Fria. Göring interessava a Kelley, e o prisioneiro percebeu esse interesse. Ele dava preferência ao inteligente Kelley em relação aos outros funcionários do presídio; o psiquiatra talvez fosse a única pessoa em quem Göring achava que podia confiar dentro dos limites do cárcere. Certa ocasião, Kelley perguntou para Göring se ele endossava a posição do Partido Nazista em relação à inferioridade racial dos não arianos. "Ninguém acredita nessa bobagem", afirmou Göring. "Quando eu observei que isso havia acarretado a morte de aproximadamente seis milhões de pessoas", recordou Kelley, "ele acrescentou: 'Bem, foi uma boa propaganda política.'" A partir dessa conversa, Kelley concluiu que o prisioneiro demonstrava uma completa ausência de valores morais.

Göring desejava recompensar Kelley por sua atenção. Durante um encontro em sua cela, ele se ofereceu para legar ao psiquiatra o espetacular anel de esmeralda que estava em sua posse quando ele foi capturado, que o Marechal do Reich avaliava em cerca de 500 mil dólares. Kelley observou que não poderia aceitar um presente tão valioso – e, além do mais, o butim do período de guerra de Göring não pertencia mais a ele para que pudesse doá-lo. Göring parecia aflito, "não a ação de um homem que de repente percebe que é um mendigo, mas muito mais a reação de um menininho que foi impedido de fazer alguma coisa que planeja", disse Kelley posteriormente. O prisioneiro rapidamente se recompôs. "Bem, aqui está algo igualmente bom", retrucou Göring, e dedicou a Kelley uma fotografia dele próprio, de 20 centímetros por 25 centímetros, vestido em uniforme militar completo.

* * * * * *

Apesar de seu interesse por Göring e de sua afinidade com ele, Kelley arrumava tempo para todos os prisioneiros sob sua tutela, e descobria em cada um deles coisas que o fascinavam. Eles, por sua vez, reagiam de formas diversas à constante presença de Kelley. A maior parte o tratava com respeito, considerando-o um bom médico, e vendo-o como um profissional que fazia seu trabalho, e não como um inimigo que ficava vasculhando-os em busca de informações incriminadoras. Mantidos praticamente incomunicáveis, eles viam o médico como um de seus poucos contatos com o mundo exterior, e recebiam as visitas dele como interrupções em sua habitual solidão e existência monótona. Somente uns poucos, como Schacht, que se referia depreciativamente à profissão de Kelley como "um trabalho realmente lúgubre", não gostavam das frequentes visitas dele às suas celas.

Andando com dificuldades por causa de dores nas juntas, o macambúzio Alfred Rosenberg, escritor e doutrinador da cultura e da filosofia nazistas, acabara sob a custódia dos Aliados depois de ter caído enquanto bebia, o que o fez parar em um hospital. Poucos nazistas leram mais do que o absolutamente necessário de sua obra tediosa, embora alguns estivessem assombrados com o tamanho físico de obras como *The myth of the twentieth century* [O mito do século XX], que um psiquiatra norte-americano chamara de uma "versão intensamente paranoica da história, da religião e da importância da Alemanha em ambos os domínios". Natural da Estônia e educado na Alemanha, Rosenberg havia se filiado ao Partido Trabalhista Alemão, um precursor do Partido Nazista, mesmo antes de Hitler. Embora sua formação acadêmica fosse engenharia e arquitetura, sua produção escrita se concentrara na primazia racial dos povos nórdicos, tais como os alemães, a ascendência do movimento nacional-socialista sobre o cristianismo como a força inspiradora da Europa e os complôs de marxistas e de judeus capitalistas para assumir o controle econômico e político da região. Essas ideias haviam criado raízes em *Minha luta*, de Adolf Hitler. Organizador político medíocre, Rosenberg tinha mais valor para os nazistas como a personificação acadêmica das ambições e das teorias sociais do partido. Quando lhe perguntavam a respeito de seu sobrenome com ressonâncias judaicas, ele sempre dizia que era um nome gentílico originário de sua alegada ascendência islandesa.

Ele assumiu inúmeros postos no governo nazista, incluindo o canhestro título de Adjunto do Führer para a Supervisão de Todo o Treinamento Ideológico e Salvaguarda da Filosofia Nacional-Socialista para o Partido e para o Estado, mas jamais chegou ao cargo que mais ambicionava, o de ministro do Exterior. Sua verdadeira influência como membro do governo nazista atingiu o ponto máximo em 1941, quando Hitler o nomeou Ministro do Reich para os Territórios Ocupados do Leste depois da invasão alemã da União Soviética. Sob sua supervisão, milhões de civis foram deportados e mortos. Ele falhou como administrador – os subordinados tinham a tendência de ignorar suas instruções –, e roubou objetos de arte e mobília para Göring e para instituições alemãs.

Ficar sentado em uma cela do presídio de Nuremberg era uma degradação espetacular para Rosenberg, que, oito anos antes, havia recebido de Hitler o primeiro Prêmio Nacional Alemão para Arte e Ciência – uma versão nazista do Prêmio Nobel – na mesma cidade. Comparado à montanha de posses de Göring, Rosenberg chegara ao presídio com um empobrecido sortimento de objetos: um chapéu, um sobretudo, um lenço, chaves, um carimbo e um camisolão. Na qualidade de único filósofo sancionado pelo governo com quem Kelley jamais se encontrara, Rosenberg era um sujeito fascinante. Ele deu a Kelley a impressão de ser "uma criatura alta, esguia, flácida, afeminada, cuja aparência desmentia seu fanatismo e crueldade". O psiquiatra se espantava com a mente monomaníaca de Rosenberg, que era capaz de transformar uma conversa a respeito de qualquer tema em um discurso sobre a pureza racial. "Como psiquiatra, eu estava mais do que ligeiramente interessado ao descobrir em Rosenberg uma criatura que havia desenvolvido um sistema de pensamento que era muito diferente dos fatos conhecidos, que se recusava absolutamente a corrigir suas teorias, e que, além do mais, acreditava piamente na mágica das palavras com as quais ele expressara essas teorias." Contudo, apesar da suposta magia de sua linguagem, frequentemente Rosenberg não conseguia completar suas frases ou seguir o fio de seus próprios pensamentos.

Rosenberg jamais considerou a possibilidade de ser culpado de quaisquer crimes. Kelley rapidamente concluiu que a obtusidade e a confusão mental do prisioneiro o privavam, mais do que à maioria de seus companheiros de cativeiro, da consciência das limitações e das falácias de seu próprio pensamento. Ele era, na opinião de Kelley, um inepto intelectual, um provedor de filosofia incoerente e sem sentido.

Portador de menos credenciais intelectuais era Julius Streicher, editor do jornal antissemita *Der Stürmer* e membro de alto escalão do Partido Nazista, governador-geral da Francônia, a província alemã que incluía Nuremberg, até ele fazer tolas insinuações a respeito da virilidade de Göring em 1940. Ele se destacava entre seus companheiros de prisão como um pária. Quando se encontrou com Streicher em sua cela, Kelley não conseguia acreditar que aquele homem pudesse ter sido eficaz como um propagador de ideologia odiosa. Streicher estava "deitado em seu catre, um homem careca, barrigudo, com a pele flácida, usando roupas de trabalho de segunda mão dos soldados rasos", uma figura absolutamente inexpressiva.

Ainda mais que Hitler – que tinha Streicher como um dos primeiros seguidores –, o editor enfadonho, grosseiro e de voz rouca acreditava que os judeus eram maus e subumanos, e o antissemitismo formava a base de todas as suas crenças políticas. Apesar de relacionamentos pessoais complicados com outros nazistas, Streicher, que inúmeras vezes havia portado um chicote, jamais esmorecera como um dos partidários mais fortes e ruidosos de seu Führer. Em artigos, charges grosseiras e em editoriais, seu jornal celebrava a queima de sinagogas, a destruição de propriedade judaica e ataques físicos contra os judeus. Sob o disfarce de jornalismo, ele disseminava histórias enganosas sobre a ascendência ariana de Jesus, leis judaicas que permitiam a pedofilia e proibiam que se dessem presentes a cristãos, e a crença judaica de que a mãe de Jesus era uma prostituta. Ser contrário ao judaísmo não era uma convicção de pouca monta na Alemanha; sob uma forma menos grosseira, ela alimentou os objetivos políticos, militares e econômicos do regime nazista, e quase todos os nazistas acreditavam nela.

No entanto, os companheiros de cárcere de Streicher haviam se recusado a falar ou a fazer refeições com ele em Mondorf – o almirante Karl Dönitz chegou mesmo a apresentar uma petição para Andrus solicitando o banimento de Streicher da mesa coletiva na hora das refeições – em parte por causa de sua reputação de sádico, estuprador e colecionador de pornografia. (Os jornais descreveram seu estoque secreto pornográfico como "a maior biblioteca desse gênero que o mundo jamais conheceu".) Muitos que cruzaram o caminho dele em Nuremberg rapidamente o consideraram repugnante. "Ele era um homem velho e corrupto, do tipo que dá trabalho nos parques", escreveu a correspondente da *New Yorker* Rebecca West, "e uma Alemanha sã o teria enviado para um hospício muito tempo antes". Ele se recusou a assumir responsabilidade por promover o ódio antissemita que conduziu ao assassinato em massa e ao Holocausto. Streicher não era um novato no presídio de Nuremberg, tendo-o visitado no passado para ministrar chicotadas aos condenados.

Streicher frequentemente fazia alusões grosseiras ao seu vigor sexual, mantinha a cela limpa e praticava calistenia, nu, antes de jogar um balde de água sobre a cabeça para concluir sua sessão de exercícios. Ele se considerava um mártir de sua causa e não era capaz de falar sobre qualquer assunto por mais de poucos minutos sem mergulhar em um solilóquio sobre "o problema judeu", o psiquiatra descobriu. "Vinte e quatro horas por dia, cada pensamento dele e cada ato que ele realizava traziam alguma referência às suas crenças", escreveu Kelley. Até mesmo sua vasta e infame coleção de pornografia, Streicher afirmava, tinha chaves para a compreensão do pensamento judeu, porque os judeus sempre eram a origem de literatura obscena. "O entusiasmo com que ele descrevia esses volumes me levou a suspeitar de mais do que interesse em sua suposta fonte", notou Kelley.

O único prisioneiro que conseguia suportar a proximidade com Streicher era Robert Ley, antigo diretor da Frente Alemã para o Trabalho, que havia substituído os sindicatos do país e administrado a força de trabalho nazista, incluindo trabalhadores escravos. Ley havia usado roupas tirolesas depois da guerra enquanto tentava se esconder em uma cabana nas montanhas perto do baluarte de Berchtesgaden. Depois de ser capturado, Ley tentou se suicidar três vezes.

Kelley julgou Ley quase idêntico a Streicher na aparência: atarracado, careca e barrigudo, vestido com um uniforme de soldado raso que não lhe caía bem. Veterano da Força Aérea alemã durante a Primeira Guerra Mundial, acabou seriamente ferido quando seu avião foi abatido em 1917. Kelley fez anotações minuciosas das conversas sobre esse acidente: "Caiu 2.900 metros, o piloto morreu. Ley foi atirado contra a coifa do motor – inconsciente duas a três horas, atingido na testa – sem fratura. Incapaz de falar por metade de um dia – a fala melhorou lentamente. Ainda gagueja ligeiramente". A gagueira de Ley era mais pronunciada quando ele ficava excitado – o que acontecia com frequência depois de 1924, quando se tornou um seguidor entusiasmado de Hitler. Ele sempre alegava que umas duas doses de uísque norte-americano o ajudavam a superar seu problema de fala, e ele frequentemente cedia ao hábito.

Trabalhando como químico, Ley perdeu o emprego depois de lutas políticas com seu empregador, e se dedicou à política em tempo integral. Transformou-se em um dos mais comprometidos porta-vozes do Partido Nazista. "Uma voz interior me levou adiante como uma presa perseguida", ele disse para Kelley. "Embora minha mente me dissesse algo diverso e minha esposa e minha família me falassem sempre para parar com minhas atividades e voltar para uma vida civil e normal, a voz interior me ordenava: 'Você tem de, você tem de', e eu obedeci àquela força, àquela sorte irresistível. Chame-a de mística, chame-a de Deus." Ley jamais abandonou seu apoio fervoroso a Hitler, mesmo na derrota. "Ele deu a impressão de ser intelectualmente capaz, vital, firme", um tradutor relembrou. "Mas era somente um idiota da mais alta categoria."

Kelley detectou algo psicologicamente errado em Ley. Conversar com ele era impossível, uma queda em um caos verbal. "Com frequência, quando conversava com ele em sua cela, ele começava uma conversa banal e, a partir do momento em que se interessava, ficava em pé e começava a andar pela cela, abrindo os braços, gesticulando de modo cada vez mais violento, e começava a gritar", Kelley escreveu. Além disso, Kelley descobrira que, como líder da Frente Alemã para o Trabalho, Ley havia proposto programas absolutamente irracionais para beneficiar os trabalhadores alemães, incluindo a construção de cem navios para transportar os trabalhadores em cruzeiros de férias, a construção de casas grandiosas para melhorar a falta de habitações do país e o fornecimento de novos automóveis para trabalhadores. O fervor com que ele idolatrava Hitler era tamanho que ele escreveu um livro tão abertamente bajulador que nem mesmo Hitler foi capaz de suportar, ordenando a sua destruição.

Era claro que o prisioneiro não tinha um raciocínio firme e se entregava a emoções descontroladas. O que exatamente estava errado com Ley? Para saber mais, Kelley conseguiu uma entrevista com a antiga secretária do líder da Frente para o Trabalho. Ela o descreveu como um idealista, "que sempre via o mundo por lentes cor-de-rosa, que estava sempre bêbado e que, portanto, sempre considerava as pessoas melhores do que elas realmente eram... [Ley] vivia em um mundo afastado da realidade". Para Kelley, a falta de controle verbal de Ley, seu julgamento fraco e sua falta geral de inibições apontavam para um diagnóstico de lesão cerebral.

Vários outros prisioneiros atiçavam a curiosidade de Kelley. Joachim von Ribbentrop, o rival de Rosenberg no âmbito das relações internacionais dos nazistas, e ministro do Exterior de Hitler de

1938 até o fim da guerra, ocupava a cela número 7 em um estado deplorável. Ele disse aos interrogadores Aliados que, como membro oficial do governo, sua prisão o havia abalado. Tendo somente cursado a escola primária e com um conhecimento no comércio de bebidas que lhe dera pouca experiência política, Ribbentrop era sensível a qualquer sugestão de deficiências, incluindo sussurros de companheiros diplomatas de que ele era apenas um "vendedor de champanhe". (Outro apelido, "o ator de cinema", pegou por causa de suas expressões e de seus gestos teatrais.) A noção que ele tinha de sua inferioridade levou a um forte apego pessoal a Hitler. Kelley acreditava que Ribbentrop havia por muito tempo visto Hitler como uma figura paterna, e o suicídio do Führer deixou o ministro do Exterior se sentindo abandonado. A desordem de sua cela de prisão parecia espelhar sua desorganização mental, e ele frequentemente cobria Kelley de perguntas como "Doutor, o que eu vou fazer? O que eu vou fazer?". Kelley observou: "Ele anda de um lado para outro de sua cela, resmungando com seus botões. Ele é como um menininho cujos pais lhe são tirados e de repente lhe dizem que ele tem de se cuidar sozinho. Ele não sabe o que fazer".

Ernst Kaltenbrunner, o mais importante líder da Gestapo em cativeiro, era um ex-advogado. Era o mais alto dos prisioneiros, e as muitas cicatrizes no rosto lhe davam uma aparência sinistra. Suas infelizes vítimas haviam frequentemente pensado que a rede de cicatrizes do chefe do terror tinha suas origens em duelos, mas, na verdade, elas resultavam de ele ter sido atirado pela janela de um automóvel em um acidente de carro. Kelley o definiu como um homem covarde apesar de sua aparência intimidadora, "um valentão típico, durão e arrogante quando tem poder, um fraco sem valor na derrota, incapaz até de suportar a pressão da vida na cadeia".

À medida que Kelley aprofundava seu conhecimento dos prisioneiros, o Tribunal Militar Internacional, no qual os altos dirigentes nazistas iriam ser julgados, progredia lentamente. Enormes quantidades de documentos oficiais nazistas estavam indo para as mãos de investigadores e promotores Aliados. Representantes dos Estados Unidos, da Grã-Bretanha, da França e da União Soviética, depois de rejeitarem a possibilidade de execuções rápidas sem julgamento, negociaram como um tribunal de crimes de guerra poderia ser conduzido e quem seria o primeiro a ser julgado. Uma corte internacional como essa jamais havia se reunido antes. Embora os soviéticos deixassem claro seu desejo de que qualquer julgamento fosse terminar automaticamente em vereditos de pena de morte, e os britânicos concordassem mais discretamente, a chegada a Nuremberg de mais de cem membros do judiciário norte-americano significava que os Estados Unidos liderariam os demais países na organização dos procedimentos e no estabelecimento dos padrões de justiça. A Agência de Serviços Estratégicos (OSS), o serviço norte-americano de inteligência no período de guerra, estava conduzindo oficialmente a investigação dos suspeitos. Seu antigo diretor, William "Bill Louco" Donovan, colaborou com o principal promotor, Robert Jackson, para coletar evidências contra os nazistas. Evidências condenatórias foram encontradas sobre as vans da SS que mataram judeus, sobre as câmaras de gás de Auschwitz e outros horrores do Holocausto, além de provas de crimes de guerra e violações da lei internacional.

Kelley começou a perceber com maior clareza a hierarquia social e política dos prisioneiros sob sua tutela. Eles faziam-no pensar em diretores de uma firma, todos sob a liderança do falecido CEO, Adolf Hitler. Uma camarilha – incluindo Göring e Rosenberg – que ele chamava de "grupo pensante", os homens que deram forma à ideologia e à política nazistas. Havia também os vendedores – Baldur von Schirach, Franz von Papen, Konstantin von Neurath e Ribbentrop –, que vendiam as ideias de Hitler para o mundo. Vigilantes militares e domésticos, incluindo Kaltenbrunner, Wilhelm Keitel, Alfred Jodl, Erich Raeder e Karl Dönitz, mobilizavam exércitos e armamentos para fazer cumprir as transações. Finalmente, a Terceiro Reich Inc. empregava advogados e burocratas que "iam atrás". Juntos, os líderes nazistas presos constituíam um "grupo de diretores" de seu regime derrotado, um grupo diretor que havia dirigido uma nação, mas frequentemente tinha pouco contato uns com os outros.

Entretanto, ao contrário de qualquer grupo de diretores corporativos, esse havia desencadeado seis anos de guerra mundial, desprezado cinicamente tratados e acordos internacionais, aniquilado inúmeras comunidades de pessoas inocentes, escravizado milhões, concentrado milhões adicionais em campos concebidos para matá-las de modo eficiente, e legalizado o racismo e o terror. O que fizeram esses homens criminosos? Eles agarraram oportunidades que poderiam tentar muitos de nós? Teriam eles nascido com tendências para o mal? Eles compartilhariam de transtornos psiquiátricos – um tipo de "mente nazista" – que poderiam ser responsabilizados por seu comportamento? Kelley compreendeu que seu acesso a essa coleção de muitos dos mais notórios criminosos do século poderia conduzi-lo a respostas e à fama.

As autoridades penitenciárias, sem mencionar os promotores para o futuro julgamento, não estavam interessadas nas questões que atiçavam a curiosidade de Kelley. Ninguém em Nuremberg queria saber o que havia levado aqueles seres humanos em importantes postos nazistas a cometer tais atos nefandos.

* * * * * *

Ao tentar isolar os mecanismos de funcionamento da mente nazista, Kelley estava se aventurando em um campo de estudos controverso, a interseção entre psiquiatria e criminologia. Sociólogos haviam por muito tempo especulado sobre as causas do comportamento criminoso e estudado as forças sociais que produzem o crime. Mas com menor sucesso, psiquiatras haviam investigado o íntimo dos criminosos, usando seu conhecimento a respeito de estados emocionais, de motivações subconscientes e das doenças da mente. Durante décadas, remontando ao trabalho psiquiátrico pioneiro de Benjamin Rush, eminente médico norte-americano do século XIX, pesquisadores haviam procurado, em algumas pessoas, defeitos que causavam o comportamento divergente. Esses primeiros investigadores haviam considerado biológicos os defeitos intangíveis – algo errado ou um retrocesso evolutivo no corpo. Mas e se o defeito não se encontrasse no organismo,na mente? Cesare Lombroso, o pioneiro criminologista do século XIX, especulara que os criminosos agem de acordo com sua natureza: eles nascem maus. Ele começou investigando as características físicas e mentais inatas dos criminosos. Grande parte do trabalho de Lombroso foi há muito desacreditada como inexata, racista, e uma forma de darwinismo social, mas ao tentar medir os estados psicológicos de seus criminosos, ele colocou a criminologia no âmbito da psiquiatria. Ele definia os criminosos como impulsivos, imaturos, desprovidos de afeição e sem limites, qualidades que estudos posteriores corroboraram. Isso inspirou outros estudiosos a conjecturar se, caso as sementes da criminalidade fossem psicológicas, um investigador hábil poderia ficar famoso identificando um ou mais transtornos mentais mensuráveis e diagnosticáveis que conduzissem a tal comportamento.

No tribunal, onde os psiquiatras estavam cada vez mais testemunhando sobre a sanidade dos criminosos acusados, os especialistas da mente simplesmente perguntavam se a pessoa acusada era capaz de distinguir o certo do errado, não como ele poderia proporcionar algum perfil psicológico de delinquentes criminalmente insanos. Durante os primeiros anos do século XX, cientistas de muitos tipos se voltaram para vários defeitos mentais supostamente compartilhados por condenados. Na Grã-Bretanha, em 1913, Charles Buckman Goring (nenhum parentesco com Hermann Göring) descobriu que a pouca inteligência era a única característica compartilhada pelos condenados que ele estudara. Estudos posteriores classificaram certas psicoses e neuroses como melhores identificadoras de criminosos do que a pouca inteligência. Na década de 1930, um imenso estudo da psiquiatria do crime nas prisões do Estado de Nova York começava a indicar que transtornos de personalidade eram as centelhas de grande parte do comportamento criminoso. Esses transtornos incluíam comportamento antissocial, narcisismo e paranoia.

Consequentemente, pessoas que trabalhavam com criminosos passaram cada vez mais a ver o crime como um problema médico. Em todo o sistema judiciário norte-americano, policiais, assistentes sociais, advogados e juízes estavam aceitando o importante papel dos fatores psicológicos no comportamento criminoso. Centenas de psiquiatras colocaram seus talentos em prática nas prisões.

Em 1943, no meio da Segunda Guerra Mundial, o psiquiatra norte-americano Richard Brickner publicou *Is Germany incurable?* [A Alemanha não tem cura?], um livro que Kelley possuía. Brickner tentava encarar os crimes do governo alemão assim como ele teria examinado os comportamentos de um paciente. Ele declarou que, embora muitos alemães fossem mentalmente saudáveis, as ações de sua nação "foram típicas daquilo que os psiquiatras descobrem em certos tipos muito alarmantes de comportamento individual". Ele descobriu evidências do transtorno mental da Alemanha nos envios de notícias feitos pelo jornalista William L. Shirer aos Estados Unidos durante os primeiros meses da guerra. Em um, Shirer descreveu uma saudação em massa de uma plateia para Hitler na Ópera de Berlim, "seus rostos então contorcidos pela histeria, suas bocas muito abertas, gritando, gritando, os olhos brilhando por causa do fanatismo, fixos no novo deus, o messias". Além disso, Shirer escreveu a respeito de alemães ultrajados com o bombardeio britânico de civis em Friburgo, enquanto eles se rejubilavam com a destruição de edifícios e cidades na Bélgica e na Holanda feita por seus militares, e Brickner observou o anúncio feito por Göring, durante o período da guerra, de que a Alemanha estava preparada para levar toda a Europa à fome de modo a conseguir comida para suas próprias necessidades. Esses incidentes ilustravam um sentido de justiça peculiar, "uma regra para mim, outra para o resto do mundo", escreveu Brickner.

Especificamente, Brickner determinou que a nação alemã, incluindo o regime nazista, sofria de paranoia, "a única condição mental que apavora o próprio psiquiatra – porque, a não ser que seja contida, ela pode acabar em assassinato... Assassinato é o desfecho lógico de sua atitude em relação ao mundo". Pessoas paranoicas sofrem de megalomania, uma necessidade de dominar os outros, sentimentos de perseguição e uma compulsão para falsificar o passado para se adequar à sua visão de mundo. Fascismo, agressão e antissemitismo, então, eram somente sintomas do que perturbava a Alemanha nazista. "Pelo contrário, somos confrontados com um grupo que emprega qualquer poder que eles possam ter sob qualquer sistema de governo de uma maneira estranhamente intensa e assustadora." Brickner acreditava que muitos alemães eram ou eles mesmos paranoicos ou altamente suscetíveis às influências paranoicas de outras pessoas.

Bricker se esforçou para não considerar todos os alemães criminosos mentalmente transtornados, e reconheceu que o comportamento paranoico às vezes florescia em muitos outros países, incluindo o movimento norte-americano Ku Klux Klan. Seu objetivo, entretanto, era o de mostrar como a paranoia havia se infiltrado na cultura dominante da Alemanha, o que sugeria modos para que outros países reagissem a isso, assim como um psiquiatra poderia tratá-la em um paciente. Ele propôs colocar a Alemanha depois da guerra sob "reconstrução mental": dando apoio a alemães sensatos e ao mesmo tempo demonstrando para os demais que o comportamento saudável tinha benefícios e que os valores paranoicos deles haviam prejudicado o país. Brickner sustentava, entretanto, que apresentar os nazistas responsáveis por seus crimes perante um tribunal internacional seria fútil. Um julgamento de líderes alemães iria apenas reforçar as ilusões paranoicas alemãs de que seu povo era um mártir perseguido.

Diagnosticar uma doença disseminada pela sociedade que pode causar agressão entre os cidadãos de uma nação em luta não é o mesmo, porém, que procurar traços psicológicos que um grupo de conhecidos criminosos de guerra pudesse compartilhar. Kelley não tinha a menor ideia se homens como Göring poderiam ser curados de tendências criminosas; e ele jamais tentou tratar seus pacientes de Nuremberg desse modo. Pelo contrário, começou a estudá-los como indivíduos, tal como um biólogo poderia examinar animais confinados em jaulas de laboratório. E ele podia fazer mais do que examiná-los – poderia avaliar a psique deles usando instrumentos de exame como o teste do borrão de tinta de Rorschach, que o interessara por tantos anos.

Kelley se defrontou com um dilema ético: a quem ele servia, aos prisioneiros ou ao tribunal que iria processá-los e puni-los? Quando se encontrava com os criminosos para discutir e diagnosticar seus problemas, ele era um agente do presídio ou um defensor da saúde dos prisioneiros? Ele se viu diante de tais questões como uma pessoa muito autoritária (como seus filhos descobririam mais tarde) que respeitava a autoridade. Como médico em Nuremberg, sua tarefa era manter – não tratar ou melhorar – a saúde dos prisioneiros. Ele iria realizar suas tarefas de modo diligente e consciente. Não causaria mal aos prisioneiros. Havia uma pressão muito grande para levar os nazistas à justiça, e Kelley desempenharia alegremente sua parte nesse esforço – desde que ele pudesse satisfazer sua própria curiosidade profissional a respeito dos chefões nazistas. O presídio de Nuremberg, ele sabia, era o parque de diversões de um psiquiatra.

5

BORRÕES DE TINTA

De algum modo, em um desdobramento imprevisto dos acontecimentos que teria deixado perplexa a administração militar das outras forças ocupantes Aliadas, Kelley havia se tornado essencial para as operações do presídio de Nuremberg. O representante militar britânico Airey Neave considerava o escrutínio psiquiátrico e psicológico dos detentos "essencial para o estilo de vida norte-americano em Nuremberg". A língua da avaliação psiquiátrica era estranha para os outros exércitos, mas Kelley transformou sua novidade em uma vantagem até mesmo no contexto norte-americano, surgindo como uma figura de autoridade na qual muitos dos nazistas confiavam com tranquilidade, ou, pelo menos, com quem conversavam de maneira informal. Para ele, eles diziam coisas que ficavam sem dizer durante as sessões com os oficiais interrogadores com mentes de promotores. Através de sua presença, de suas respostas e de sua disponibilidade para ouvir, ele orquestrou com sensibilidade momentos humanos na prisão enquanto perseguia seu objetivo de lançar uma luz no comportamento nazista.

Por causa do pouco conhecimento que Kelley tinha do alemão, bons tradutores foram cruciais para seu trabalho. Depois de uma ausência de diversas semanas, o assistente social John Dolibois estava de volta, para alívio de Kelley. Dolibois suspeitava que Kelley superestimasse o conhecimento de psicologia que adquirira em seus cursos na faculdade, mas, de qualquer modo, os dois trabalhavam bem juntos.

Algumas semanas depois, no fim de setembro de 1945, chegou outro tradutor inestimável, o sargento do Exército norte-americano Howard Triest. Alemão nascido em Munique, e veterano do desembarque do Dia D na praia de Omaha, Triest tinha cabelos louros e olhos azuis. Ele escondia dos detentos de Nuremberg o fato de ser judeu, e acreditava que por isso eles falavam com ele com maior liberdade. Até mesmo o fato de se sentar com eles no mesmo cômodo exigia nervos de aço e um grande autocontrole, porque grande parte da família de Triest havia morrido em Auschwitz. "Eu tinha muita história pessoal para me sentir encantado com qualquer um deles", diz ele, "e eu sabia que qualquer coisa que eles fossem dizer com o objetivo de encantar seria uma mentira desgraçada". Ele se lembra de ter se dado bem com Kelley. "Ele não me parecia ser uma criatura que fosse ficar abalada com muitas coisas... [Ele] nunca falou abertamente a respeito de sua vida particular ou de sua história. Eu não tinha a menor ideia de onde ele vinha, o que ele fazia [antes da guerra], ou como era a família dele."

* * * * * *

Tempos depois, Kelley alegou que havia dedicado pelo menos oitenta horas a cada um dos vinte e dois réus – provavelmente um exagero, porque isso o teria deixado sem tempo para fazer qualquer outra coisa em Mondorf e Nuremberg –, mas, por dever científico e por preferência, ele passava a maior parte do tempo com Göring. Em meio à parca mobília da cela de Göring – com cartas, pacotes de açúcar da ração K e um maço de cartas de baralho da Legião Americana em sua mesa, e às vezes montes de roupa para lavar em cima da cama –, eles criaram um relacionamento e tratavam um ao outro com fascínio mútuo, o que não é exatamente o mesmo que sentir simpatia ou respeito pela outra pessoa. Cada um dos dois entendia o que o outro dizia e como se sentia, percebia que poderia ser mais ou menos ele próprio quando estavam juntos, e apreciavam a companhia um do outro. Göring queria atenção para melhorar seu estado de espírito, o ouvido solícito de um parceiro de conversas inteligente que poderia ajudar a estabelecer seu legado histórico, e um favor ocasional. Kelley era atraído por essa criatura espetacularmente intrigante e psicologicamente recompensadora, que era uma fonte cativa de informação: um prisioneiro se confrontando com evidências condenatórias de seu comportamento criminoso, cujas respostas emocionais poderiam ser avaliadas.

Como Kelley pôde ver, ao abraçar o nazismo Göring procurara satisfazer seus desejos pessoais e sua ânsia pelo poder. Sua lealdade ao partido não se relacionava a Hitler nem à Alemanha, e menos ainda a uma preservação de uma suposta raça ariana. Seu objetivo era promover Hermann Göring, e ele se juntara aos nazistas para liderar um partido em ascensão. Seu interesse por si próprio era notável mesmo se comparado ao de outros narcisistas. Göring possuía o mais puro egocentrismo com que Kelley jamais havia se deparado.

O psiquiatra compreendia a tragédia do destino de Göring, pelo menos como o Marechal do Reich a via. Como sucessor oficial de Hitler até a confusão e as traições dos últimos dias de guerra, Göring havia quase realizado seu sonho de chegar à liderança suprema da Alemanha, de tornar-se o segundo Führer, quando Hitler cometeu suicídio. Nessa ocasião, porém, a causa estava perdida. "Ele alcançou seu objetivo tarde demais", reconheceu Kelley. "Em Nuremberg ele era um Führer sem uma nação, um marechal sem um exército, um prisioneiro acusado de promover uma guerra agressiva contra povos pacíficos e do assassinato deliberado de milhões de pessoas."

Por outro lado, Göring desejava que Kelley soubesse que ele não era o assistente de Hitler. Ele alegava que progressivamente, à medida que a guerra continuava, vira as falhas e os erros de julgamento de Hitler, e era um dos poucos líderes nazistas que os havia mostrado ao Führer. Entre os prisioneiros de Nuremberg, somente ele, Göring dizia, havia discutido com Hitler. Maldosamente, Kelley retrucou que os norte-americanos consideravam os altos dirigentes nazistas, incluindo Göring, os homens que só diziam "sim" para Hitler. "Isso bem que pode ser", disse Göring, "mas, por favor, mostre-me um homem que dissesse 'não' na Alemanha e que não esteja sete palmos abaixo da terra hoje."

O prisioneiro normalmente era caloroso e amigável ao conversar. "Na verdade, quando queria, Göring sempre tentava nos persuadir com seu encanto e sua conversa tranquila", Dolibois recordou. "Mesmo quando desafiava o que esperar no tribunal, ele o fazia com um sorriso e, frequentemente, com um sarcasmo amigável. É claro... Göring não demonstrava seu lado bom a não ser que ele esperasse que o visitante fosse receptivo."

Se Kelley tivesse tido familiaridade com o trabalho de Hervey Cleckley, um psiquiatra norte-americano que havia introduzido o conceito de psicopata no livro *The mask of sanity* [A máscara da sanidade] quatro anos antes, ele poderia ter aplicado esse rótulo a Göring. Porém, não há evidências de que Kelley já tivesse lido o livro de Cleckley. *The mask of sanity* caracterizou os psicopatas como pessoas que se comportam de modo normal em público, fingindo se conformar às normas sociais enquanto ocultam impulsos selvagens e uma falta de empatia que aparece somente na vida particular. Kelley jamais usou o termo *psicopata* para caracterizar Göring ou qualquer outro dos prisioneiros nazistas, mas suas anotações das conversas entre eles descreviam o comportamento psicopata clássico.

Durante uma conversa, por exemplo, enquanto fazia um relato de seus primeiros anos no Partido Nazista, Göring mencionou ter colaborado, na década de 1920, com Ernst Roehm para estabelecer a SA, o regimento das tropas de assalto da organização que vestiam camisas pardas. Kelley viu que esse trabalho difícil, vital para a sobrevivência do Partido Nazista, havia transformado Göring e Roehm em amigos. Então, sem dar muita importância ao fato, Göring contou como ele e Roehm, mais tarde, começaram a competir pela atenção de Hitler. A competição se encerrou adequadamente quando Göring ordenou o assassinato de Roehm durante o sangrento expurgo do partido de 1934, a Noite das Facas Longas. Fim da história: Göring deixou claro para Kelley que ele estava pronto para mudar para um novo tópico.

"Mas como o senhor conseguiu ordenar a execução de seu velho amigo?", disse Kelley, por impulso. Göring ficou sentado em silêncio e fixou os olhos no norte-americano. O olhar expressava surpresa, impaciência e piedade. Era como se Göring estivesse pensando: "Dr. Kelley, eu devo ter superestimado o senhor. O senhor é um idiota?". Anos mais tarde, Kelley não havia esquecido o que Göring fizera em seguida: "Então ele encolheu os grandes ombros, virou as palmas das mãos e disse lentamente, em palavras simples e curtas: 'Mas ele estava no meu caminho...'".

O ato de encolher os ombros significava ele se eximir da responsabilidade de levar em consideração o bem-estar e os interesses de seu amigo. Ele tinha outras preocupações. Kelley às vezes deixava passar esse pensamento sociopata, que parecia pertencer a alguém que não era nem são nem doente, mas em uma região de meia-luz de desarranjo social e cultural. Psicopatas, como os entendemos hoje, com sua falta de interesse pelos outros e o foco na promoção de seus próprios objetivos narcisistas, não estavam no radar de Kelley.

Em outras ocasiões, entretanto, Kelley discutia com Göring. Quando o Marechal do Reich declarou certa vez que obedecer às ordens, mesmo as ilegais, era justificável para a preservação da ordem social e da disciplina militar, Kelley retrucou: "A disciplina militar que vá para o inferno. Com a civilização à beira do abismo, nós temos de colocar um ponto-final no militarismo de uma vez por todas e despender todos os esforços para evitar outra guerra, pois a próxima irá prenunciar a destruição da raça humana". O antigo chefe da Força Aérea aceitou o desafio com tranquilidade. "Sim, foi o que eu pensei depois da última guerra", disse ele. "Mas a partir do momento em que cada nação tem seus interesses egoístas, é preciso ser prático. De qualquer modo, estou convencido de que existe um poder mais alto que comanda os homens apesar de todos os esforços deles para controlar o próprio destino." O diálogo inspirou Kelley a tomar nota do cinismo e do "fatalismo místico" de Göring.

De modo parecido, Göring acabou se livrando de seu desconforto pessoal na prisão, informando Kelley de que se sentia relativamente bem no cárcere devido ao ambiente silencioso. Ele também citava trechos da Bíblia, uma passagem dos Salmos 78:26 ("Fez soprar o vento do oriente nos céus, e o trouxe do sul com a sua força"), na qual Deus milagrosamente oferece alimento para os israelitas errantes. Ele queria que o psiquiatra soubesse que ele era um sobrevivente que sempre daria um jeito.

Havia um propósito na aceitação de Göring de sua atual condição. Ele tinha um trabalho a fazer. Embora negasse energicamente que os Aliados tivessem o menor direito de julgá-lo e aos seus colegas como criminosos de guerra, aceitava a inevitabilidade de os vitoriosos imporem a punição sobre os vencidos, e via isso como uma oportunidade. Com o mundo observando, ele poderia organizar uma defesa das medidas nazistas e uma ressurreição de sua própria reputação. Esses fins reduziam à insignificância todas as suas reclamações e inconveniências pessoais como prisioneiro. "Ele passa o tempo todo tentando desacreditar todos os outros membros do partido, até mesmo Hitler, de modo que os livros de história se lembrem somente dele", Kelley disse em uma entrevista alguns meses mais tarde.

> Assim como os demais, ele se esquiva de ter qualquer envolvimento com as atrocidades – ele é completamente inocente, segundo diz, embora tenha sido provado que as atrocidades realmente aconteceram nos primórdios dos campos de concentração de 1933 a 1935, quando Göring estava no comando deles. É claro, os massacres e assassinatos não se desenvolveram senão mais tarde, sob Himmler.

Göring somente reclamou para Kelley e outros membros do presídio de Nuremberg quando viu problemas no tratamento de sua família. Ele disse para Kelley que, quando havia se rendido aos norte-americanos, a única consideração que havia solicitado era um bom tratamento para Emmy e Edda. Göring dedicava grande parte de suas energias epistolares para sua mulher e filha, e pedia para Kelley e o tradutor Dolibois que as procurassem e lhes entregassem as cartas dele. (O prisioneiro Fritz Sauckel, que passou três anos com o governo nazista como um administrador de alto escalão do trabalho escravo, também pediu o auxílio de Kelley para entrar em contato com sua família. Ele havia perdido o contato com sua esposa e dez filhos, e não tinha notícias de um filho soldado desde dois meses antes do fim da guerra.)

O Marechal do Reich liberou suas frustrações e expressou sua confiança em Kelley em uma carta para Emmy nas primeiras semanas de outubro de 1945:

> Há três meses eu tenho escrito para você sem receber uma resposta... Hoje, posso mandar uma carta diretamente para você: o major Kelley, o médico que está me tratando e que conta com minha plena confiança, a está levando para você. Você também pode conversar com ele tranquilamente. O maior tormento da minha alma era e é o fato de, até agora, eu não saber onde vocês estavam e como estavam vivendo. Você pode me mandar uma carta por intermédio do major Kelley, e você há de entender quanto eu anseio por ela... Não preciso contar para você o que estou passando por aqui. A dura sorte de nossa pátria mãe e a preocupação atormentadora com vocês e seu futuro são os fardos mais difíceis para minha alma. Minha cara esposa, eu sou tão sinceramente grato a você por toda a felicidade que você sempre me proporcionou, por seu amor e por tudo. E como a pequena Edda está enfrentando tudo isso?... Dê a Eddalein um beijo de seu Pappi e cumprimente a todos em meu nome. Você é abraçada e beijada com o mais sincero amor e saudades por seu Hermann.

Embora Emmy Göring evitasse ter contato com a maior parte dos norte-americanos, ela rapidamente concordou em ver Kelley. Quando ela aceitou a carta das mãos de Kelley, sentiu medo de ler o que considerava que fosse a despedida final de seu marido. Ela passou a carta sem ser lida para sua sobrinha, que confirmou que ela continha notícias melhores. Então ela a leu. Ao terminar, ela falou com Kelley, a quem julgou "um homem honesto e muito humano". Ela perguntou: "Como está meu marido?". Kelley respondeu: "Ele está se comportando como uma rocha em um oceano tempestuoso".

No mesmo instante, Emmy escreveu uma resposta que Kelley levou para o marido dela:

> Finalmente, finalmente uma carta sua. Não consigo dizer o quão feliz estou. Meu amor e meus pensamentos estão com você em todos os segundos. Nós estamos bem, temos comida para comer e temos madeira... Meu único pensamento, minha oração todas as noites é que você possa ficar conosco uma vez mais. Conserve-se em boa saúde. Graças a Deus, Edda é pequena demais para compartilhar nossas preocupações... Hermann, eu amo você acima de tudo, mantenha a fé e Deus nos reunirá novamente. Todos mandam seu carinho, e nós todos abraçamos você. Eu mando todos os beijos que lhe dei no passado, e que desejo dar nos anos vindouros. Eu amo você, sempre sua, Emmy.

À qual a filha acrescentou umas linhas: "Meu queridíssimo paizinho, volte para mim logo. Eu sinto tanta saudade de você. Muitos milhares de beijos, sua Edda."

Göring recebeu a carta de Emmy com alegria, mas também expressou estoicismo e pesar:

> Você bem pode imaginar quão indizivelmente feliz eu fiquei com sua querida carta. Foi o primeiro raio de luz neste período negro. [...] Você já deve saber pelos jornais que meu julgamento como suposto criminoso de guerra vai começar no dia 20 de novembro. Temos de estar preparados para o pior. Não obstante, eu espero por Deus que nós ainda possamos nos encontrar. Eu rezo todos os dias para que possa ter força para manter nossa dignidade – pois seria melhor chegar ao fim com dignidade do que viver sem honra. Eu somente penso em você, e a única coisa que me preocupa agora é seu bem-estar. Eu sempre soube e senti o quanto eu amava você, mas agora que a verdadeira profundidade de nosso amor me foi revelada pela primeira vez eu agradeço a você eternamente pela grande felicidade que seu amor me proporcionou. Você tem de saber quão grandes são minha saudade e a falta que sinto de

você e de Edda. Às vezes eu realmente penso que vou morrer por causa disso. Por que tudo teve de acontecer desse modo? Se tivéssemos suspeitado desses desdobramentos, nós com certeza teríamos seguido outro caminho. Agora deixamos tudo nas mãos de Deus...
Nunca permita que Edda fique longe de você.

No verso dessa carta, Göring acrescentou um pós-escrito: "O major dr. Kelley, que está levando esta carta para você, é realmente um cavalheiro extraordinário. O primeiro-tenente [Dolibois], que o está acompanhando, é muito caloroso e muito humano, e tenho estado em contato com os dois cavalheiros há vários meses. Você pode confiar neles totalmente".

Mais tarde, Göring escreveu de novo para Emmy: "Ver a amada letra [de Edda], saber que suas queridas mãos tocaram nesta mesma folha de papel – tudo isso e o próprio conteúdo me emocionaram profundamente, e, no entanto, me deixaram tão feliz... Às vezes eu penso que meu coração vai partir com amor por você e saudades de você. Essa seria uma bela morte".

"É minha opinião que Frau Göring correspondia ao máximo o sentimento de seu marido, e permaneceu totalmente leal a ele", escreveu Kelley tempos depois. Ninguém sabe, entretanto, se Emmy Göring teria aprovado um plano assombroso que seu marido estava concebendo para Edda. Ele pediu a Kelley que tomasse conta da pequena Edda nos Estados Unidos se tanto a mãe quanto o pai morressem. Kelley falou a respeito desse pedido para a esposa quando voltou para casa meses mais tarde; não se sabe como Dukie reagiu à perspectiva de adotar e criar a filha de um nazista. Esse pedido espantoso – um sinal do respeito de Göring por Kelley – emocionou o psiquiatra, que sabia o quanto Edda significava para o pai. Embora ele jamais tenha registrado como respondeu ao pedido de Göring, Kelley certamente o rejeitou, alegando razões profissionais.

* * * * * *

No dia 8 de outubro, dois jipes do Exército cheios de guardas de segurança escoltaram uma ambulância que ia a toda velocidade para o presídio de Nuremberg. Um homem descarnado com sobrancelhas grandes e espessas encimando olhos tensos, usando um uniforme cinzento da Força Aérea, um velho sobretudo e um chapéu amarfanhado, surgiu da parte traseira do veículo médico e olhou piscando ao seu redor. Seu traje não tinha qualquer insígnia militar, mas as botas espetaculares que ele usava – feitas de couro negro macio, erguendo-se altas em suas pernas, com um longo zíper – davam-lhe um porte militar característico. Pela primeira vez em quatro anos, Rudolf Hess estava de volta ao território alemão.

No dia 10 de maio de 1941, de acordo com uma sugestão feita por seu astrólogo, Hess, então com quarenta e seis anos, saudável, poderoso no cargo de adjunto do Führer e o terceiro nazista mais importante, depois de Hitler e Göring, um tanto lúcido, e usando aquelas botas de aviador, havia embarcado sozinho em um avião de combate Messerschmitt na Baviera e o pilotara sobre o mar do Norte até os campos verdejantes da Escócia, onde pulou do avião. Kelley, mais tarde, perguntou a Hess por que ele havia abandonado a aeronave no ar: "Eu nunca tinha pilotado aquele tipo de avião antes e não tinha certeza se saberia pousá-lo", disse Hess. "E também não tinha certeza quanto à localização dos campos ingleses. Eu fiz um bom serviço, porém, e toquei o chão a quatro metros de onde havia planejado".

A Home Guard britânica o deteve e o interrogou. Ele estava em uma missão de paz, explicou enquanto mancava por causa de um tornozelo machucado durante seu salto de paraquedas, e queria falar com Douglas Douglas-Hamilton, o décimo terceiro duque de Hamilton, um político conservador que se encontrara com Hess anteriormente nos Jogos Olímpicos de 1936 em Berlim. Hess provavelmente acreditava que o duque fosse simpático à causa alemã. Douglas-Hamilton foi chamado e ouviu, espantado, o desejo do nazista de se encontrar com o rei George VI, fazer com que Winston Churchill fosse demitido e negociar um tratado de paz com a Grã-Bretanha permitindo que as duas nações colaborassem para a derrota militar da União Soviética. A Grã-Bretanha iria manter o controle sobre seu próprio império, a Alemanha teria liberdade para dominar o resto da Europa, e as duas potências poderiam coexistir com a ameaça bolchevique eliminada. Hitler não havia aprovado a missão de Hess, e a condenou, irritado, em público, quando ficou sabendo dela, chamando mesmo Hess de insano.

A chegada surpresa de Hess perturbou Churchill, que assistia a um filme dos Irmãos Marx. O primeiro-ministro decidiu que um encontro entre Hess e o rei estava fora de cogitação. "Eu fui levado a uma prisão em algum lugar na Inglaterra, onde eles se limitaram a me fazer perguntas a respeito de assuntos militares", Hess disse mais tarde para Kelley. "Eu neguei ter qualquer conhecimento de acontecimentos militares e exigi meus direitos como emissário. Os ingleses então me perguntavam: 'O senhor tem algo para mostrar que é um emissário?'. Eu respondia: 'É claro que não. Eu sou o adjunto do Führer'. Eles então me perguntavam: 'O Führer enviou o senhor?'. Eu respondia: 'Ele nada sabe a respeito da minha missão'. E aí os ingleses diziam: 'Então o senhor é um aviador capturado, um prisioneiro de guerra. Conte-nos tudo sobre a disposição de suas tropas'".

Durante seus quatro anos como prisioneiro de guerra dos britânicos, mantido em cativeiro por algum tempo na Torre de Londres, Hess viu poucas pessoas além de interrogadores militares, membros do governo de baixo escalão e psiquiatras. Os interrogadores já conheciam seus antecedentes. Hess havia nascido em Alexandria, Egito, filho de pais comerciantes alemães. Fora companheiro de exército de Hitler no 16º Regimento Bávaro durante a Primeira Guerra Mundial (embora os dois só viessem a se conhecer depois da guerra) e treinara como piloto. Fora influenciado por agitadores antidemocratas enquanto estudava na Universidade de Munique, e se transformou em um dos primeiros membros do movimento nazista de Hitler e companheiro de cárcere do futuro Führer na prisão Landsberg depois do fracassado *putsch* de Munique, onde ele transcreveu o *Minha luta* de Hitler. À medida que os nazistas conquistavam poder político, ele dedicou toda sua energia e atenção para a glorificação e ascensão de seu líder. Pessoas intimamente ligadas aos nazistas conheciam-no como o partidário mais inabalável de Hitler.

Hitler fez de Hess seu secretário particular e lhe deu o controle administrativo de grande parte do aparato político do partido, e o nomeou Adjunto do Führer em 1933. Corria uma história de que Hitler escolheu Göring como seu sucessor, em vez de Hess, durante esse período, em parte porque desaprovava o gosto medíocre de Hess para mobília doméstica. Durante a metade da década de 1930, a influência de Hess aumentou à medida que ele colaborou em muitas das ações mais repressivas de seu governo, incluindo a morte de membros indesejados do Partido Nazista durante a Noite das Facas Longas, a aprovação das Leis de Nuremberg e mais legislação antissemita, a formação de *bunds* pró-Alemanha em outros países e a perseguição a grupos minoritários que levou ao Holocausto. Inventando o *slogan* "Armas antes da manteiga" para incitar o rearmamento, Hess com frequência falava em comícios do partido, apresentava Hitler para imensas multidões e instava o público a apoiar o caminho da Alemanha rumo à guerra. Insípido e destituído de fanfarronice, ele não tinha carisma. Hess se submetia de modo tão passivo ao julgamento de Hitler que diziam que Hitler havia até mesmo escolhido a esposa de Hess.

Ao examinar Hess logo depois de sua captura, o dr. N. P. Dicks especulou que Hitler havia sido uma figura paterna para Hess até que o início da guerra mostrou para Hess a crueldade e a falta de piedade de seu Führer. A partir de então, Hess transferiu seus sentimentos filiais para o rei George VI e concebeu seu plano de paz. J. R. Rees, o principal psiquiatra de Hess na Inglaterra, concordava com essa avaliação, e supervisionava os cuidados a Hess. Durante dezesseis meses, a começar de outubro de 1943, Hess alegou que não tinha lembranças de acontecimentos passados, mesmo de sua infância. Médicos britânicos submeteram-no à narco-hipnose usando a droga anestésica hexobarbital – um procedimento que tinha por objetivo fazê-lo recordar por meio de sugestão externa –, mas as tentativas falharam, e Hess se recusou a se submeter a tratamentos semelhantes no futuro. Então, a partir de fevereiro de 1945, ele disse que sua amnésia anterior havia sido forjada. (Posteriormente, Kelley observou que "tais alegações falaciosas são típicas" de personalidades como a de Hess.) Então, Hess mudou de atitude novamente e relatou que sua amnésia havia retornado em julho de 1945. Ele anunciou para seus captores que os judeus estavam controlando hipnoticamente as pessoas ao redor do mundo, incluindo os próprios psiquiatras dele.

Irritado e frustrado com o fracasso de sua missão de paz, Hess imaginou que seus guardiões britânicos estavam conspirando para matá-lo. Sempre hipocondríaco e havia muito tempo adepto do valor do alimento natural, passou a suspeitar de todas as refeições que lhe eram servidas, e às vezes trocava de pratos com seu carcereiro para evitar ser envenenado. Seus médicos até provavam os remédios dele enquanto ele observava. Não obstante, Hess continuou convencido de que sua vida estava em perigo. Guardava amostras de comida envoltas em apertados pacotes de papel, as quais ele insistia que estavam contaminadas. Sua paranoia se estendeu a delírios de perseguição por russos, judeus e outros inimigos.

Duas vezes enquanto esteve nas mãos dos britânicos, Hess tentou se matar. Na primeira tentativa, em 1941, ele chamou um médico até sua cela, empurrou-o de lado e saiu correndo pela porta aberta na direção das escadas. Ele pulou por cima do corrimão e teve uma queda desajeitada no patamar de baixo, quebrando a perna esquerda em três lugares. Então, em 1945 ele enfiou uma faca de pão em seu peito e disse para o guarda: "Veja! Eu me apunhalei no coração". A arma rombuda causou um ferimento que necessitou de apenas dois pontos. Hess disse que os judeus haviam deixado a faca por perto para tentá-lo. O pensamento dele parecia tão desconexo que Churchill chegou a pensar em repatriá-lo para a Alemanha ao invés de entregá-lo como réu por crimes de guerra ao Tribunal de Nuremberg. Os russos, porém, insistiram que ele fosse levado a julgamento. Um médico britânico considerou-o paranoico e delirante imediatamente antes de sua partida para Nuremberg.

O coronel Andrus escoltou Hess para o presídio de Nuremberg, e em poucos minutos eles se encontraram com Göring em um corredor (o encontro não foi planejado). "Hess reconheceu Göring imediatamente, parou e estendeu o braço na saudação nazista", recordou Andrus. "Göring pareceu surpreendido, mas não correspondeu à saudação, que havia sido banida na prisão. Eu disse para Hess: 'Não faça essa saudação de novo! Isso não será tolerado. Nesta prisão, é um gesto vulgar'. Ele me olhou fixamente com seus olhos escuros e fundos. 'A saudação nazista', disse ele, calmamente, 'não é vulgar'".

Enquanto Andrus explicava para o antigo adjunto do Führer os outros regulamentos do presídio, Hess não respondeu, ficou parado, inexpressivo, e "me fitava com um olhar frio e vítreo". Finalmente, Hess começou a falar com vigor sobre os esforços dos britânicos para envenenar sua comida. Junto com todos os seus pertences – seus artigos pessoais incluíam um relógio de bolso, chaves, um relógio da Força Aérea e um lacre prateado –, Hess entregou os pacotes supostamente contaminados de açúcar, chocolate e bolacha salgadas, lacrados com cera vermelha, que ele estivera guardando desde seu cativeiro britânico. Andrus imediatamente decidiu que o desequilíbrio mental do prisioneiro era fraudulento. "Ele era... como eu manifestei na época em relatórios verbais e escritos... um completo embuste."

Ao se encontrar com Kelley mais tarde, Hess reclamou de dores de estômago muito fortes que o atormentavam havia anos. Mesmo assim, ele recusava remédios e dizia preferir tratamento com fitoterápicos e homeopáticos e vitaminas. (Na Alemanha, Hess havia fundado um hospital de medicina alternativa que levava seu nome, "onde o único requisito era que os homens que lá trabalhassem não poderiam ser médicos", relatou Kelley.)

Hess causou uma forte impressão em Kelley durante um de seus primeiros encontros em sua cela. Ele ainda trazia o uniforme da Força Aérea e as botas de aviador de couro que usara em sua missão na Escócia. Hess disse que não conseguia se lembrar de nada do seu passado, nem mesmo da data de seu aniversário ou do local de nascimento, mas manifestou preocupação com a disposição de seus pacotes de comida supostamente envenenada. (Tempos depois, Kelley se apossou de alguns desses pacotes e levou-os para casa nos Estados Unidos.) "Ainda que seu comportamento fosse estritamente formal, educado, mesmo assim ele me assustou... Aquele ar distante em seu rosto o distinguia como alguém que não era bem normal", recordou Dolibois, que acompanhava Kelley como tradutor, embora Hess falasse inglês fluentemente e o compreendesse à perfeição. Baseado no que já havia ouvido sobre Hess – sua hipocondria, paranoia, a afinidade com astrólogos e charlatães e a suposta incapacidade de se lembrar de seu passado nazista –, Dolibois menosprezou o prisioneiro como "um idiota excêntrico... Eu achava que ele estava fazendo uma bela de uma encenação".

O comportamento do ex-adjunto do Führer frequentemente intrigava outros membros da equipe do presídio. Certa ocasião, um guarda que havia coletado diversas assinaturas de nazistas em uma nota de um dólar se aproximou de Hess em sua cela para pedir a contribuição dele. "Hess sorriu, concordou em assinar, pegou a nota, e foi para o fundo da cela", relatou Kelley. "Então, ele encarou o soldado, sorriu novamente, fez uma mesura e começou a rasgar a nota em fragmentos minúsculos, que jogou pela janela. Hess sorriu de novo para o soldado e disse: 'Nossas assinaturas alemãs são preciosas'".

Kelley se inquietava pensando que Hess, embora na ocasião estivesse são e livre de psicoses, fosse "um neurótico profundo do tipo histérico" que poderia sofrer um colapso à medida que o julgamento se aproximasse. "Durante toda a minha vida eu achei que as pessoas poderiam me matar", Hess dissera ao psiquiatra. Ele poderia até mesmo tentar o suicídio, "e é bastante provável que ele vá cometer alguns gestos histéricos antes que seja condenado".

O psiquiatra escreveu que era possível que Hess estivesse fingindo amnésia por tanto tempo que ele tivesse passado a acreditar nela. Ele concluiu que a amnésia de Hess resultava de uma tortuosa combinação de autossugestão histérica e uma simulação consciente de doença. Quanto à saúde mental geral de Hess, Kelley notou que, "se considerarmos a rua como a sanidade, e a calçada como a insanidade, então Hess passou a maior parte de sua vida na sarjeta".

Kelley achou que a melhor abordagem com Hess seria retomar o tratamento britânico de narco-hipnose para restaurar a memória do prisioneiro. Em vez de hexobarbital, no entanto, Kelley esperava usar tiopentato de sódio, um dos medicamentos com os quais ele havia tratado com sucesso os soldados esgotados pelo combate. "Nós poderíamos ter descoberto em dois dias quanto de sua amnésia era real e quanto era fingida simplesmente administrando-lhe uma injeção intravenosa", Kelley queixou-se depois. Em seu trabalho com soldados esgotados pela batalha, entretanto, Kelley percebeu que essas drogas acarretavam um ligeiro risco de reação fatal, "embora em mais de mil casos como esses tratados pessoalmente eu jamais tivesse visto uma reação assim". O valor potencial da narco-hipnose era maior do que seus riscos. Se a amnésia de Hess fosse genuína, Kelley previa uma recuperação total. Se Hess estivesse fingindo, a ausência de recuperação iria revelar isso também. Kelley solicitou a Andrus que aprovasse o tratamento.

O coronel Andrus receava drogar Hess. "Hess acredita ou finge acreditar que os britânicos tentaram envenená-lo", ele escreveu para o promotor-chefe norte-americano do julgamento vindouro, o juiz da Suprema Corte dos Estados Unidos Robert Jackson. "O tratamento com drogas poderá ocasionar as mesmas suspeitas ou alegações dele contra nós. Um alarme desnecessário poderá ser prejudicial para o paciente", sem mencionar para a promotoria. Jackson, admitindo que concordaria com o tratamento para um membro de sua própria família que tivesse amnésia, rejeitou o uso no caso de Hess se houvesse uma possibilidade, ainda que ínfima, de que isso poderia lhe causar mal. Antes de saber da decisão de Jackson, Kelley pediu a Hess que considerasse o uso de narco-hipnose para superar sua amnésia. Hess parecia disposto a aceitar até Kelley observar que ela "sempre funcionava". Hess então não quis fazer o tratamento, e se recusou a se submeter a qualquer tipo de hipnose. "Por muito tempo ele até mesmo pôs objeções ao fato de nós colhermos sangue para um teste de Wasserman [de sífilis], mas nesse aspecto tivemos o apoio das autoridades competentes", Kelley escreveu.

Enquanto isso, os interrogadores do Exército norte-americano tentavam derrubar a barreira amnésica de Hess. Eles levaram o antigo professor dele, e mentor em geopolítica, Karl Haushofer, que disse: "Não se lembra de mim, Rudolf? Como nós costumávamos sair juntos para fazer caminhadas e discutir livros?". Hess não deu mostras de reconhecê-lo. Eles levaram até ele oito de seus antigos secretários, os quais Hess ficou encarando com um olhar vazio. Eles até mesmo o confrontaram novamente com Göring, cujos antigos ressentimentos contra seu ex-rival pelas atenções de Hitler incitaram-no a demolir o esquecimento real ou fingido de Hess. A transcrição da conversa deles revelou mais a vaidade de Göring do que qualquer das memórias perdidas de Hess:

> GÖRING: Você não sabe quem eu sou? Não me reconhece?
>
> HESS: Não pessoalmente, mas me lembro de seu nome.
>
> GÖRING: Mas nós conversamos muito.
>
> HESS: Nós estávamos juntos; deve ter sido isso, tem de ter sido assim. Como adjunto do Führer... eu devo ter encontrado outras personalidades importantes como o senhor. Não consigo me lembrar de ninguém, por mais que eu tente.
>
> GÖRING: Ouça, Hess, eu era o comandante supremo da Força Aérea, e você voou para a Inglaterra em um dos meus aviões. Você não lembra que eu era comandante supremo da Força Aérea? Primeiro eu fui marechal de campo e depois marechal do Reich, você não lembra?
>
> HESS: Não.
>
> GÖRING: Você não lembra que eu fui feito marechal do Reich em um encontro do Reichstag quando você estava presente? Você não se lembra disso?
>
> HESS: Não.
>
> GÖRING: Você se lembra que o Führer, no encontro do Reichstag, anunciou... que se alguma coisa acontecesse com ele eu seria o sucessor dele, e se alguma coisa acontecesse comigo você seria o meu sucessor? Você não se lembra disso?
>
> HESS: Não...
>
> GÖRING: Você lembra que se mudou para a Wilhelmstrasse, em um palácio que era na verdade meu, quando era primeiro-ministro da Prússia, mas que eu permiti que você vivesse lá?
>
> HESS: Eu não sei.

Göring, que Kelley acreditava "desejasse preservar a história de que o Partido Nazista era formado por homens fortes", finalmente desistiu, enojado, declarando que Hess estava "completamente maluco". Ele disse para Dolibois: "Nós sabíamos o tempo todo que Hess não era mesmo normal. A ida dele para a Inglaterra tornou isso muito óbvio". Göring alegou estar muito perturbado com a incapacidade de Hess de se lembrar da glória dos anos do regime nazista, mas Dolibois suspeitava que o Marechal do Reich temesse ir para o julgamento iminente sem um companheiro mentalmente são e de alto escalão ao seu lado.

* * * * * *

Mais para diante no corredor do presídio, Streicher havia estabelecido relações cordiais com o incógnito tradutor judeu, Howard Triest, a quem qualificava como "o perfeito nórdico". Colhendo informações para o tribunal de crimes contra grupos religiosos na Alemanha, Triest sentava-se calmamente na cela de Streicher, tomando notas, enquanto o prisioneiro vociferava contra os judeus. "Eu consigo sentir o cheiro de um judeu a um quilômetro", ele disse para Triest. Ele tinha fortes suspeitas de que Kelley fosse judeu. "Eu consigo ver isso no rosto deles, nos olhos deles, no cabelo deles, no modo como eles caminham, até mesmo no modo como eles se sentam. E eu sei que você é um ariano puro." Ao mesmo tempo em que afirmava não desgostar de judeus individualmente, e até mesmo elogiava um médico judeu que havia tratado dele anteriormente, Streicher sustentava que suas publicações antissemitas haviam melhorado o mundo divulgando os perigos de permitir que as raças se misturassem. Quando ele precisou que alguns documentos fossem traduzidos para o inglês e não confiava em Kelley ou em qualquer outro possível judeu para se incumbir disso, ele os entregou para Triest. "Cá estão", disse Streicher, "você faz a tradução. Você é um bom alemão."

Alfred Rosenberg continuava reservado e distante, raramente, em suas conversas com a equipe do presídio, se afastando de teorizações irreais sobre a ascensão do nazismo e o antissemitismo alemão. Quando falava sobre esses tópicos, sua face sonolenta se animava. Rosenberg adorava falar de seu livro *Myth of the twentieth century* [Mito do século vinte], que Kelley havia examinado e julgado "inacreditavelmente obscuro e impreciso". Embora o filósofo reconhecesse que o povo europeu havia misturado tanto as diferentes raças que suas diferenças raciais haviam desaparecido em sua maior parte, ele sustentava que os judeus – asiáticos e árabes em sua origem, acreditava – tinham mantido a pureza racial por causa de suas tradições religiosas. Como raça separada, eles poderiam degradar o que restava de homogeneidade entre os povos nórdicos casando-se com eles. Tornar o casamento misto um crime permitiu que os alemães dessem o primeiro passo na direção de se livrar de suas impurezas raciais. Americanos de origem nórdica, argumentava Rosenberg, poderiam proteger sua nação da contaminação racial somente através do exílio de diferentes grupos raciais para longínquas reservas geográficas. A Alemanha poderia ter adotado tais medidas se os forasteiros não tivessem interferido, deixando os nazistas com o extermínio como a melhor opção. Ele disse para Kelley que seu plano para elevar o povo nórdico submetendo outros povos ao trabalho escravo e à morte poderia ter produzido efeitos impressionantes em três ou quatro gerações.

Em uma visita à cela de Rosenberg com o intérprete Dolibois, Kelley começou a questionar o prisioneiro a respeito de um de seus trabalhos publicados. Rosenberg, que sabia que Dolibois era católico romano, fechou com firmeza o livro que estava nas mãos do intérprete e se recusou a discuti-lo na presença de Dolibois. "Este jovem oficial está trabalhando para o país dele", disse Rosenberg para Kelley. "Ele é um bom soldado e também um bom católico, e eu não desejo mudar o estilo de vida dele. Se ele chegasse a ler este livro, ele renunciaria à Igreja na mesma hora." (Tempos depois, Dolibois caracterizou tais diálogos com Rosenberg como "conversas estúpidas".)

Enquanto isso, Ribbentrop não estava conseguindo nem se manter tão bem quanto Rosenberg. Membros da equipe do presídio descreveram-no como entregue à autopiedade, retraído, passivo, frustrado e deprimido. Ele parecia decrépito para um homem de cinquenta e dois anos, dormia mal, era importunado por dores de cabeça, e continuava a manter a cela desarrumada, o que muitos visitantes consideravam símbolo de uma mente perturbada. Outros prisioneiros não estavam tão surpreendidos. Schacht se referia à "extraordinária estupidez" de Ribbentrop e sua falta de modos e de cordialidade. Kelley considerava Ribbentrop um suicida potencial, embora ele especulasse sobre "uma boa possibilidade, contudo, de que, quando ele seja sentenciado e o fardo da depressão seja removido, toda a arrogância dele possa voltar. Se isso acontecer, ele irá encarar a sua sentença com uma força considerável. É possível, entretanto, que ele vá desmoronar no final".

Como forma de escapar de seus problemas, Baldur von Schirach, o antigo líder da Juventude Hitlerista e governador-geral de Viena, havia começado a escrever poesia. Um exemplo que ele escreveu para a aprovação do psiquiatra, chamada *Dem Tod* (Para a morte), apontava para suas apreensões sobre o futuro:

Teus olhos negros tantas vezes vi,
Que te tornaste como amiga minha.
Quando as balas zuniram, tu paraste e
me olhaste. À esquerda e à direita caíram
companheiros. Tu, porém, te voltaste.
Saudei, depois, cada tumba, sozinho.
Quando bombas caíam lá do céu,
Tu me levaste ao silente hóspede da casa.
Mas não fizeste teu trabalho comigo.
Sinto, amiga, teus olhos sobre mim.

Visitantes da cela de Schirach achavam que ele estava muito magro e perturbado, uma aparência que talvez fosse adequada para um poeta encarcerado. Ele confidenciou para Kelley algo que não queria dizer para ninguém mais, nem mesmo os advogados que trabalhavam para sua defesa. "Ele havia interferido para salvar diversos judeus de campos de concentração, arriscando sua própria pele, porque ele havia sido proibido de abrir uma única exceção", Kelley escreveu depois de uma entrevista com o prisioneiro no dia 27 de outubro. "Mas tendo em vista a grande massa de vítimas assassinadas, ele não queria se degradar pedindo clemência por causa de um punhado de pessoas que ele havia poupado, fazendo um lamentável espetáculo de defesa como alguns dos outros."

******

A vida no presídio de Nuremberg prosseguia para os detentos. Eles se arrastavam para o pátio de exercícios usando um desmantelado conjunto de roupas que haviam trazido ou pedido para os membros da equipe. Göring exibia botas altas amarelas que os guardas cobiçavam e pelas quais ofereciam maços de cigarro; Rosenberg andava por lá de macacão, e Schirach, de algum modo, havia conseguido uma jaqueta militar camuflada. Embora Streicher fosse ignorado, e Schacht evitasse seus companheiros de detenção, os demais se juntavam em grupos pequenos para compartilhar notícias, ficar pensando em suas famílias e especular sobre seu futuro. Göring sempre tentava manter as esperanças deles elevadas e os encorajava a recordar seus *status* como líderes alemães. Tudo que eles haviam feito de errado, ele lhes garantia, era terem sido derrotados pelos Aliados. A tarefa de Göring como incentivador era difícil, porque, como Kelley acreditava, quase todos os prisioneiros nazistas sofriam de depressão.

O coronel Andrus ficava pensando com o que eles sonhavam à noite. Não o surpreendeu que muitos dos prisioneiros sonhassem com ele. "Eu era para eles um símbolo daquilo com que eles se defrontavam", especulava Andrus. "Sempre há uma tendência, entre as pessoas confinadas em uma prisão, a odiar seus guardas. O guarda é, para elas, a personificação do mal que elas cometeram." Os pastores do presídio, contudo, personificavam algo mais benevolente para os prisioneiros, pelo menos entre aqueles que frequentavam os serviços, o que não incluía Rosenberg, Streicher e Hess. Tanto o capelão protestante, Henry Gerecke, quanto o padre católico, Sixtus O'Connor, eram populares entre os presos, e eles caçoavam um do outro a respeito da maldade de seus seguidores. "Pelo menos nós, católicos, somos responsáveis por apenas seis desses criminosos", o padre O'Connor disse para o reverendo Gerecke. "Vocês, luteranos, têm quinze anotados contra vocês." Gerecke declarou estar convicto de que os altos dirigentes nazistas não eram "uma raça à parte". Ele os considerava parecidos com outras pessoas, embora envenenados pelo preconceito e pela ganância.

Göring, que frequentemente ia rápido para a capela para conseguir um bom lugar, estava entre os prisioneiros que Gerecke via com mais frequência. Sentado perto do altar com seus ornamentos simples, com um órgão que arquejava ali por perto, Göring cantava hinos mais alto que qualquer outra pessoa. "Ele quase sufocava o órgão", recordou Andrus. Ele pode porém ter valorizado a capela somente por causa de suas oportunidades pessoais, porque ele era um luterano negligente, informou para Gerecke.

Hans Frank, o antigo governador da Polônia ocupada pelos nazistas, que havia participado do *putsch* da cervejaria em 1923, agora ficando careca e sério, tinha se transformado em algo parecido com um preso modelar sob a influência do padre O'Connor, que batizou o nazista em sua cela no dia 25 de outubro. Advogado, outrora advogado pessoal de Hitler, responsável pelas mortes de milhões de judeus e de poloneses, Frank havia tentado erradicar as culturas polonesa e judaica em sua região. Ele agora fazia questão de agradecer aos membros da equipe do presídio pela atenção deles, aparentava estar emocionalmente composto e dizia encontrar alívio em sua fé católica depois do que ele descreveu como a traição de Hitler quando o Führer retirou vários dos seus títulos políticos no início da guerra. (Frank havia abandonado a Igreja anos antes, quando se juntou ao Partido Nazista.) "Ele se sente essencialmente culpado, mas desde que retornou à Igreja tem desenvolvido uma serenidade de aproximação como proteção", observou Kelley. "Era óbvio que Frank, para si mesmo, era uma grande figura trágica, um representante de Deus que havia vendido sua alma e a estava comprando de novo, pagando como preço a sua vida", notou Kelley, e a atitude beata de Frank – o que o médico chamava de sua "tranquilidade beatífica" – deixava um gosto ruim na boca do psiquiatra.

Kelley tinha uma impressão melhor do almirante Karl Dönitz, uma figura amigável, embora um tanto distante, que com frequência exibia um agudo senso de humor e não mostrava sinais de depressão. Com cabelos ficando grisalhos e olhos maldosos, Dönitz fazia piadas bem-humoradas sobre as inconveniências da vida na prisão, desde a comida até o banheiro espartano e desprovido de assento em sua cela. Em um relatório psiquiátrico para Andrus, Kelley chamou Dönitz de "uma das personalidades mais integradas de todo o conjunto" e um homem abençoado com "capacidade criativa, imaginação e uma boa vida interior". Determinado a melhorar seu inglês, ele lia poesia, e impressionou Kelley com sua inteligência. "Sou da opinião de que Hitler usou de bom senso ao escolher Dönitz como seu sucessor. Dönitz é, sem dúvida, um líder de grande estatura e um homem muito competente", afirmou o psiquiatra.

Alguns dos prisioneiros se preparavam para as acusações formais de crimes de guerra que eles suspeitavam que estivessem se aproximando, enquanto outros escreviam cartas e liam livros. O bibliotecário do presídio comentou a respeito do alto nível de material de leitura solicitado pelos nazistas. Muitos queriam obras de Goethe. Hess era um dos leitores mais vorazes dos meses vindouros, lendo dois livros por dia. Schacht leu na íntegra diversos volumes das cartas de Beethoven.

O psiquiatra também passou um tempo nas outras alas do edifício do presídio de Nuremberg, que abrigava suspeitos de crimes de guerra de baixo escalão e pessoas que os Aliados mantinham como possíveis testemunhas úteis nos futuros julgamentos. Lá ele conversava frequentemente com Karl Brandt, que havia sido médico pessoal de Hitler e diretor do programa nazista de eutanásia para cidadãos com deficiência mental e física. Brandt trabalhava sob as ordens de Leonardo Conti, que liderava os programas médicos do Terceiro Reich. Nos últimos dias da guerra, Hitler ordenara a execução de Brandt porque o médico, contrariando ordens, havia abandonado Berlim com sua família. Em um caderno de anotações sobre suas entrevistas no presídio, mantido por Kelley, ele rabiscou a respeito de Brandt: "Autorizar a morte daquelas pessoas que, segundo o parecer humano, são incuráveis... 'Existência sem vida'". Ao partir de Nuremberg, Kelley voltou para casa com um conjunto de imagens de raios-X do crânio de Hitler, tiradas para ajudar a tratar uma sinusite em 1944, e Brandt pode ter guiado Kelley até elas.

******

Kelley estava montando um arquivo de perfis psicológicos nazistas. Fazer coleções estava em seu sangue, principalmente vindo de seus ancestrais McGlashans. Ele certamente sabia quão profundamente os impulsos aquisitivos e classificadores influenciavam sua família. Seu avô McGlashan havia colecionado vinte mil espécies de borboletas, matando-as com gás e exibindo seus corpos em recipientes que ele havia desenhado e patenteado. Ele podia observá-las a seu bel-prazer, examiná-las de tão perto quanto desejasse. Seus mistérios estavam cristalizados, não mais impenetráveis. Cada borboleta continha um mundo. Décadas mais tarde, o neto de McGlashan considerou os espécimes de Nuremberg igualmente atraentes.

Ele logo recebeu permissão de Andrus para começar a administrar aos nazistas o teste do borrão de tinta de Rorschach. Kelley sabia que o teste teria pouco valor no tribunal, e, na verdade, o Tribunal Internacional jamais soube dos resultados. Ele se voltou para os borrões de tinta porque conhecia a avaliação muito bem e se agarrou à chance que ela oferecia para esquadrinhar a histórica coleção de homens. A avaliação do Rorschach funcionava de modo semelhante às técnicas da semântica geral, usando o ato de contar histórias para entrar na mente dos indivíduos e examinar suas emoções, atitudes e personalidades.

Mesmo no ambiente não natural de uma prisão, o Rorschach abria uma porta para áreas fundamentais da personalidade que poderiam, caso contrário, resistir ao escrutínio. Kelley chamava o Rorschach de "a técnica mais útil em um exame mental". Se os resultados do Rorschach dos prisioneiros de Nuremberg mostrassem padrões ou semelhanças, Kelley estaria perto de descobrir traços essenciais da mente nazista. Assim como a mágica de palco, o teste dependia da habilidade e da perícia interpretativa do examinador.

Kelley fez os testes de Rorschach com os prisioneiros em suas celas, normalmente com cada nazista sentado em sua cama. Ele preferia trabalhar junto com um intérprete, mesmo que o prisioneiro fosse fluente em inglês. Kelley havia treinado tanto Dolibois quanto Triest para avaliar os registros do Rorschach de modo a evitar erros na tradução. Cansados com a monotonia de suas vidas no presídio, muitos dos detentos (mas nem todos) cooperaram com o teste, e "muitos deles fizeram comentários favoráveis sobre o programa de testes", escreveu Kelley. Ocasionalmente, Kelley tinha de voltar a falar com um detento para esclarecer uma resposta, o que era tornado possível por "uma das vantagens de ter seu sujeito sempre à mão", um privilégio especial do psiquiatra que trabalhava em uma prisão. Ele planejou repetir os testes de Rorschach cerca de um mês mais tarde.

Naturalmente, os prisioneiros interpretaram os cartões de diversas maneiras. O cartão VII, que mostra uma área branca vazia rodeada por um semicírculo de pontos cinzentos e negros, motivou uma notável variedade de respostas. Karl Dönitz disse: "Este é muito agradável. Rostos de duas menininhas olhando uma para a outra. Elas parecem estar curiosas para conhecer os segredos da vida. Elas podem estar dançando juntas, também". Robert Ley olhou para o mesmo cartão e o descreveu como "formações de nuvens. Nuvens de tempestade". Joachim von Ribbentrop ficou encarando a figura por dez segundos e permaneceu em silêncio.

O teste de Rorschach intrigou sobremaneira Göring, que encetou um diálogo animado durante o exame, rindo, estalando os dedos, fazendo comentários sobre a dificuldade de interpretar alguns dos cartões e apreciando demais o processo e a atenção. Göring "manifestou seu pesar por a Força Aérea não ter tido à disposição tais excelentes técnicas de teste", Kelley escreveu em um relatório preliminar sobre os exames. A falta de instrumentos de teste era culpa dos próprios nazistas, observou Kelley. "Talvez se os nazistas não tivessem cerceado tão completamente a função da *intelligentsia* da Alemanha, essas técnicas de teste que foram em grande parte desenvolvidas na Alemanha teriam sido obtidas com facilidade."

A interpretação feita por Kelley dos resultados de Göring se concentrou em várias características peculiares. A maior parte das respostas de Göring incluía o que Kelley chamava de "determinantes cinestésicos": o uso frequente de movimentos humanos ou animais em suas descrições das imagens. Para surpresa de Kelley, essa característica revelava a personalidade introvertida de Göring, não a extrema extroversão que o psiquiatra esperava encontrar. Kelley também notou o apreço de Göring pela palavra "fantástico" em suas respostas do Rorschach, as quais muitas vezes descreviam bruxas, animais pré-históricos, fantasmas e dervixes rodopiando. O psiquiatra descobriu uma preocupação narcisista de Göring com sua própria pessoa nas suas descrições de figuras como "um fantasma com uma barriga grande" no cartão IX. De modo igualmente significativo, Göring tomou as figuras dos borrões de tinta como situações completas ao invés de detalhes de cenas maiores. "Há pouca tentativa de análise crítica, ou dos próprios detalhes ou de sua relação com o conceito geral do qual eles possam ser parte", observou Kelley. "A situação é tratada de maneira grandiosa, e Göring passa para o seguinte... Esse é seu modo natural de se comportar."

No geral, os resultados do Rorschach de Göring deram para Kelley "a imagem de uma pessoa de considerável capacidade intelectual, muito imaginativa, dada a uma vida de fantasia expansiva e agressiva, com uma grande ambição e a tendência para conformar rapidamente o mundo com que ele se deparara aos seus próprios padrões de pensamento, um padrão que se desvia do mundo da experiência habitual". Kelley opinou que a ambição dominada pela fantasia de Göring poderia estar desenfreada, e que o nazista era "um homem [que] ainda seria preciso reconhecer". Alguém que não fosse psiquiatra poderia ter deduzido as mesmas coisas a partir do comportamento prévio de Göring, e ficamos pensando quanto do conhecimento de Kelley a respeito dos conhecidos atos de seu prisioneiro favorito teria influenciado sua interpretação dos testes de Rorschach do Marechal do Reich.

Testar Hess apresentou obstáculos especiais, porque o prisioneiro, apesar de sua aparente cooperação, tentou controlar suas respostas, "sem saber quão reveladora até mesmo a resposta mais banal poderia ser", escreveu Kelley. Hess sentou-se no catre de sua cela entre Kelley e Dolibois. Juntos, eles passaram pelo que Kelley chamou de "um Rorschach muito cuidadoso, com a anotação de cada observação". Hess frequentemente reagia aos cartões rindo, balançando a cabeça e dizendo que eles eram sem sentido.

Para Andrus e a equipe da promotoria de Nuremberg, Kelley justificou a aplicação dos testes de Rorschach descrevendo-os como modos de prever se algum dos prisioneiros poderia sofrer um colapso nervoso durante o julgamento vindouro, e para ajudar a determinar se todos os nazistas examinados eram sãos, incluindo Ley, Hess e Streicher, cujas capacidades mentais estavam em dúvida. Hess mostrou "uma personalidade introvertida, tímida, retraída, que, suspeitando de tudo ao redor dele, projetava sobre seu meio ambiente os conceitos que se desenvolviam em seu íntimo". Streicher mostrou uma personalidade paranoica. Mas tanto Hess quanto Streicher "não mostraram evidências de uma psicose manifesta e devem ser considerados legalmente sãos".

No geral, os testes mostraram que, "embora muitos [dos prisioneiros] não fossem o que chamaríamos, de modo ideal, de normais, nenhum deles era suficientemente [desviante] para requerer custódia protetora segundo as leis de nosso país", escreveu Kelley. "Na maior parte dos casos, eles podem ser considerados excêntricos ou fanáticos." Isso incluía Ley, cujo registro do Rorschach Kelley considerou, de longe, o mais interessante. O psiquiatra propôs um diagnóstico de lesão cerebral no lobo frontal de Ley, embora os exames físicos do prisioneiro não tivessem mostrado evidências de problemas neurológicos. No teste de Rorschach, entretanto, Ley errara os nomes das cores, apresentado descrições confusas, e dado respostas que não tinham contexto e sentido. Kelley especulou que Ley tivesse lesionado os lobos frontais durante a queda de avião na Primeira Guerra Mundial que o havia deixado inconsciente e gago.

Kelley começara a pensar além do julgamento e de seu retorno aos Estados Unidos, para um arranjo especial que tinha em mente para seus resultados dos testes de Rorschach dos nazistas. Eles iam além da função médica que Kelley usara para justificar o teste para as autoridades de Nuremberg. Ele escreveu em um memorando para Andrus que gostaria de submeter os resultados dos testes a especialistas em Rorschach ao redor do mundo, "para produzir a imagem mais clara possível desses indivíduos, o [maior] grupo de criminosos que a raça humana jamais conheceu". Kelley estava convencido de que os resultados do teste tinham valor histórico. Eles ofereciam respostas possíveis para as questões de por que os cidadãos alemães seguiram aqueles homens em um caminho desastroso e destrutivo e o que havia motivado pessoas pouco usuais, mas ainda assim normais, que sabiam exatamente o que estavam fazendo enquanto governavam impiedosamente em um regime que perseguia e executava milhões.

No dia 8 de outubro, Kelley aplicou em Göring o Teste de Apercepção Temática (TAT), um exame psicológico concebido para lançar uma luz na visão do mundo, na autoimagem do sujeito e nos seus relacionamentos com outras pessoas. Ele apresentou para Göring um conjunto de vinte cartões que mostravam homens e mulheres em ambientes simples, ou mostrou cenas sem nenhuma pessoa. A tarefa de Göring era passar cinco minutos com cada cartão contando histórias que narrassem o que estava acontecendo na imagem, o que levara àquilo, o que as personagens estavam pensando e sentindo e como os acontecimentos se haviam finalizado.

Göring elaborou a seguinte história a partir do segundo cartão TAT que Kelley lhe apresentou:

> Tem um homem, um fazendeiro, extremamente dedicado ao seu trabalho e amante da natureza. O destino dele está girando ao redor de duas mulheres, uma grávida, que está se apoiando a uma árvore, sem dúvida uma mulher da região, e a outra uma jovem da cidade e mentalmente mais esperta. O homem está impressionado com a moça mais nova. Um conflito surge na mente do homem, mas por causa da criança por nascer e de sua devoção à terra, ele vai voltar para sua esposa, e a jovem irá voltar para a cidade e viver a vida dela.

Não se conhece a interpretação dessa história feita por Kelley. Uma pessoa leiga poderia especular que Göring estivesse subconscientemente falando de suas duas mulheres e dos direitos que cada uma tinha à sua lealdade.

Depois de olhar para o nono cartão, Göring disse: "Esses são homens que descansam deitados no mato depois de trabalhar duro. Um menino olha e analisa as faces desses homens. Ele pensa que não ia querer levar uma vida como a deles. Ele olha para os rostos deles e analisa seus tipos, de modo que ele nunca possa ser forçado a levar esse tipo de vida dura e monótona". De novo, um amador poderia considerar essa história eivada de temor e de determinação. Ela expressa um compromisso à rejeição de um destino desagradável ao qual outros se entregaram sem ter conhecimento. Talvez isso fale algo a respeito da determinação de Göring de conduzir a Alemanha para longe do que ele considerava o caminho humilhante que ela havia seguido na década de 1920.

******

No dia 6 de outubro, a equipe do presídio de Nuremberg foi atingida pela notícia de que um detento que estava preso em uma das outras alas havia tirado a própria vida, apesar de todas as providências de Andrus para evitar suicídios. Ele era o médico Leonardo Conti, um dos principais conselheiros médicos de Hitler e superior de Karl Brandt. Como secretário de Saúde e chefe da Higiene Nacional, suas desagradáveis responsabilidades incluíam o lançamento dos programas de eutanásia concebidos para matar os idosos e os deficientes e o patrocínio de experimentos em seres humanos em campos de concentração. Entre os experimentos, encontravam-se estudos dos efeitos de venenos, bactérias e de congelar os presos, bem como outros testes horríveis. Kelley o havia entrevistado uma vez em sua cela, descrevendo o médico nazista como um "homenzinho tímido" que protestava sem vigor que havia sido forçado a entrar no trabalho de eutanásia.

Nascido na Suíça, Conti, um dos primeiros membros do Partido Nazista, havia se asfixiado: ele envolveu o pescoço com a manga de uma camisa, amarrou a outra ponta da camisa nas barras da janela de sua cela e se deixou cair de uma cadeira. Kelley correu para a cena naquela manhã para declarar que Conti estava morto. O médico nazista deixou uma nota detalhando o remorso que sentia por ter mentido para os interrogadores Aliados, embora declarasse: "Nunca fui um covarde. Eu queria tanto ver minha família de novo". Andrus manteve a nota de suicídio de Conti longe dos jornais, ordenou que todas as cadeiras fossem retiradas das celas dos prisioneiros à noite e programou buscas mais frequentes aos objetos pessoais deles.

Durante o mesmo período, Kelley percebeu um declínio na estabilidade mental de Ley. Em suas entrevistas, Kelley observava Ley passar da excitação à depressão, e Ley falava tanto, e balbuciando o tempo todo, que "era um verdadeiro fardo ficar sentado ouvindo-o falar durante uma hora a cada vez", disse Kelley. O psiquiatra atribuiu parte desse comportamento à lesão cerebral que ele diagnosticara, mas os companheiros de cárcere de Ley, submetidos às vociferações e ao desespero dele durante o horário de exercícios, não conseguiam entender isso. Eles "não sabiam que os centros inibidores do cérebro dele haviam deixado de funcionar – que ele, de modo bastante literal, não tinha julgamento, mas apenas respostas emocionais espontâneas – como uma criatura vital, rude, excitável e intelectualmente dotada", observou Kelley. "De modo geral, não gostavam dele."

Ley falava de sua angústia por ser visto como um gângster político e de ser julgado como um criminoso. Sua defesa era ele não ter cometido crimes, não ter declarado nenhuma guerra nem planejado reformas sociais espantosas enquanto administrava a Frente Alemã para o Trabalho, tendo agido apenas para promover seu país. Levá-lo, e aos seus colegas, a julgamento iria apenas divulgar a ideologia de Hitler e colocar os Aliados como inimigos da nova Alemanha por vir.

* * * * * *

Durante a terceira semana de outubro, os promotores do Tribunal Internacional completaram as acusações formais contra os vinte e dois líderes nazistas. Um grupo que incluía Kelley, Andrus, o representante britânico Airey Neave, um tradutor e um capelão se reuniu para apresentar os documentos oficiais para os prisioneiros, que eram então formalmente réus. Os alemães haviam sido acusados de vários crimes contra a lei internacional, alguns deles novos para a jurisprudência, incluindo ser membro de organizações criminais como a SS e a Gestapo, conspiração para promover uma guerra agressiva, crimes contra a paz por meio da promoção de uma guerra agressiva, envolvimento em crimes de guerra e crimes contra a humanidade. À medida que o grupo percorreu as celas para entregar as acusações formais aos prisioneiros, Kelley anotou as respostas deles.

Göring foi o primeiro. Através do postigo em sua cela, eles o viram sentado em seu catre, as roupas pendendo frouxas, talvez tendo acabado de acordar de um cochilo e sem esperar uma visita, com uma fisionomia carregada. Ele se levantou desajeitado quando a porta se abriu; sua boca teve uma contração involuntária e sobressaltada. Os saltos das botas dos visitantes rangiam no piso de pedra à medida que o grupo se aproximava, mas somente Andrus, o tradutor e Neave cabiam na cela. Os outros espreitaram ao redor ou por cima dos ombros deles. A mesa de Göring ainda continha as fotos de Emmy e Edda, junto com uma pilha de livros. A princípio, o prisioneiro não correspondeu aos olhares dos representantes Aliados, mas logo encarou Neave e fixou nele os olhos – os olhos redondos e brilhantes que haviam desconcertado tantos de seus oponentes políticos.

"Hermann Wilhelm Göring?", disse Neave. O Marechal do Reich deve ter percebido que algo importante estava acontecendo. "*Jawohl*", respondeu ele. Neave explicou que estava entregando para Göring a acusação formal do tribunal. Fazendo uma careta, Göring aceitou a acusação formal e ouviu a explicação de Neave sobre seu direito a assistência legal. Ele nem olhou para os documentos, mas pareceu interessado no uniforme formal britânico de Neave. Kelley anotou as palavras seguintes de Göring: "Então ela chegou". Neave observou que "as palavras pareciam bastante comuns, nada que se parecesse com o fim de doze anos de poder absoluto. Naquela cela comum, elas não soavam dramáticas. Era como se Göring ignorasse a presença de uma plateia e estivesse pensando em voz alta".

Informado de que ele poderia escolher seu próprio advogado ou escolher um de uma lista que o tribunal havia feito, Göring disse: "Não conheço nenhum advogado, não tenho nada que ver com eles". Isso mal era uma surpresa – ele vivera acima da lei por tanto tempo. Quando Neave recomendou que ele procurasse aconselhamento, Göring manifestou seu ceticismo de que qualquer advogado pudesse ajudá-lo. "Tudo isso me parece completamente sem esperanças", disse ele com tranquila firmeza. "Eu preciso ler esta acusação formal com muito cuidado, mas não vejo como ela possa ter qualquer base legal." Com mais vinte e um prisioneiros para visitar, Andrus começou a perder a paciência. Neave repetiu seu conselho para requisitar um advogado. "Advogados!", disse Göring. "Eles não vão valer nada nesse tribunal. O que preciso é de um bom intérprete. Eu quero meu próprio intérprete." Andrus deu um sorriso presunçoso; ele se lembrava das solicitações de Göring para ter um tratamento especial em Mondorf. O prisioneiro não teria um intérprete pessoal. Neave se despediu do prisioneiro; Göring fez uma reverência. O grupo se afastou da cela e a porta se fechou com estrondo.

Hess recebeu o grupo de sua maneira habitual. Ele se levantou quando a assembleia encheu sua cela e "ficou me encarando com seus olhos ardentes", lembrou-se Neave. "O olhar que ele lançou ao meu uniforme britânico era inamistoso... Então ele ergueu uma mão algemada em um estranho gesto de escárnio. Ele mostrou os dentes em um sorriso maldoso." Neave começou sua introdução formal, "Rudolf Hess?".

O prisioneiro não respondeu; Neave colocou a acusação formal na mão de Hess, então livre das algemas. Ele mencionou o direito do preso a um representante legal. "Posso me defender?" Ao lhe responderem que sim, Hess disse: "Então, quero fazê-lo". O prisioneiro fez nesse momento uma careta de dor quando uma de suas crises estomacais o afetou. Hess se deixou cair em seu catre e ficou balançando o corpo até a dor diminuir. Então ele se levantou novamente e perguntou se iria se confrontar com a justiça na companhia de seus colegas nazistas. Quando Neave disse que sim, Hess respondeu: "Não gosto de ser julgado com Göring". Ele retornou para um romance de Edgar Wallace que estivera lendo, e nesse momento o encontro se acabou.

O seguinte era Ribbentrop, e depois o resto. Ribbentrop reclamou que não conhecia nenhum advogado. A notícia da acusação formal abalou Rosenberg. Keitel, de chinelos, tentou bater os calcanhares. Jodl se agitou por causa de sua escolha de um advogado.

Walther Funk, o ex-ministro da Economia que sofria de problemas urinários, chorou e não se ergueu de sua cama quando o grupo entrou em sua cela. "Seja homem, Funk!", Andrus gritou para ele. Ley "ficou violentamente perturbado, rezando e resmungando, afirmando que era inocente e jurando que jamais iria enfrentar um julgamento por tais acusações", observou Kelley. Somente Dönitz parecia esperar a acusação formal, e calmamente ofereceu o nome do advogado que queria que o defendesse.

No fim de outubro de 1945, faltavam apenas quatro semanas para o começo do tribunal. Uma alteração nos membros da equipe do presídio era iminente. Aos vinte e seis anos de idade, John Dolibois decidiu que já havia passado tempo mais do que suficiente em contato com os nazistas e conversando com eles. Ele queria uma mudança, e disse para o coronel Andrus que desejava sair do presídio e voltar para sua base militar em Oberursel, na Alemanha. Andrus consentiu em liberá-lo de seus deveres como assistente social e auxiliar de Kelley, e Dolibois cumpriu tranquilamente os meses em que ainda deveria trabalhar na Europa como oficial no grupo de veículos militares. Ele iria voltar a Nuremberg algumas vezes para participar do julgamento, mas apenas como espectador. Tempos depois, Dolibois lamentou ter saído de Nuremberg. "Eu poderia me dar um chute por não ter ficado por mais tempo, ter me envolvido mais, feito história", declarou ele.

Seu substituto estava a caminho e chegaria durante a semana final de outubro. Ele, como Kelley, tinha planos para progredir profissionalmente explorando seu período no presídio, e já tinha um plano para transformar a posição em algo completamente novo: um emprego como psicólogo da prisão. Ele pouco sabia a respeito de Kelley e de seu trabalho em Nuremberg, e não tinha a menor ideia de que sua presença no presídio iria colocá-lo em conflito com o psiquiatra sênior.

6

O INTRUSO

Em 20 de outubro, dia em que os promotores Aliados entregaram para o tribunal suas acusações formais contra os prisioneiros, um homem atarracado com óculos de armação de metal e uma aparência de seriedade persistente chegou ao presídio de Nuremberg junto com uma nova leva de prisioneiros nazistas que seriam interrogados e julgados posteriormente. Era Gustave Mark Gilbert, de trinta e quatro anos, natural do Estado de Nova York, cujos pais, ambos judeus imigrantes da Áustria, fizeram questão de que crescesse bilíngue em alemão e em inglês. Ele havia defendido o doutorado em psicologia em Columbia em 1939 e servira como primeiro-tenente durante a guerra, tratando do que ele chamava de "soldados desajustados". Depois da rendição da Alemanha, trabalhou como oficial do serviço de informações. "Eu tinha testemunhado o colapso da máquina de guerra nazista e as evidências da barbárie nazista em lugares como o campo de concentração de Dachau antes do Dia da Vitória na Europa", ele escreveu. Os interesses profissionais de Gilbert em Nuremberg eram semelhantes aos de Kelley: "Eu tinha ficado naturalmente interessado em descobrir o que levou seres humanos a se juntar ao movimento nazista e a fazer as coisas que fizeram".

Até então, ir atrás desse seu interesse não dera muitos resultados positivos. Questionados sobre por que haviam cometido crimes como nazistas, os alemães de baixo escalão militar e os civis com baixo *status* social que ele interrogara previamente falavam apenas de seguir ordens e de não ter poder para fazer diferença. Gilbert esperava que seus líderes militares e políticos mantidos prisioneiros em Nuremberg pudessem oferecer informações mais esclarecedoras. Quando chegou ao presídio, substituindo Dolibois na função de assistente social e intérprete, ele se apresentou ao coronel Andrus e na mesma hora pediu para ter mais responsabilidades. Ele esperava tirar vantagem dessa oportunidade de se tornar o que chamava de "observador participante" para estudar e julgar os prisioneiros como um ser humano, não como um observador distante, um papel que ele considerava compatível com suas responsabilidades como psicólogo. "A psicologia, acima de tudo, diz respeito a aplicar o entendimento humano de modo científico... A única profissão que eu jamais encontrei que separa o papel de ser humano de sua atividade profissional", ele declarou, "foi o papel de membro das SS". Gilbert raramente mencionava que seu estudo acadêmico havia sido em psicologia social e que ele pouco sabia das aplicações clínicas da área. Ainda assim, por que desperdiçar seu treinamento em tarefas limitadas à tradução e a outros assuntos mundanos?

Ele perguntou para Andrus se um psicólogo poderia ser útil no presídio de Nuremberg. O comandante parecia não ter se dado conta do treinamento acadêmico de Gilbert; nas palavras de Dolibois, "com todo o respeito, Andrus não teria diferenciado um psicólogo de um sapateiro". Não obstante, ele logo aprovou o pedido de Gilbert. Gilbert foi trabalhar como psicólogo da prisão – uma nomeação que jamais se tornou oficial – sob a direção nominal de Kelley, embora os dois servissem em unidades administrativas diferentes e a autoridade de Kelley se devesse somente ao posto. Eles dividiam uma sala de trabalho.

Gilbert encontrou Dolibois no refeitório dos militares no presídio, onde Dolibois percebeu que o recém-chegado "mal podia esperar para trabalhar com os nazistas". E Gilbert já sabia o que ele queria fazer com sua pesquisa com os nazistas. "Desde o começo, ele não escondeu o fato de que iria escrever um livro", relembrou Dolibois.

"Suas atitudes em relação a esse fim se tornaram um pouco importunas – a busca constante por itens que pudessem ser citados e 'notícias' literais." Dolibois concordou em permanecer no presídio por alguns dias para ajudar Gilbert a se ajustar ao seu novo trabalho, que não tinha uma descrição ou uma classificação oficial, e para servir-lhe de guia. "Suponho que eu pudesse ter me identificado como 'psicólogo do presídio'", disse Dolibois, "por eu analisar o que aprendi interpretando para o dr. Kelley e por bisbilhotar pela prisão conversando com os detentos." Mas ele não considerava seu papel (ou o de Gilbert) particularmente importante.

Assim como Dolibois fizera, Gilbert assumiu a difícil responsabilidade de manter elevado o moral dos prisioneiros durante as visitas e as conversas. Ele se juntou ao seleto grupo de Kelley, de outros membros da equipe médica e da equipe de segurança ao ter acesso irrestrito aos altos dirigentes nazistas. A essas tarefas, Gilbert acrescentou a de trabalhar com Kelley e quaisquer especialistas visitantes no exame da mente dos prisioneiros. E, assim como Kelley, ele tinha de lidar com o conflito entre seus deveres como psicólogo, que pode receber confidências dos prisioneiros, e como membro do Exército, com a tarefa de monitorar os detentos e fazer relatórios sobre eles. Gilbert imediatamente entendeu que suas responsabilidades militares eram muito importantes. "Havia apenas uma limitação nisso", ele explicou anos mais tarde, quando foi testemunha no julgamento de Adolf Eichmann em Israel, "e era o fato de que, como os nazistas ridicularizavam e amaldiçoavam uns aos outros pelas costas, eles às vezes me pediam que, por favor, não dissesse nada a respeito disso para os outros até o julgamento ter terminado. Eu mantive o segredo." Gilbert negou por muito tempo, contudo, que trabalhasse para reforçar os casos da equipe de promotores do tribunal. Ele não servia "nem sob o comando do conselho de defesa nem da promotoria. Eu era parte da equipe do presídio, e, naturalmente, tão objetivo quanto é humanamente possível ser em tais circunstâncias", disse ele.

Gilbert continuou a fazer seu serviço na prisão com energia e eficiência. Sua fluência em alemão fez com que muitos dos detentos aceitassem bem conversar com ele. Ele não tomava notas na presença dos réus, mas, logo em seguida, escrevia em detalhes em seu diário pessoal a respeito de cada um de seus encontros com os nazistas, incluindo longas citações diretas. Os prisioneiros ignoravam a transcrição de suas conversas. O objetivo final de Gilbert, assim como o de Kelley, era o de valorizar "o próprio julgamento como um veículo para examinar o sistema nazista e os homens que o criaram". Gilbert também admitiu que anotava suas conversas com os prisioneiros "porque uma parte delas era tão incrível que eu sentia que precisava ter uma transcrição dessas pessoas, porque meus colegas jamais iriam acreditar em mim". Ele esperava em primeiro lugar ficar familiarizado com os prisioneiros e colher suas reações pessoais às acusações formais que lhes haviam sido feitas. Depois disso, Gilbert desejava aplicar neles uma nova bateria de testes psicológicos que poderiam lançar uma luz sobre suas psiques.

Ele não contou imediatamente para os prisioneiros que era judeu. Ele desejava testar a alegação dos ideólogos nazistas de que eram capazes de reconhecer judeus na mesma hora. "Nenhum deles foi capaz", disse ele, incluindo Streicher, que então já havia falhado duas vezes – com Gilbert e Triest – e cuja fé na infalibilidade de seus instintos raciais também o levou a identificar erroneamente como judeus alguns dos juízes selecionados para o tribunal. Quando Gilbert finalmente permitiu que os alemães soubessem que ele era judeu, muitos declararam não se importar, e responderam que "eles nunca tinham tido nada pessoal contra os judeus, que tudo isso era uma tolice ideológica, e que alguns de seus melhores amigos tinham sido judeus". Somente Streicher e Rosenberg demonstraram certo nervosismo depois da revelação de Gilbert.

O recém-chegado, um ano mais velho que Kelley, ameaçou o psiquiatra. Apesar de Kelley ter descoberto que Dolibois poderia ser útil, por ter um treinamento rudimentar em psicologia, ele não queria um doutor em psicologia ao seu lado. Kelley já tinha completado todos os testes psicológicos dos prisioneiros de que necessitava. Ele achou que a repetição dos testes iria dar resultados menos precisos do que a rodada inicial dera, e acreditava sinceramente que sua capacidade profissional para administrar e interpretar os testes era maior que a de Gilbert.

Kelley também suspeitava de que Gilbert não tivesse autoridade profissional e iria ter trabalho para desenvolver um relacionamento com os prisioneiros. Finalmente, no entanto, Kelley aceitou a designação do psicólogo feita por Andrus, porque viu em Gilbert "um homem jovem cuja carreira poderia ser beneficiada por ele estar lá", Dukie recordou depois. "Doug fazia esse tipo de coisa com frequência."

* * * * * *

Juntos, Kelley e Gilbert visitaram Robert Ley na cela número 11 no dia 23 de outubro. O prisioneiro estava caminhando de um lado para outro, perturbado. Ele lamentou sua incapacidade de se defender de crimes sobre os quais nada sabia e repetiu sua alegação de que ele e Hitler haviam apenas trabalhado para o bem de seu país. Então Ley se encostou à parede e estendeu os braços como um homem preso a uma cruz. Suplicou para ser fuzilado ali mesmo, em vez de ter de enfrentar um julgamento como criminoso comum. Kelley escreveu uma atualização da condição psiquiátrica de Ley para Andrus e William Donovan, membro da equipe de promotores. Descreveu o detento como excitável, emocionalmente instável e deprimido. Não havia porém sinais de psicose. Apesar dos danos no lobo frontal que Kelley suspeitava que Ley houvesse sofrido, ele declarou que Ley era legalmente competente, equilibrado e responsável por suas próprias ações. Kelley observou que Ley estivera ocupado se preparando para sua iminente defesa no tribunal e que, apesar dos temores prévios do psiquiatra de que Ley pudesse atentar contra a própria vida, ele então "não apresentava sinais de intenções suicidas".

Na noite seguinte, perto das 20h15, um guarda deu sinal de alarme no corredor da cela. Ley havia secretamente fabricado um nó corrediço com a borda de uma toalha e o zíper de sua jaqueta, mergulhado os nós na água para fazer com que eles ficassem firmes e amarrado a ponta dessa corda improvisada ao redor do cano de seu vaso sanitário. Ele então encheu a boca com sua própria roupa de baixo, para evitar gritar, e se abaixou até a altura do vaso sanitário. Inclinando-se para a frente, ele se asfixiou. Como a área do banheiro ficava fora do campo de visão do guarda e Ley era baixo o suficiente para não ser visto quando estava sentado, foram necessários vários minutos para que a sentinela percebesse que havia algo errado. Quando foi descoberto, Ley estava inconsciente, caído sobre o vaso sanitário. Dolibois, em suas últimas horas como membro da equipe do presídio, estava entre os primeiros que entraram correndo na cela. "O corpo sem vida do outrora líder da Frente Alemã para o Trabalho jazia sentado no pequeno vaso sanitário, as pernas estendidas rígidas, a face extremamente vermelha, os olhos saltados", ele recordou. O dr. Pflücker chegou rapidamente, mas suas tentativas para ressuscitar o prisioneiro com respiração artificial fracassaram, e aos cinquenta e cinco anos de idade Ley foi declarado morto às 20h35. Os prisioneiros nas celas próximas continuaram dormindo ou fingindo dormir.

"Tal morte é ao mesmo tempo lenta e dolorosa", Kelley escreveu. "Ela demonstrou a imensa vontade de Ley de morrer." Alguns entre os norte-americanos acharam graça no acontecimento. Quando Drexel Sprecher, membro da equipe de promotores, chegou para trabalhar na manhã seguinte, deparou com uma procissão de tradutores marchando pelos escritórios com fingida solenidade. "Eles estavam tentando cantar baixinho uma marcha fúnebre e fazendo um péssimo serviço", ele lembrou. Em uma conversa particular, Andrus declarou quanto o suicídio de Ley o havia afetado. "Que modo de morrer", disse ele para um dos membros da equipe de promotores, "estrangulado com as próprias cuecas sobre seu monte de excremento".

O suicídio continuou a ser um grande constrangimento para Andrus e os norte-americanos. Andrus imediatamente reforçou a segurança no presídio. Antes, um guarda havia sido designado para observar cada grupo de quatro celas contíguas dos altos dirigentes nazistas, garantindo o monitoramento de cada prisioneiro em intervalos de trinta segundos. Agora, havia um guarda na frente de cada cela, vinte e quatro horas por dia. Os guardas ficavam nos postigos continuamente. Um suicídio como o de Ley, observou Andrus, "não poderia acontecer de novo". Além do mais, depois de ter chegado para uma das testemunhas do julgamento um pacote contendo um kit para suicídio, incluindo um frasco com cianureto com agulhas e seringa, a prisão parou de aceitar todos os pacotes com roupas e comida destinados aos prisioneiros.

Os altos dirigentes nazistas presos receberam a notícia da morte de Ley individualmente em suas celas no dia 29 de outubro. "Foi muito bom", disse Göring para Kelley. "Eu tinha minhas dúvidas a respeito do modo como ele iria se comportar no julgamento. Ele provavelmente teria feito um papelão e teria tentado fazer um discurso fantástico e bombástico. É muito bom que ele tenha saído do caminho."

A reação de Kelley à morte de Ley foi igualmente destituída de empatia. Ele classificou o suicídio de uma circunstância imprevista favorável, porque Ley "jamais poderia ter sido julgado de modo adequado... Ele estava abalado demais para tal. Então, Robert Ley fez um favor ao mundo quando se enforcou – e me fez um favor pessoal, porque o cérebro dele era o único que eu suspeitava que tivesse uma lesão orgânica".

E Kelley estava atrás daquele cérebro, que, segundo disse o psiquiatra, de modo um tanto leviano, Ley havia "com muita gentileza... deixado disponível para um exame *post-mortem*". Esperando que um estudo do órgão fosse confirmar seu diagnóstico de lesão orgânica inspirado pelo teste de Rorschach e lançar uma luz na deterioração de Ley, Kelley descobriu um colega do Exército, o patologista Najeeb Klan, que concordou em remover o cérebro do morto no necrotério de Nuremberg. Kelley então o enviou para uma estranha viagem. Um soldado raso portando uma caixa quadrada de madeira com o rótulo "especiarias" logo apareceu no Posto de Correios 124 do Exército. O soldado queria que ela fosse enviada por via aérea e registrada para o Gabinete do Ministro da Saúde em Washington, DC. Os funcionários dos correios acharam que era um modo muito caro de enviar uma caixa de especiarias. "Cérebro de Robert Ley", o soldado confidenciou secamente, conforme citado em um artigo publicado por um jornal militar norte-americano, do qual Kelley enviou um recorte para Webb Haymaker, um neuropatologista que trabalhava no Instituto de Patologia do Exército.

Haymaker era o destinatário do pacote disfarçado. Seu exame do cérebro mostrou um "prolongado processo degenerativo dos lobos frontais" na região que Kelley previra que estivesse lesionada, uma descoberta que o estudo microscópico confirmou. O relatório do patologista sobre o cérebro de Ley deixou Kelley exultante. "Vou ser eternamente grato a Robert Ley por me proporcionar isso", disse ele.

O júbilo de Kelley foi prematuro. Em 1947, Haymaker enviou amostras do cérebro de Ley para patologistas na Langley Porter Clinic em San Francisco para uma segunda opinião. O exame feito lá não produziu conclusões evidentes de lesão orgânica. Haymaker mandou as notícias para Kelley em uma carta naquele mês de dezembro: as anormalidades no cérebro de Ley "eram de escopo menor do que tínhamos a princípio acreditado. Pessoalmente, acho que seria melhor se deixássemos tudo isso de lado, já que o grau de mudança [no cérebro] poderia estar sujeito a uma diferença de opinião".

******

Gilbert havia aprendido a aplicar o teste de Rorschach em Columbia, mas não estava muito interessado na avaliação. Ele no entanto compreendia o seu valor, e apresentou os borrões de tinta aos nazistas que Kelley ainda não havia testado e tornou a testar outros. A repetição do teste de Rorschach com Göring levou a uma interpretação diferente da de Kelley. Gilbert determinou que os resultados de Göring "traíam a mediocridade qualitativa de seu intelecto". Embora o Marechal do Reich descrevesse uma grande quantidade de atividades humanas e animais nos borrões de tinta, Gilbert detectou uma falta de originalidade nas respostas de Göring que "revelava seu realismo superficial e prosaico, em vez de uma inteligência extremamente criativa". Em outras palavras, Göring era esperto e cínico, mas não um gênio. Gilbert também rotulou Göring como deprimido e depravado.

Dois avaliadores do Rorschach, duas interpretações muito diferentes: por quê? Kelley via imaginação, poder e ousadia nas respostas de Göring, provavelmente porque o psiquiatra formara um vínculo pouco comum com ele durante seus meses de contato quase diário. Em qualidades como autoconfiança, teimosia, dedicação ao trabalho e concentração em si mesmo, os dois homens eram parecidos. Ambos almejavam se destacar em suas áreas e eram hábeis manipuladores de outras pessoas. Sem saber disso, Kelley se identificava com Göring. Gilbert não sentia nem um pouco desse vínculo e via seu paciente com mais frieza.

Gilbert também tornou a testar Hess com o Rorschach, encontrando falta de emoção, de empatia e de maturidade nas breves respostas de Hess. O prisioneiro nunca via criaturas vivas de nenhuma espécie nos borrões de tinta, descrevia poucos movimentos e percebia "detalhes sem vida" nas imagens. "Tudo isso sugere impotência e falta de vitalidade em seus recursos mentais", concluiu Gilbert, e ele notou "a personalidade [de Hess] excessivamente retraída com uma compreensão muito tênue da realidade".

O psicólogo embarcou em outra série de testes dos prisioneiros usando uma tradução alemã do Teste de Quociente de Inteligência para Adultos Wechsler-Bellevue, uma bateria de testes de memória, verbais, matemáticos e conceituais. Esses testes deram aos nazistas tarefas como montar quebra-cabeças, descobrir partes que faltavam em figuras e trocar números por símbolos. Göring aceitou o desafio com ardor, "se comportando como um menino de escola inteligente e egoísta, que estava ansioso para se exibir na frente do professor", recordou Gilbert. Quando Göring não conseguiu se lembrar de uma série de números de nove dígitos, depois de vencer outros desafios para a memória, ele deu um soco no catre e exclamou: "*Ach*, vamos, me dê outro... eu consigo fazer isso!". Quando o Marechal do Reich foi bem-sucedido na outra tentativa, para evidente surpresa de Gilbert, Göring "mal conseguia se conter, de tanto orgulho e felicidade". Göring considerou os exames psicológicos norte-americanos "muito melhores do que as coisas com que nossos psicólogos andaram perdendo tempo". (Keitel também reclamou com Gilbert a respeito da "imensa bobagem" a que os psicólogos militares alemães recorriam durante as avaliações dos membros da Força de Defesa; ele havia suprimido os testes deles depois de seu próprio filho ter fracassado na avaliação para candidato a oficial.) Assim como Kelley, Gilbert logo aprendeu que apelar para a vaidade e os anseios do prisioneiro em causar boa impressão fazia surgir o trabalho duro e o entusiasmo de Göring.

Usando uma fórmula de pontuação que levava em conta a falha gradual do funcionamento cerebral que ele considerava provável surgir com a idade, Gilbert apareceu com resultados de QI que colocavam os altos dirigentes nazistas bem acima da média em acuidade mental. O banqueiro Schacht liderava o grupo, com uma pontuação de 143, seguido por Arthur Seyss-Inquart, com 141, Göring e Dönitz, com 138, Papen, com 134, Frank e Schirach, com 130, Ribbentrop, com 129, Rosenberg, com 127, Hess, com cerca de 120, e Streicher, no fim da fila, com 106. Como era de se esperar, Göring ficou decepcionado por não ter sido o primeiro colocado. O desempenho medíocre de Streicher não surpreendeu ninguém.

Gilbert tentou outras avaliações psicológicas, incluindo um teste que pedia aos prisioneiros que formassem uma charge coerente a partir de imagens em uma série de cartões (que nenhum dos nazistas conseguiu descobrir), o Teste de Apercepção Temática (ao qual Hess respondia com variações de "não sei dizer" e "me dá sono só de ficar olhando para isso"), e exercícios para arrumar troco para compras imaginárias de selos postais, que confundiu Streicher e, surpreendentemente, Schacht. "Qualquer mago das finanças que seja bom em aritmética é provavelmente um trapaceiro", disse Schacht, minimizando seus erros. Gilbert acabou concluindo que pessoas bem-sucedidas em qualquer campo de atividade – incluindo a administração de um regime fascista – provavelmente teriam uma inteligência acima da média. Embora ele considerasse que todos aqueles homens seriam espertos o suficiente para ter o bom senso de não autorizar crimes de guerra e atrocidades, Gilbert também sabia que "o QI não significa nada além da mera eficiência intelectual da mente, e nada tem que ver com o caráter ou a moral, nem com as inúmeras outras considerações que entram na avaliação da personalidade". Sem se impressionar com os altos níveis de QI, Andrus não considerava os nazistas nem mesmo particularmente espertos: "A partir do que tenho visto deles como inteligência e caráter, eu não deixaria que um desses super-homens fosse promovido a sargento em meu esquadrão", disse ele.

Embora Kelley, um major, tivesse um posto mais elevado que o de Gilbert, um tenente, Gilbert andava por todo o presídio, examinava os réus, e dava conta de suas tarefas com bastante independência do psiquiatra. Eles às vezes não compartilhavam seus dados e pareciam raramente ter consultado um ao outro. Em certo momento, entretanto, Kelley mencionou para Gilbert a possibilidade de tirar vantagem do acesso privilegiado que tinham aos prisioneiros para que colaborassem em um livro sobre o funcionamento da mente nazista. O prestígio associado à apresentação dessas informações para o mundo seria imenso, os dois homens acreditavam, e eles concordaram em compartilhar a glória em um volume único. A parceria não iria acontecer conforme eles planejaram.

* * * * * *

Diferenças nas personalidades e nas abordagens faziam com que alguns prisioneiros preferissem Gilbert a Kelley e vice-versa. O fato de Gilbert ser judeu fez com que alguns nazistas ficassem nervosos. Outros preferiam o fato de ele ser muito prestativo e sua personalidade energética. Depois de seu exame de QI com Gilbert, Hans Fritzsche confidenciou para o psicólogo sua certeza de que ele acabaria na prisão. "Não seria tão ruim se a gente pudesse sentir que estava morrendo de uma morte honrosa, como um sacrifício para proteger a honra da Alemanha", disse Fritzsche. "Mas morrer na vergonha, com o desprezo do mundo inteiro sobre nossas cabeças – *Pfuiteufel!* Isso é doloroso!" Gilbert anotou que ouviu sem retrucar, notando que os cabelos do nazista estavam ficando grisalhos. Franz von Papen, o ex-vice-chanceler alemão, não gostava nem de Kelley nem de Gilbert, e reclamava dos "cavalheiros que se diziam psiquiatras [e psicólogos];... poucos deles davam a impressão de ter quaisquer qualificações científicas genuínas".

Göring, por outro lado, preferia o profissionalismo direto de Kelley ao que ele via como a hostilidade manipuladora de Gilbert. Para muitos de seus interrogadores e membros da equipe do presídio, ele expressava sua insatisfação com a legalidade e a moralidade do Tribunal Internacional, embora acabasse por escolher um advogado de defesa, Otto Stahmer, um ex-juiz alemão que declarava estar certo de que Göring era completamente inocente de todas as acusações. Para Kelley, entretanto, Göring confessou outras preocupações. Cinco dias depois da última missão de Kelley como portador de cartas para Emmy, a esposa de Göring havia sido presa em sua residência em Valdenstein, suspeita de ser cúmplice do marido no roubo de objetos de arte. Ela foi mantida em um campo de internamento para civis em Straubling, perto de Regensburg. Sua filha Edda foi separada da mãe e enviada junto com a babá para uma instituição em Neuhaus, dirigida por freiras católicas, com aproximadamente 16 quilômetros separando-as, e sem permissão de manter contato. Emmy se referiu a essa ocorrência como "um dos dias mais sombrios de minha vida. Fui forçada a me separar de minha filha sem nem saber onde ela iria dormir aquela noite". A caminho de Straubling, Emmy colocou uma bala de hortelã na boca, fazendo com que os oficiais norte-americanos entrassem em pânico. Eles acharam que ela havia ingerido veneno.

A separação da família foi um ultraje para Göring, que, uma vez mais, mencionou a promessa de que sua família seria bem cuidada. A separação de mãe e filha não foi um bom cuidado, insistia o Marechal do Reich. Ficar separada de sua filha atormentava Emmy, e sete semanas se passaram antes de ela ter qualquer notícia de Edda. Kelley fez um relato dessa quebra de promessa para Andrus, e sua intervenção deu certo. A ansiedade de Göring em relação à família estava prejudicando "sua saúde física e mental", Andrus escreveu para o general comandante do Terceiro Exército norte-americano, que havia detido Emmy. Cinco semanas mais tarde, no dia 24 de novembro, o diretor do campo onde Emmy estava entrou no quarto dela e anunciou "Edda está aqui". Elas choraram de alegria com o encontro, mas Edda era agora a companheira de cela de sua mãe. Um ex-oficial da Força Aérea surrupiou um colchão de palha para a menina. Göring sentiu-se grato e feliz quando soube da notícia. Ele dera um jeito de fazer com que uma de suas cartas fosse contrabandeada para fora do presídio de Nuremberg e chegasse às mãos de Emmy, entregue a ela em segredo pela trabalhadora que servia suas refeições. Como quer que ele tenha conseguido isso, era um sinal, completamente ignorado pelos seus guardas, de que as paredes do presídio de Nuremberg eram permeáveis.

Göring continuou a compartilhar reminiscências com Kelley, incluindo admissões mais sinceras sobre seu relacionamento com Hitler e os outros acusados. Quando Hitler nomeara Göring seu sucessor oficial durante os primeiros anos de guerra, "Eu fiquei satisfeito, embora isso tivesse sido apenas o que eu esperava", disse Göring. "Mas eu fiquei furioso com o fato de Hitler ter nomeado aquele incompetente do Hess para ser meu sucessor. Eu disse isso para Hitler, também, e fiz um barulhão." Göring fez uma pausa em sua narrativa para se inclinar para a frente em seu catre, apoiar as mãos nos joelhos e encarar Kelley. "Sabe o que Hitler disse?", prosseguiu ele. "Ele disse: 'Ora, Hermann, seja sensato. Rudolf tem sido leal, ele trabalha duro, eu preciso recompensá-lo, então, dou para ele esse reconhecimento público. Mas, Hermann, quando você se tornar Führer do Reich – hum! Você pode botar Hess para fora e designar seu próprio sucessor.'" Os olhos de Göring brilharam no fim dessa história, sua excitação a respeito da possibilidade de exercer o poder se reacendendo apesar de ele estar encarcerado.

Durante outra conversa, Göring fez para Kelley um relato de sua decisão de se juntar ao Partido Nazista no fim da Primeira Guerra Mundial. Göring alegou ter examinado cuidadosamente os inúmeros grupos de direita que estavam então surgindo na Alemanha e se aliou aos nacional-socialistas por eles atraírem os militares veteranos que estavam insatisfeitos com os termos do Tratado de Versalhes. Com esses veteranos entre os seus membros, o Partido Nazista controlou forças suficientes para organizar um *putsch*, o que ele fez em Munique em 1923. O antissemitismo dos nazistas pareceu para Göring uma isca útil para potenciais partidários com descontentamentos mais enraizados emocionalmente do que a mera imposição de um tratado de paz ofensivo. "O senhor vê que eu tinha razão", Göring disse para Kelley. "As pessoas se juntaram a nós, os velhos soldados eram leais a nós – e eu me transformei no chefe da nação." Então o Marechal do Reich pareceu se lembrar de que sua ascensão ao cargo de Führer jamais havia acontecido de verdade, e quase lhe custara a vida. "Tarde demais, o senhor diria?", prosseguiu ele. "Mas talvez não. Seja como for, eu cheguei lá."

Era uma declaração digna de um McGlashan, e ela deve ter encontrado eco nos ouvidos de Kelley. Göring parecia ter sugerido que sua ascensão ao topo da pirâmide nazista, uma promoção prometida que ele esperava que se concretizasse depois do suicídio de Hitler, mas que jamais ocorrera, ainda poderia ter um valor futuro para ele, apesar de sua certeza de que os Aliados acabariam sentenciando-o à morte. "O senhor sabe que eu posso ser enforcado. Estou pronto. Mas estou decidido a entrar para a história da Alemanha como um grande homem. Se eu não for capaz de convencer a corte, pelo menos irei convencer o povo alemão de que tudo que fiz foi pelo Grande Reich Alemão. Em cinquenta ou sessenta anos haverá estátuas de Hermann Göring por toda a Alemanha. Estátuas pequenas, talvez, mas uma em cada lar alemão."

A perspectiva da morte não o perturbava, explicou. Como comandante militar que havia enviado inúmeros homens para a morte em batalha, ele sempre aceitara a possibilidade de se defrontar com o inimigo em campo. Agora que estava nas mãos dos Aliados, Göring planejava "fazer críticas", causar tanto estrago quanto fosse possível no seu caminho para a forca. "Eu não reconheço a jurisdição legal desse julgamento, mas já que eles têm o poder de fazer valer a sua vontade, estou preparado", se vangloriou ele, "para dizer a verdade e me defrontar com qualquer coisa que possa acontecer". Sua abordagem, ele insistia, era prática, a consequência de seu preparo e de sua experiência como soldado e alguém que incitava guerras.

Entretanto, seria realmente prático, para um homem que se considerava um líder reverenciado, deixar seu pescoço disponível para a corda do carrasco? Göring parecia se sentir inseguro a respeito de ser justo seu atual aprisionamento. Quando confessou para Kelley seu temor de que o destino poderia frustrar os melhores planos de homens que haviam tentado controlar seu futuro, Kelley chamou a admissão de "a única vez em que eu jamais vi Göring perceber que ele sozinho não poderia enfrentar e, talvez, conquistar o mundo inteiro".

Certamente o nazista criticava ferozmente seu aprisionamento e o julgamento vindouro como uma injustiça possível somente como parte da pilhagem de vitória dos Aliados, mas ele estava muito mais feliz deitado em seu catre por trás das grades do que pensando na perspectiva de um Hitler ainda vivo ocupando uma cela adjacente. "Não foi covardia de Hitler cometer suicídio", afirmava Göring. "Afinal, ele era o chefe do Estado alemão. Para mim, seria completamente impensável ter Hitler sentado em uma cela igual a esta esperando o julgamento como criminoso de guerra perante um tribunal estrangeiro. Embora me odiasse no fim, ele era para mim, afinal de contas, um símbolo da Alemanha... Eu preferiria sofrer quaisquer consequências a ter Hitler vivo como prisioneiro perante uma corte estrangeira." Göring já pensava em suicídio como uma escolha legal quando a honra e a dignidade nacionais fossem atacadas.

Kelley havia concluído que as negativas de Göring sobre ser homossexual – um rumor a que as acusações de Streicher haviam dado nova vida em 1940 – eram plausíveis. "Ele naturalmente negava quaisquer perversões, e a observação psiquiátrica e as conversas independentes com outros prisioneiros que haviam conhecido Göring pareciam dar-lhe razão", observou Kelley. O que, então, explicava a energia sexual que Göring projetava, e sua absorção em sua própria aparência, roupas e físico? "Ele provavelmente sublimava seu impulso sexual dirigindo-o ao trabalho duro, o que lhe dava essa capacidade incrível de se manter ativo dezoito horas por dia", escreveu Kelley. "Sem dúvida, a ambição tinha precedência sobre o 'amour'. Entretanto, sua vida doméstica era feliz, e a devoção entre Göring e sua segunda esposa parecia satisfatória para ambos."

Contudo, Kelley ficou sabendo que considerações pessoais às vezes derrotavam a lealdade de Göring para com Hitler e a política nazista. Certo dia, Göring falou para Kelley e o tradutor Triest a respeito de seus esforços para auxiliar a família da enfermeira judia que o ajudara a se recuperar de seus ferimentos depois do *putsch* de Munique em 1923. Anos depois de ter se beneficiado dos cuidados dela, ele deu continuidade à papelada que permitiu à sua família se mudar para a Inglaterra e escapar da perseguição nazista. Göring deixou claro que essa havia sido uma decisão individual, que não fazia a menor diferença sobre sua opinião geral a respeito dos judeus ou do papel desempenhado por eles na sociedade alemã.

Para Kelley, as confidências de Göring confirmavam que o líder nazista ansiava por atenção e precisava dela para elevar seu estado de espírito. Ele admirava a prontidão de Göring em assumir responsabilidade por suas ações e a energia com que ele se defendia, mas nunca perdia de vista as piores características do Marechal do Reich. "Göring não mudou nem um pouquinho", ele disse para jornalistas meses mais tarde. "Ele ainda é o mesmo fanfarrão presunçoso, vaidoso e arrogante que sempre foi. Ele já se convenceu de que vai ser morto mesmo; então, está ansioso para ser considerado o nazista número um, um tipo curioso de compensação."

* * * * * *

Hess ainda hesitava entre a amnésia e a lucidez. No dia 30 de outubro de 1945, ele alegou não se lembrar do conteúdo dos pacotes de comida que havia trazido com tanto cuidado da Inglaterra para Nuremberg. "Ele admitiu prontamente que a escrita em cada pacote era com a sua letra, e identificou vários documentos, mas parecia se contentar em simplesmente dar uma olhada neles, identificar sua letra e devolvê-los", escreveu Kelley. "A única explicação dele para a tarefa de embalar e fechar a que ele se dedicara por tanto tempo era: 'Com certeza, parece ser um jeito bom de passar o tempo.'" Algumas semanas mais tarde, as autoridades tentaram atiçar sua memória mostrando-lhe noticiários a respeito dele e de seus corréus participando de eventos e comícios nazistas. Algemado a dois guardas e colocado em uma parte da sala de projeção improvisada do presídio, onde as luzes revelariam as emoções que transparecessem em seu rosto, Hess foi observado pelo promotor-chefe Jackson, pelo assistente especial Donovan e pelo interrogador coronel John Amen, junto com Kelley e outro psiquiatra norte-americano levado lá para prestar consultoria. Os filmes começavam com uma trilha sonora de música wagneriana que ficava cada vez mais forte. Hess se inclinou para a frente e se levantou quando, na tela, ele pronunciou um discurso com voz forte e o finalizou com um clamoroso *Sieg Heils*, para visível satisfação do Führer. Hess voltou a se sentar e se acalmou durante a exibição de imagens de Göring, Ley e Streicher. As luzes aumentaram, e Hess deixou um minuto se passar antes de falar. "Reconheço Hitler e Göring", disse ele. "Reconheço os demais, mas somente por ter ouvido os nomes deles sendo mencionados, e por ter visto os nomes deles nas celas neste presídio." Ele disse que não se lembrava de ter estado presente em nenhum dos eventos filmados. "Devo ter estado lá porque obviamente eu estava lá. Mas não lembro."

Kelley não estivera olhando a tela. Ele olhava fixamente para as mãos de Hess, nas quais o prisioneiro inconscientemente revelava sua tensão, "fechando as mãos com força, algo bem visível para qualquer um que estivesse procurando esse sintoma", o psiquiatra escreveu. "Ele certamente reconhecia algumas das cenas mostradas naquele filme, embora negasse terminantemente. Ele percebia sua tensão interior e talvez reconhecesse sua manifestação no ato de fechar os dedos."

À medida que o começo do julgamento se aproximava, a promotoria se preocupava com os estragos que um Hess desequilibrado poderia causar se desse um testemunho que chamasse a atenção para os sintomas de seus problemas mentais e não fosse capaz de ajudar em sua própria defesa. Para confirmar que Hess estava em condições de ser levado a julgamento, os Aliados convocaram dois especialistas para revisar os relatórios psiquiátricos e examinar pessoalmente o prisioneiro. Os especialistas eram Nolan D. C. Lewis, um conhecido psicanalista que dirigia o Instituto Psiquiátrico de Nova York e era editor do *Journal of Nervous and Mental Disease and Psychoanalytic Review* [Revista de Doenças Nervosas e Mentais e Suplemento de Psicanálise], e Donald Ewen Cameron, um psiquiatra nascido na Escócia e que era então professor na Universidade McGill em Montreal e que depois ficou famoso por fazer pesquisas relacionadas ao controle da mente e modificação do comportamento para a CIA.

Lewis e Cameron passaram muitas horas com Hess, levando Gilbert como tradutor. Eles pegaram informações com Kelley, Andrus e outros que haviam passado tempo com Hess. Em um relatório de oito páginas, eles concordaram com a declaração de Kelley de que Hess era equilibrado e não um psicótico. A amnésia do prisioneiro, eles descobriram, era inconsistente. Mesmo quando alegava não se lembrar de ter encontrado certas pessoas ou de ter lido livros específicos, ele era capaz de se lembrar de determinados acontecimentos e ideias relacionados a essas pessoas e a esses livros, e inexplicavelmente acessava outras lembranças das mesmas épocas e lugares. O exame dos psiquiatras sugeriu que "uma parte da perda de memória é simulada, e é provável que a parte histérica ou inconsciente seja bastante superficial". As respostas reflexivas de Hess "eu não sei" e "eu não lembro" para tantas perguntas provavelmente foram "originalmente desenvolvidas de modo consciente como uma medida protetora durante um período de estresse... [e] passaram a ser habituais e, portanto, passaram a ser em parte inconscientes".

Em outras palavras, Hess fingira esquecer acontecimentos passados para deixar sua vida mais fácil durante o início de seu cativeiro na Inglaterra, e continuara a não se lembrar deles – às vezes inconscientemente e de modo habitual – durante sua permanência em Nuremberg. Embora inicialmente fingisse sua amnésia, pelo menos uma parte dela poderia não ser mais fingida. E Hess não tinha motivação naquele momento para trazer suas lembranças de volta. Ainda instável e ansioso, "ele obviamente desejava conservar a amnésia", os psiquiatras declararam. Em entrevistas para a imprensa, Kelley comparou a memória de Hess a um membro atrofiado que havia perdido o tônus muscular, um corpo de água salpicado de ilhas de esquecimento e um oceano coberto de gelo no qual a abertura "dos canais corretos [faz com que] esses '*icebergs*' se derretam".

Os médicos continuaram insistindo com Hess. No total, três psiquiatras soviéticos, um francês, três ingleses e mais um norte-americano esquadrinharam o misterioso prisioneiro. Os médicos ingleses acharam que ele era equilibrado o suficiente para compreender as acusações feitas contra ele e os procedimentos do tribunal. A amnésia dele, no entanto, representava um obstáculo para trabalhar com seu advogado e montar a sua defesa. Um grupo russo e francês concordou, achando que Hess "não era insano no sentido exato da palavra".

Kelley continuava a insistir que Hess era verdadeiramente amnésico, mas que boa parte de seu esquecimento resultava de "um bloqueio grande e voluntário". Ele predizia que a amnésia desapareceria por si só, durante o julgamento ou depois dele. Considerando o aspecto parcialmente intencional da deficiência de Hess, o tribunal assumiu a responsabilidade de determinar se ele deveria ir a julgamento. Kelley acreditava que o melhor procedimento seria o de julgar Hess e então pedir uma opinião psiquiátrica se uma sentença de morte, caso ela fosse decretada, seria justificável para alguém no seu estado mental.

Embora permitisse os repetidos exames psiquiátricos de Hess, Andrus não queria que outros réus nazistas passassem pelo mesmo escrutínio médico. Antes da chegada de um psiquiatra para ver Hess, Andrus advertiu que "ele não teria a permissão de realizar exames em outros prisioneiros. Todos os outros prisioneiros gozam claramente de boa saúde mental e exames especiais não são desejáveis, já que tais exames sugerem um interesse indevido pela condição mental do prisioneiro, uma situação que deveria ser evitada". Por sua própria resolução, descaradamente destituída de bases médicas, Andrus – que desdenhosamente observou que Hess certa vez respondera com firmeza "não", ao invés de "eu não lembro", quando lhe perguntaram se ele havia estudado astrologia – considerava Hess uma fraude incorrigível. "Eu conseguia ver quem ele era e ele sabia disso", escreveu o comandante. "Eu lhe disse mais de uma vez que aquilo não era uma coisa muito digna para um homem fazer." Hess respondia com silêncio ou balançando a cabeça e repetindo que não se lembrava de nada.

O próprio Hess se interessou por diagnóstico médico, embora sua abordagem não fosse ortodoxa. Certo dia, inopinadamente, ele perguntou para Kelley: "O senhor conhece os estudos sobre o tamanho da pupila dos olhos?". Kelley respondeu que tinha familiaridade com a expansão ou contração da pupila para permitir que mais ou menos luz entrasse nos olhos.

"Ele me interrompeu um tanto desdenhoso, já que eu claramente não sabia o que ele estava querendo dizer", recordou Kelley. Hess disse: "Eu estou me referindo à ciência do diagnóstico baseado no tamanho e formato da pupila. O senhor não ouviu falar disso?".

Kelley não ouvira nada a respeito disso. "Ela não foi realmente aceita por médicos na Alemanha, também", prosseguiu Hess, "mas um cientista – ele não era um médico – e eu a estudamos por muito tempo. Pela alteração na pupila, pode-se dizer não apenas o que está errado com a pessoa, mas também onde se localiza a doença".

Quando Kelley manifestou ceticismo, os modos de Hess imediatamente se tornaram mais frios. "Eu entendo muito bem que um médico norte-americano não iria acreditar nisso", disse ele, "mas é verdade. Até mesmo eu sou capaz de fazer isso um pouco". Hess então olhou fixamente nos olhos de Kelley como um Svengali nazista, "e, por uns instantes, eu tive medo de que ele fosse me rotular com alguma doença", admitiu Kelley. "Aparentemente, tudo que ele descobriu foi descrença, porque deu a entender que a conversa havia terminado."

Kelley se deparou com um enigma de tipo diferente em Ernst Kaltenbrunner, o oficial de mais alto escalão das SS em cativeiro, com sua face cheia de cicatrizes e maxilar quadrado. Kaltenbrunner, cuja *persona* perigosa se fizera em pedaços nos períodos de depressão e crises de choro na prisão, estava apavorado com a perspectiva de um julgamento. O psiquiatra o considerava um suicida em potencial, um "menino chorão que está convencido de que 'todo mundo caçoa de mim'... A dureza de caráter que o marcou como carrasco havia sido substituída por essa personalidade fraca, soluçante, que procurava com ansiedade garantias para seu futuro". Kelley reconheceu a reação de Kaltenbrunner ao estresse como algo comum a pessoas agressivas, que demonstram dureza quando as coisas vão bem, mas desmoronam sob os reveses pessoais.

No dia 17 de novembro, Kaltenbrunner de repente se queixou de uma dor de cabeça insuportável e de fraqueza e apatia. Kelley o manteve sob observação até o dia seguinte, quando os sintomas do prisioneiro se agravaram para rigidez na nuca e dores quando ele movia a cabeça. Suspeitando de meningite ou de alguma outra doença contagiosa, que iria requerer a quarentena de todos os prisioneiros e uma postergação do julgamento, Kelley mandou Kaltenbrunner para o hospital, onde uma punção na coluna lombar revelou que um vaso sanguíneo se rompera no cérebro dele. O sangue estava se infiltrando no líquido que envolve o cérebro e a coluna dorsal. Embora a condição seja potencialmente fatal, Kelley acreditava que Kaltenbrunner havia escapado do pior e precisava somente de várias semanas de repouso. Sua mente não fora afetada, embora sua ansiedade por causa do julgamento vindouro pudesse ter causado a hemorragia ao aumentar a pressão sanguínea. Por causa disso, Kaltenbrunner perdeu os dias de abertura do julgamento. Andrus posteriormente se lembrou de ter ouvido que "Kaltenbrunner, o homem que aterrorizara milhões, quase havia morrido de medo". Kaltenbrunner sofreu uma segunda hemorragia poucos dias depois de ter voltado para a prisão, mas logo se recuperou. Kelley de novo achou que ele estava psiquiatricamente equilibrado, mas alertou as autoridades penitenciárias de que outro ataque "poderia muito bem ser fatal. É impossível, é claro, predizer se e quando uma hemorragia pode acontecer".

Em um determinado momento daquele outono, Kelley e o tradutor Howard Triest viajaram juntos para Erlangen, uma cidadezinha a menos de 16 quilômetros do presídio. Eles pararam em uma biblioteca da universidade e se depararam com uma quantidade de livros que as autoridades Aliadas haviam apreendido em varreduras de desnazificação. Muitos dos livros haviam sido escritos pelos prisioneiros nazistas de alto escalão, e Kelley e Triest pegaram amostras para suas próprias coleções. Depois de voltarem para Nuremberg, com o caminhão do Exército carregado de livros nazistas, os dois homens pediram que os autores encarcerados autografassem as folhas de rosto dos volumes, e mais tarde voltaram para os Estados Unidos com os livros. Kelley nunca explicou por que pegara os livros nazistas, mas eles certamente proporcionavam um modo de iniciar conversas quando ele se encontrava com os prisioneiros, e ele provavelmente conseguia compreender um pouco mais a mente dos autores por meio das suas reações aos pedidos de autógrafos. Além disso, Kelley continuava a ser um colecionador de itens raros – nesse caso, nazistas. Falando sessenta e cinco anos depois, Triest descreveu sua própria coleção como "uma recordação de meu período em Nuremberg e [um] lembrete tangível de um momento pessoal difícil. Era algo que eu poderia mostrar para meus amigos e minha família quando voltasse para os Estados Unidos, para dizer para eles que eu realmente estivera lá. Eu estivera com os líderes que haviam matado meu povo. Para mim, tinha que ver com a lembrança – a lembrança de Nuremberg. Naquele período, eu jamais pensei que o julgamento fosse atiçar o interesse e ter o *status* que tem hoje".

Daqueles que confiavam nele, Kelley obteve informações que considerou importantes o suficiente para oferecer aos promotores do julgamento. Ele enviou uma série de memorandos para William Donovan revelando alterações na saúde dos réus e em seus estados psiquiátricos, mas provavelmente as mais importantes para Donovan foram os esclarecimentos feitos pelo médico sobre as estratégias de defesa dos prisioneiros. Em um memorando do dia 11 de novembro, por exemplo, Kelley escreveu sobre a intenção de Göring de chamar como testemunha do tribunal lorde Halifax (E. F. L. Wood), um político conservador britânico que havia se encontrado com Göring oito anos antes, época em que o inglês defendeu a política de apaziguamento quando a Alemanha invadiu a Áustria e a Tchecoslováquia. Halifax era o secretário de relações exteriores da Grã-Bretanha quando as tropas nazistas invadiram cruelmente as fronteiras daqueles países, e ocupava o posto de embaixador nos Estados Unidos quando o julgamento dos líderes nazistas se aproximava.

Göring disse a Kelley que havia mandado uma carta a Halifax em 1936, uma proposta de paz do pré-guerra. "Ele afirma que Halifax recebeu essa carta, que poderia ter evitado a guerra", Kelley informou a Donovan. No mesmo memorando, Kelley detalhou a admissão de culpa como membro do Partido Nazista feita por Schirach, sua aceitação da responsabilidade por desenvolver o movimento da juventude nazista e seu reconhecimento de que assinara decretos persecutórios contra os judeus da Áustria. Jodl, relatou Kelley, destacou que os russos haviam cometido suas próprias atrocidades no Front Oriental, e planejava se defender afirmando seu dever de seguir ordens militares. Ele negava tenazmente ter enriquecido com propriedade civil roubada. Frank, por outro lado, parecia aceitar seu julgamento e "está imerso na crença de que os acusados deverão ser submetidos a uma punição divina", escreveu Kelley. "Ele passou a ter um sentimento muito forte de que o grupo todo foi fraco por não dar um tiro em Hitler há pelo menos dois anos." Os líderes nazistas, Frank declarou, trabalhavam "mancomunados com o demônio" e agora se confrontavam com a punição de Deus "de uma forma mais devastadora do que qualquer punição jamais concebida pelo ser humano". A partir de suas conversas, Kelley sabia que Frank criticava seus companheiros de prisão por tentarem salvar seus pescoços ao invés de aceitar o julgamento de Deus. "Ele parece estar perto do ponto em que poderia, com boa vontade, colocar a culpa nos membros 'mais fracos' do grupo acusado", Kelley escreveu para Donovan. "Ele afirmou duas vezes que, se eles não se declararem culpados, pelo menos ele irá se declarar culpado."

As mensagens de Kelley para Donovan inspiraram outra carta para o assistente especial da promotoria, de alguém que se identificou somente pelas iniciais J. E. S.:

> Quando o major Kelley ditou o relato dele para o senhor hoje, ele falou comigo um pouco sobre os réus, e eu pensei que as seguintes informações poderiam ser interessantes para o senhor, ainda que o major não as tenha incluído em sua declaração.
> Está ficando cada vez mais claro que os réus estão se agrupando em um conjunto homogêneo, todos aceitando Göring como líder, com cada uma dessas boas mentes contribuindo para a defesa geral. Isso, diz o major, vai fazer com que o caso fique muito mais difícil.

O redator prosseguiu dizendo para Donovan que Kelley acreditava que os nazistas não tivessem medo dos planos da promotoria para condená-los por meio de uma vasta documentação escrita de seus delitos. "Um documento, se por um lado condena um ou dois sem a menor sombra de dúvida, também age muito bem ao isentar os demais, na opinião deles... Dönitz fez a seguinte observação: 'Os norte-americanos estão preparando minha defesa para mim... o típico humor ianque!", relatava o memorando.

Kelley deu sequência à sua primeira mensagem para Donovan sobre as estratégias de defesa com outra poucos dias depois. Dessa vez ele escreveu que Göring planejava citar um livro que ele havia publicado em 1933, *Aufbau Einer Nation* [A construção de uma nação], em sua própria defesa. Esse livro, Göring alegava, apoiava sua defesa de que ele havia criado a Gestapo somente para lutar contra os comunistas e que a organização de polícia se manteve nesse propósito enquanto Göring a controlava. Na avaliação do Marechal do Reich, o livro também demonstrava que a ascensão de Hitler fora uma revolução que "ainda que um pouco sangrenta, não foi nem de perto tão impiedosa quanto as revoluções semelhantes, a russa ou a francesa". Uma anotação rabiscada no memorando diz: "Dá para entender essa?". (Para o tradutor Howard Triest, Göring alegou ter escrito *Aufbau Einer Nation* em um único fim de semana.)

Agindo mais como médico, no dia 17 de novembro Kelley deu a Donovan sua opinião médica de que, para os membros mais velhos da liderança nazista, os bancos dos réus na sala do tribunal de Nuremberg, desprovidos de conforto e sem encostos, "demonstrariam ser penosos demais se o julgamento for muito longo". Ele estava especialmente preocupado com Keitel, Dönitz, Funk, Göring e o antigo comissário do Reich nos Países Baixos Seyss-Inquart, cujo reumatismo lhes causaria sofrimento e que, "depois de muitos dias, poderiam muito bem baquear". Kelley recomendou acomodações melhores com encostos e assentos almofadados, com os quais grande parte dos demais bancos na sala do tribunal já estava provida. Fotos da sala do tribunal sendo usada mostram que apoio para as costas foi mesmo providenciado para os réus, embora as almofadas não sejam visíveis.

No fim, Donovan teve pouco tempo disponível para fazer um bom uso das informações de Kelley. Ele e o juiz Jackson haviam começado a se desentender a respeito da melhor abordagem para o processo dos nazistas, com Donovan pensando em persuadir os juízes por meio de uma hábil inquirição e reinquirição de testemunhas e Jackson querendo se basear nas pilhas de documentação incriminadora que os Aliados haviam descoberto. Donovan também estava cético a respeito de acusar os réus, especialmente os oficiais militares, de filiação a organizações que haviam cometido crimes. Depois de uma série de brigas jurídicas, Donovan saiu da equipe e pôs-se a caminho de casa no fim de novembro.

******

Em Chattanooga, Dukie esperava o retorno do marido com sua irmã, Leora Brooke, e seus pais. Uma foto de jornal a mostrava com Leora – cujo marido servira no teatro de guerra europeu como engenheiro militar – em pé na sala de estar de seus pais. Dukie segurava uma enfeitada chaleira de prata, um acessório para o lar que ela esperava que ela e Kelley logo fossem compartilhar. Usando uma saia godê plissada na altura dos joelhos e uma jaqueta justa, ela parecia ter mais estilo que sua irmã mais velha e mais alta. Ela não via Kelley havia três anos, e se comunicava com ele somente por meio de cartas e relatos ocasionais dos colegas dele no Exército que haviam retornado para os Estados Unidos.

Perto do quinto aniversário de casamento, Dukie foi entrevistada por um jornalista de Chattanooga sobre as atividades do marido em Nuremberg. Ela foi encorajada a fazer comentários sobre como era estar casada com um psiquiatra. "Às vezes, eles sabem o que você está pensando", disse ela, "quando você não quer que eles saibam." Com seu casamento posto em quarentena, Kelley estava usando essa habilidade com os réus nazistas.

7

O PALÁCIO DA JUSTIÇA

O julgamento se aproximava. Todos os prisioneiros nazistas de alto escalão haviam contratado advogados e estavam preparando suas defesas. Os advogados alemães "eram legal e politicamente respeitados", reconheceu o coronel Andrus, mas suas idas e vindas aumentavam consideravelmente os contatos dos prisioneiros com o mundo exterior, bem como as oportunidades de contrabando. Os suicídios de Conti e Ley ainda oprimiam consideravelmente o comandante. Ele instituiu uma nova série de medidas de segurança concebidas para manter os prisioneiros seguros e todos os instrumentos de autodestruição longe das mãos dos detentos. Todas as vezes que um prisioneiro e seu advogado trocavam documentos, um guarda os inspecionava. Guardas tiravam das celas dos prisioneiros qualquer coisa potencialmente perigosa – cadarços dos sapatos, lâminas de barbear e gravatas –, e até mesmo confiscavam os óculos à noite. Os nazistas eram submetidos a buscas quando retornavam às suas celas e quando tomavam banho, e os guardas reviravam suas celas de alto a baixo quando os prisioneiros saíam.

"E mesmo assim estávamos encontrando contrabando", lamentou Andrus. Uma incursão na cela do general Jodl rendeu um prego escondido em um saquinho de tabaco, um pedaço de arame de 15 centímetros de comprimento, nove comprimidos feitos de ingredientes desconhecidos e quantidades de trapos. Keitel havia acumulado um suprimento de aspirinas, um pedaço de metal laminado, um suprimento de comprimidos de beladona (úteis para o tratamento de problemas digestivos), um parafuso e dois pregos, e escondia em sua carteira o fragmento de um salto de metal. Questionado a respeito da origem desse último item, que não tinha saído de seus próprios sapatos, Keitel, com certo orgulho, só dizia: "Eu o tenho há muito tempo".

Na bagunçada cela de Ribbentrop, os guardas descobriram nove pílulas irreconhecíveis (quatro escondidas dentro de meias) e um pedaço de metal afiado com 5 centímetros de comprimento. Até mesmo o bem-humorado Dönitz tinha uma coleção proibida: cadarços de sapatos, barbante, um parafuso e um grampo de cabelos. "Não tínhamos a menor ideia do que ele estava planejando fazer com aquilo", escreveu Andrus. Schacht estava sub-repticiamente guardando dez clipes de papel. Sauckel escondia uma colher quebrada. Em outros lugares do bloco de celas, os guardas encontraram cacos de vidro, pregos e um fragmento de uma lâmina de barbear. Somente as celas de Göring e de Hess não produziram segredos.

A segurança preventiva se intensificou em todos os outros lugares no âmbito do Palácio da Justiça. Uma empregada alemã da biblioteca do tribunal, a jovem sobrinha do marechal de campo Erwin Rommel, havia alertado a respeito de uma provável tentativa, por parte de "lobisomens" [os *werewolves*, membros da resistência] nazistas, de explodir o edifício – réus, promotores, juízes, evidências e tudo mais – para impedir o julgamento. "Há tanta coisa que eles não desejam que seja exposta, e eles são tão amargos", disse Christine Rommel. As autoridades Aliadas tinham conhecimento de ameaças e rumores semelhantes. Como resposta, em uma demonstração de força, cinco tanques equipados com canhões de 75 mm se posicionaram fora do edifício. Soldados se postaram ao longo do perímetro da estrutura e nos corredores, no teto e nas entradas. Sentinelas exigiam passes oficiais de entrada para qualquer pessoa que estivesse entrando ou saindo, incluindo os juízes.

A sala 600, o espaço no segundo andar designado para esse até então inédito tribunal internacional, havia sido transformada. Ela não estava mais caótica. Um conjunto de novas lâmpadas de teto de alta luminosidade brilhava, permitindo que fotógrafos registrassem a cena sem o uso de incômodos flashes. Velhas paredes haviam desaparecido para criar um espaço público mais amplo. A sala era bastante grande, capaz de acomodar mais de quinhentas pessoas, mas toda a ação judicial estava concentrada em uma pequena área na sua extremidade sul.

O banco dos réus ficava perto da entrada principal da sala, com duas longas filas de assentos para os líderes nazistas. Bem na frente dos réus estavam as cadeiras para seus advogados de defesa. Os assentos dos juízes ficavam de frente para eles todos, ocupando uma tribuna sob quatro grandes janelas com cortinas verdes puxadas para esconder a luz do sol. Os tradutores que haviam recebido o difícil encargo de interpretar simultaneamente os procedimentos em alemão, inglês, russo e francês ocupariam cabines de vidro ao longo da parede à direita dos juízes. Cabos conectando os tradutores a saídas de microfones e fones de ouvido se espalhavam pelo chão, e iriam confundir os participantes ao longo de todo o julgamento. Perto dos juízes ficavam os repórteres do tribunal. (O réu Schacht logo observou esses membros do tribunal, muitos dos quais mascando chicletes, e teve a "confusão óptica" de imaginar que eles estivessem mascando palavras.) Áreas para as equipes de promotores, segregadas por nacionalidade, se amontoavam ao redor de quatro mesas em frente a um setor para a imprensa. Perto ficava o pódio do qual os promotores e advogados de defesa iriam se dirigir à corte. Membros da imprensa que cobriam o julgamento tinham os melhores assentos de todos, cadeiras estofadas e muito amplas, e havia uma cabine na parte de trás da sala do tribunal reservada para as câmeras de televisão. Todos os espectadores tinham de se sentar na extremidade norte, mais espaçosa, da sala do tribunal, ou na galeria acima. Uma cadeira, tornada pequena pelos estrados dos juízes e pelas grandes áreas onde se sentariam os espectadores e a equipe do tribunal, se apresentava como uma insignificante peça de mobiliário. Era destinada às testemunhas. Mas ela era muito importante, como Göring acabaria lembrando a todos.

Mais de mil e trezentas pessoas contribuíram para o Tribunal Internacional com delegações das quatro potências Aliadas e as equipes dos advogados de defesa, e mais de duzentos jornalistas foram credenciados para cobrir o julgamento para as estações de rádio e os jornais ao redor do mundo. Trabalhadores na cafeteria do Palácio de Justiça serviam a cada dia cerca de mil e quinhentas refeições para os participantes do tribunal.

Em suas celas, os prisioneiros normalmente usavam um amontoado de roupas desconjuntadas, mas Andrus desejava que esses homens, quando estivessem no tribunal, representassem o cuidado e a atenção criteriosa que haviam recebido como detentos de seu presídio. "Nós não queremos que eles estejam em uma condição em que possam inspirar pena", disse. Ele garantiu que os uniformes e ternos deles fossem lavados e passados diariamente durante o julgamento. Deu ordens para que alfaiates fizessem novos ternos para vários prisioneiros. Mais crítico que a maior parte de seus colegas, Schacht reclamou que os ternos oferecidos pelo presídio eram feitos de "material de muito pouca qualidade".

Andrus supervisionou um ensaio sombrio no dia que precedeu o começo do julgamento. Ele conduziu os detentos pelas várias centenas de metros da prisão, através do corredor coberto cuja construção ele havia ordenado como proteção contra ataques externos, subindo de elevador até a sala do tribunal. Deu ordens para que as sentinelas retirassem as algemas dos prisioneiros e enfileirassem os nazistas depostos como meninos de escola de atores na ordem em que eles iriam ocupar a fila dupla dos bancos dos réus. A ordem correspondia à lista dos réus nas acusações formais do tribunal: em primeiro lugar, Göring, seguido por Hess, Ribbentrop, Keitel, Rosenberg, Frank, Frick, Streicher e os demais.

Na manhã da abertura do julgamento, dia 20 de novembro de 1945, guardas distribuíram os ternos, os cintos, as gravatas e os óculos que os prisioneiros haviam devolvido na noite anterior. Em meio à tensão que Andrus percebeu causar "um burburinho incomum no presídio", os detentos se vestiram. Naturalmente nenhum espelho que pudesse ser quebrado e transformado em punhal enfeitava qualquer uma das celas; então, Göring desenvolveu um procedimento inteligente para o tão importante exame de sua própria aparência. Ele usou o terno escuro de seu advogado por trás da divisória de vidro que separava os dois homens como uma superfície que refletisse sua imagem. Göring se examinou minuciosamente no vidro, dando especial atenção ao seu cabelo.

Vista por padrões de segurança posteriores, a sala do tribunal estava notavelmente livre de armas. Andrus temia a perspectiva de um prisioneiro agarrar um revólver de um guarda e fazer algo desastroso. O comandante garantiu que ele fosse uma das duas únicas pessoas na sala que tivessem uma arma de fogo enquanto o tribunal estivesse em sessão. Sob sua jaqueta, ele conservava uma pistola e um coldre de ombro. Outro funcionário da prisão tinha um revólver. Os muitos guardas que escoltavam os prisioneiros e faziam a segurança dos procedimentos do tribunal traziam cassetetes da polícia brancos, armas ameaçadoras o suficiente "para dissuadir qualquer prisioneiro se ele sair do controle, ou para impedir qualquer espectador de atacar", Andrus esperava.

Göring entrou em primeiro lugar. Usava seu uniforme da Força Aérea cinza-pérola, com botões de metal, destituído de todas as insígnias e símbolos de posto, e parecia energizado para reconquistar o palco mundial. Seus meses de confinamento, que o haviam curado do vício em drogas e da obesidade, enquanto deram-lhe tempo para refletir sobre seu passado e planejar sua defesa, haviam-no deixado mentalmente mais sagaz do que ele estivera nos meses finais da guerra. Mas os espectadores também detectaram uma doçura sob sua inegável força que parecia perturbadora. Sua indumentária mais cobria seu físico esguio do que o vestia. Sua face – pálida, com linhas de expressão, e, no entanto, estranhamente jovem – tinha a expressão impassível e assustadora de um manequim. Às vezes ele parecia avaliar os visitantes na galeria, procurando um sinal premonitório da marca que ele deixaria na História. A repórter da *New Yorker* Rebecca West, ao descrever a mistura de determinação, mau humor e feminilidade de Göring, observou que ele se parecia com as madames dos bordéis com "a máscara profissional da cordialidade ainda rígida em seus rostos, embora elas estivessem relaxadas descansando, seus gatos gordos se esfregando contra suas saias esparramadas... Ele era o único entre todos aqueles réus que, se tivesse a oportunidade, teria saído do Palácio da Justiça e conquistado a Alemanha de novo, e a transformado no palco para a encenação da fantasia particular que o levara ao banco dos réus". Ele assumiu o lugar de maior destaque, na ponta esquerda da fileira da frente no setor dos réus.

Hess entrou na sala do tribunal com passos arrastados e desanimados, aparentando indiferença em relação aos procedimentos da corte. Seus modos estranhos fascinaram os observadores. Com um rosto que o repórter John Dos Passos achou que "havia diminuído até não ser nada mais que um nariz fino e olhos fundos e uma boca sem queixo", ele olhava para o alto, nos cantos do teto, como um animal enjaulado, e às vezes dava uma risada estranha e ansiosa. Para West, ele aparentava estar "claramente insano; tão claramente que parecia uma vergonha ele ser julgado. Sua pele estava cinzenta, e ele tinha aquela capacidade estranha, típica dos lunáticos, de ficar em posições contorcidas que nenhuma pessoa normal poderia manter por mais de alguns minutos... Ele dava a impressão de que sua mente não tinha superfície, como se cada parte dela tivesse sido destruída, a não ser as profundidades onde vivem os pesadelos". Nessa primeira aparição pública desde que ele havia pilotado seu Messerschmitt para fora da Alemanha anos antes, ele mal apresentava qualquer traço do orador de comícios nazistas, vibrando com uma segurança fanática, de quem as pessoas se lembravam. Hess, entretanto, de vez em quando abandonava seu ensimesmamento doentio para compartilhar comentários rápidos com seus vizinhos sentados, Göring e Ribbentrop, que estava usando óculos de sol.

Outros acusados causaram impressões duradouras quando entraram na sala do tribunal. Dos Passos escreveu que Streicher se parecia com "uma charge horrível de um Foxy Grandpa", e Rebecca West julgou o jovem Schirach "como uma mulher, de um modo não muito comum entre homens que se pareciam com mulheres. Era como se uma governanta insignificante e asseada se sentasse lá, não bonita, mas nunca com um fio de cabelo fora de lugar". Frick, que em seu paletó xadrez era o único acusado que não usava uniforme ou um sério terno cinzento, se destacava como um artista de circo. Havia um ar cômico em algumas das entradas, como quando Fritzsche teve de abrir caminho à força entre outros acusados que, erroneamente, haviam entrado na sala na frente dele. Schacht se parecia com uma morsa enraivecida. Enquanto esperavam o início dos procedimentos, alguns dos prisioneiros liam jornais. Considerados em grupo, os nazistas tinham uma aparência embotada e desanimada, como se a total falta de interesse os tivesse levado a conduzir o mundo a uma guerra. Guardas com capacetes brancos se postavam atrás deles em posição de sentido. Somente Kaltenbrunner, ainda convalescendo de sua hemorragia cerebral, não estava presente. Ele ainda estaria ausente do julgamento por uns quinze dias, enquanto seu advogado representava seus interesses.

Assim que os juízes decretaram a abertura da sessão às 10h, a primeira atividade do tribunal foi apresentar as acusações formais contra os réus, um discurso que os promotores levaram horas para fazer. Durante a maior parte desse tempo, em meio ao calor da sala lotada e o cheiro da tinta fresca, os nazistas conversavam uns com os outros, e observavam entediados – eles já haviam lido as acusações formais –, embora Göring se rejubilasse quando a acusação formal o incriminou pelo roubo de uma memorável propriedade francesa: oitenta e sete milhões de garrafas de champanhe. Ele também fez caretas, balançou a cabeça e fez comentários com os outros durante todo o primeiro dia. Hess passou a maior parte do tempo absorto em um romance intitulado *Der Loisl, the story of a girl* [Der Loisl, a história de uma menina], e abandonou seu ensimesmamento somente para sorrir quando os promotores mencionaram o nome de Hitler pela primeira vez. Mais tarde, durante um recesso do tribunal, ele fez caretas por causa de um de seus ataques periódicos de cólicas abdominais. Ele apertou o estômago com força, ficou se balançando em seu assento e abaixou a cabeça até a balaustrada do banco dos réus. Kelley se aproximou dele, mas não lhe deu remédio, aconselhando a Hess que continuasse a se balançar. Ele logo se recuperou e se sentou ereto, aparentando "alternadamente educadamente interessado e entediado" com os procedimentos.

Poucos de seus colegas sentiram interesse pela rápida demonstração de agonia de Hess. Schacht, um dos poucos réus que estava prestando bastante atenção nos procedimentos, sorriu com seus botões quando os promotores mencionaram a acusação de conspiração. Alguns dos nazistas se distraíam mudando de um tradutor para outro nos fones de ouvido que lhes haviam sido fornecidos. Os réus almoçaram juntos na sala do tribunal durante o recesso, enquanto todas as outras pessoas fugiram do espaço fechado. Esse foi o primeiro encontro em grupo durante seu encarceramento. Um magnânimo Göring distribuiu cigarros para seus corréus. Os homens discutiram os acontecimentos da manhã enquanto comiam, mas todos eles desprezaram Streicher, recusando-se a incluí-lo na conversa. Ele tentou entabular uma conversa despretensiosa com Gilbert, notando que, das doze ou treze vezes anteriores em que havia sido levado a julgamento por crimes, uma delas tinha sido naquele mesmo tribunal. Ribbentrop tentou explicar as bombas atômicas jogadas sobre o Japão para Hess, que disse que não sabia nada a respeito delas e reclamou do que acreditava ser a ilegalidade do julgamento. O ex-ministro das Relações Exteriores mais tarde sofreu uma crise de tontura e de zumbido nos ouvidos na sala do tribunal, desmaiou, recebeu um sedativo e voltou para o banco dos réus. Em algum momento daquele dia, Hess se inclinou para o lado de Göring e sussurrou: "O senhor há de ver, essa aparição vai desaparecer, e o senhor será o Führer da Alemanha dentro de um mês". Göring observou para Gilbert que agora tinha certeza de que Hess era louco. No fim do dia, quase todos eles estavam fatigados, e muitos estavam roncando em suas celas às 19h.

No dia seguinte, os acusados tinham de se pronunciar respondendo às acusações formais. Göring, o primeiro a se levantar, começou a ler uma longa declaração justificando o governo nazista e defendendo as ações do acusado. O juiz Geoffrey Lawrence fez com que ele ficasse em silêncio e pediu ao Marechal do Reich que fizesse uma declaração simples, de que foi "não culpado no sentido da acusação", uma frase que logo passou pelos lábios de todos os líderes nazistas no banco dos réus.

O promotor Robert Jackson fez um discurso inicial que foi admirado por sua eloquência e pela declaração da importância legal internacional do julgamento. Os Aliados, ele disse, não estavam acusando o povo alemão de altos crimes, mas esperavam estabelecer padrões internacionais para a conduta na guerra e na paz que iriam aproximar governantes, generais e exércitos no futuro. "Nós nunca podemos esquecer que os padrões pelos quais nós julgamos estes acusados hoje são o padrão pelo qual a História irá nos julgar amanhã", Jackson disse para o tribunal.

O julgamento prosseguiu, focalizando no planejamento para a guerra feito pelos líderes alemães, enquanto faziam falsas propostas de paz; a agressão nazista contra a Rússia; propaganda do tempo de guerra; as atrocidades na Polônia; e a supressão de opositores judeus e cristãos. A imprensa relatou minúcias das atividades dos acusados. "Se Göring praguejasse contra uma testemunha com um murmúrio (e ele o fazia com frequência), o xingamento ressoaria pelo mundo todo em poucos minutos", observou Andrus. "Se Hess trocasse o livro que estava lendo na sala do tribunal, milhões saberiam no dia seguinte o título do livro substituto."

Na época em que o julgamento havia começado, Göring ansiava pela chance de dar à Alemanha nazista uma última demonstração de brilho perante uma audiência mundial. Qualquer glória alcançada seria principalmente dele, e ele nada tinha a perder. Ele transformou em seu objetivo incitar seus corréus a se defender, a sentir orgulho de suas ações, e a aceitar como um grupo unido a punição dos vitoriosos – o que, a princípio, ele de modo otimista predisse que seria o exílio da Alemanha, e depois apresentou como uma provável execução em grupo que iria garantir para eles todos uma vida póstuma como mártires nacionais. Ele insistia nessa visão de monumentos honoríficos e da adulação dos futuros alemães. Tudo isso poderia ser deles se eles somente cooperassem no julgamento. Meses de passividade passados atrás das grades o haviam deixado com sede de agir de modo agressivo e desafiador. Ao contrário de muitos dos outros, Göring não tentou culpar Hitler ou colocar a responsabilidade pelas ações do regime nazista nos colegas. Ele repetidamente admitiu suas próprias decisões e se retratou como uma força motriz do Reich. Passadas várias semanas do julgamento, ele resumiu sua atitude em uma observação audível para os espectadores no tribunal: "Droga, eu só gostaria que todos nós tivéssemos a coragem de resumir nossa defesa em três palavras simples: 'Vão se danar.'"

Os nazistas continuavam a almoçar juntos nos dias do julgamento, e Göring tirou vantagem dos encontros para controlar com maior severidade opiniões que ele considerava prejudiciais para sua causa comum: "Quando o julgamento começou, ele demonstrou suas peculiares habilidades de liderança assumindo na mesma hora seu lugar à cabeceira da mesa", observou Kelley. "Ninguém questionou isso. O direito que ele tinha de comandar era aparentemente considerado natural por todos os prisioneiros... Ele me disse: 'Nós somos um tipo de equipe, todos nós que fomos acusados, e cabe a nós ficarmos unidos para que consigamos uma defesa mais forte. Naturalmente, eu sou o líder, então é minha tarefa fazer com que cada um de nós contribua com sua parte."

Göring não desejava ouvir no tribunal nenhuma admissão de infrações ou acusações públicas ao regime nazista. Quando Keitel, hesitante, sugeriu durante o almoço que Hitler deveria levar a maior parte da culpa pela ruína do país deles, Göring o interrompeu. "Vocês conheciam o Führer", disse Göring. "Ele teria sido o primeiro a se levantar e dizer: 'Eu dei as ordens e eu assumo responsabilidade completa'. Mas eu preferiria morrer dez vezes a ter o chefe supremo da Alemanha submetido a essa humilhação." Frank, irritado, defendeu a causa de Keitel. "Outros chefes supremos compareceram a julgamentos. Ele nos colocou nesta situação", declarou ele, "e tudo que resta é dizer a verdade!". Então, Frank e três outros se levantaram e saíram da sala. Alguns acusados, incluindo Frank, demonstraram-se consternados com as acusações de que Göring havia roubado objetos de arte e outros artigos de valor das nações conquistadas; na cabeça deles, esses eram atos egoístas e criminosos, que maculavam a credibilidade do Marechal do Reich.

Apesar de tais contratempos, Göring mantinha influência sobre a maior parte dos acusados, adaptando seus argumentos às preocupações e inseguranças deles. Ele disse para alguns que iria assumir a responsabilidade pelos delitos deles. Outros ele controlou com conversas sérias e particulares a respeito da indignidade de fazer críticas ao governo anterior. Para uns poucos, Göring declarou absoluta resistência aos Aliados, dizendo que os vitoriosos não tinham direito moral de julgar as decisões internas da Alemanha. Em sua cela, entre as sessões do tribunal, ele repetiu para Kelley os mesmos argumentos a respeito dos preparativos para a guerra da Alemanha nazista durante a década de 1930, que violavam o acordo do Tratado de Versalhes que encerrara a Primeira Guerra Mundial: "Mas é claro que nós nos rearmamos", disse Göring, sentado novamente perto do psiquiatra em seu catre. "Nós rearmamos a Alemanha o máximo que pudemos. Eu só sinto por nós não termos nos rearmado mais. É claro, eu via os tratados como tanto papel jogado fora. É claro que eu desejava fazer com que a Alemanha fosse grande. Se desse para fazer isso de modo pacífico, muito bom e muito bem. Se não, é bom do mesmo jeito. Meus planos contra a Grã-Bretanha eram maiores do que os que eles me imputam até mesmo agora. Quando eles me disseram que eu estava me envolvendo com a guerra ao desenvolver a Força Aérea, respondi que com toda certeza eu não estava dirigindo uma escola preparatória."

Kelley deu a alguns dos acusados conselhos sobre como resistir ao domínio de Göring. Quando Fritzsche questionou o médico a respeito das intenções de Göring e o grau de cinismo nos conselhos dele aos acusados, Kelley respondeu que Göring desejava ser lembrado por muito tempo como o herói do Estado alemão, um objetivo que o impedia de reconhecer a culpa moral coletiva dos acusados. "Se ele deseja agir desse modo, deixem-no falar por si próprio", observou Fritzsche, "mas ele não precisa arrastar todos nós no heroísmo dele". Porém, Göring se sentia impelido a fazer exatamente isso.

Kelley e Gilbert monitoravam as conversas dos prisioneiros no almoço e no tribunal. Às vezes, Kelley se sentia na obrigação de corrigir os pontos de vista dos prisioneiros. Em certa ocasião, ele discutiu com um grupo de acusados sobre a comparação dos problemas raciais da Alemanha e dos Estados Unidos. Ao receber a garantia de que os Estados Unidos não tinham leis que fossem racialmente tão repressivas quanto as do Terceiro Reich, Rosenberg retrucou: "Ah, mas vocês terão. O senhor só espere e veja. Se vocês não têm um problema judeu, terão pelo menos um problema negro". Streicher mencionou um líder negro que desejava incitar uma revolta norte-americana, e Kelley respondeu que nunca tinha ouvido falar dele. Tais pessoas insanas, o psiquiatra disse, "vêm e vão, e as pessoas decentes não prestam atenção nelas". A resposta de Streicher: "Oh, mas vocês estão prestes a ter um problema racial. Está no Talmude". Ao que Rosenberg acrescentou: "É uma necessidade biológica". Tendo a última palavra, os nazistas retornaram ao banco dos réus para as sessões vespertinas do julgamento.

Na tarde de 29 de novembro, todas as pessoas no tribunal ficaram paralisadas com um dos momentos mais dramáticos do julgamento. A promotoria mostrou filmes dos campos de concentração, feitos durante a libertação deles por tropas britânicas e norte-americanas menos de um ano antes. À medida que a sala escurecia e um projecionista começou a apresentação dos rolos de filme com seu zumbido característico, Kelley e Gilbert se posicionaram nas pontas do banco dos réus. Luzes iluminaram os prisioneiros, permitindo que o psiquiatra e o psicólogo examinassem os rostos deles à procura de traços de emoção e outras reações esclarecedoras. As cenas dos esqueléticos prisioneiros dos campos, das faces atormentadas, das portas escancaradas dos crematórios mostrando esqueletos incinerados, dos corpos empilhados e das escavadeiras jogando montes de corpos em covas coletivas – imagens tão familiares para as pessoas atualmente – atingiram o tribunal com uma força avassaladora. Soluços e gritos abafados da galeria dos espectadores se misturavam ao zumbido do projetor. Tossindo nervoso, Göring se inclinou na balaustrada do banco dos réus e cobriu o rosto com o braço direito. Hess ficou olhando fixamente, aturdido, para a tela, mas não demonstrou sentimentos. Funk e Fritzsche estavam chorando, e algumas pessoas que perceberam suas lágrimas supuseram que eles estavam lamentando por si mesmos e seu destino. Schacht, que havia passado algum tempo em um campo de concentração nazista antes de ser preso pelos Aliados, se voltou de costas para a tela. Ribbentrop cobriu os olhos com os dedos, mas às vezes espiava por entre eles. Mexendo-se inquieto em seu assento, Rosenberg dava olhadinhas para seus companheiros nazistas. Dönitz ficava desviando o olhar da tela e voltando a olhá-la, tirando e botando os óculos. Entre os nazistas, somente Streicher parecia estar muito interessado.

Ao final do filme, os acusados "permaneceram sentados, como se tivessem se transformado em pedra", como relatou uma pessoa presente. "Eles se levantaram lentamente quando os juízes saíram em fila, em um silêncio cheio de desgosto." Atordoado, o juiz Lawrence havia se esquecido de suspender oficialmente a sessão do tribunal. Lentamente, os prisioneiros se recobraram. Hess começou a protestar: "Eu não acredito nisso", e Göring o mandou se calar. Finalmente, guardas conduziram-nos para fora do tribunal, e Frank precisou de ajuda para juntar as forças para se mover. Quando Kelley e Gilbert visitaram os prisioneiros em suas celas naquela noite, viram choros e ouviram protestos de que outros eram responsáveis – eles nada sabiam de tais atrocidades. Frank, entretanto, colocou tais protestos de inocência em perspectiva: "Não deixem que todos lhes digam que não tinham a menor ideia. Todos sentiam que havia algo extremamente horrível... mesmo que não soubéssemos de todos os detalhes. Eles não queriam saber". Streicher friamente chamou o filme de "terrível", então pediu aos guardas que ficassem quietos para que ele pudesse dormir.

A exibição dos filmes dos campos causou um estrago no plano de Göring para o julgamento. "Estava uma tarde tão boa, também, até eles mostrarem aquele filme", disse ele. "Eles liam minhas conversas telefônicas sobre o caso austríaco, e todos estavam rindo comigo. E então eles mostraram aquele filme horroroso, e isso estragou tudo."

Em tais ocasiões, Göring somente reconhecia com relutância o poder da evidência apresentada contra ele e seus colegas. "O senhor está tendo muito trabalho para manter o seu grupo pronto para a briga, não está?", observou Kelley durante a terceira interrupção no julgamento causada pelo fim de semana. Göring admitiu que era verdade. "Bem, me parece que as evidências são muito prejudiciais", insistiu Kelley. "O senhor tem de admitir isso." Göring não deu uma resposta direta para essa observação. Finalmente, ele respondeu: "O senhor acha que eu teria acreditado se alguém viesse e me dissesse que eles estavam fazendo experiências congelando cobaias humanas – ou que as pessoas estavam sendo forçadas a cavar suas próprias sepulturas e massacradas aos milhares? Eu só teria dito: 'Pare de me aborrecer com essa bobagem sem sentido!'... Isso não parecia possível. Eu só desconsiderei essa ideia como propaganda inimiga". A evidência apresentada no tribunal, contudo, estabeleceu que Göring sabia das atrocidades e dos detalhes da "solução final" planejada para os judeus. O Holocausto havia acontecido com seu assentimento e sua assistência.

No dia seguinte à projeção dos filmes dos campos de concentração, o nono dia do julgamento, o tribunal levantou a questão da amnésia de Hess quando o ex-adjunto do Führer sentou-se sozinho no banco dos réus. Os juízes queriam saber se Hess era mentalmente competente para se declarar não culpado, e o advogado do prisioneiro, Gunther von Rohrscheidt, apresentou uma solicitação para retirar Hess temporariamente do julgamento até que ele pudesse tomar parte mais ativa em sua própria defesa. (A corte já havia seguido tal procedimento ao postergar o julgamento do enfermo magnata da indústria e fabricante de armamentos Gustav Krupp von Bohlen, a quem os promotores do tribunal haviam indiciado em 1945. Krupp morreu em 1950 sem jamais ter sido levado a julgamento.) Relutante, Rohrscheidt concordou que Hess se considerava competente. Os juízes debateram aspectos legais da competência e da aptidão de Hess para ser levado a julgamento. O promotor Jackson acrescentou que Hess não poderia ter condições de usar a amnésia como parte de sua defesa ou como uma razão para postergar seu julgamento porque ele se recusava a se submeter ao tratamento de narco-hipnose que Kelley recomendara para recuperar sua memória. "Ele se encontra na classe dos voluntários com sua amnésia", declarou Jackson, que estava claramente convencido de que Hess havia bloqueado suas recordações intencionalmente.

Durante as duas horas de debate, Hess rabiscou notas e sussurrou e balançou os braços várias vezes para chamar a atenção de seu advogado. Ele havia ficado visivelmente inquieto e agitado. Finalmente, Lawrence olhou para Hess e disse: "O tribunal gostaria de ouvir Hess a respeito do assunto". Hess se levantou e caminhou a passos largos para o centro do tribunal. Três guardas se levantaram de um salto para impedi-lo, conduziram-no de volta para o banco dos réus e deram-lhe um microfone. Hess então pediu para ler em voz alta uma declaração que ele acabara de preparar sobre seu estado mental. Ele continuou, com uma voz controlada, porém aguda, que indicava uma malcontida excitação:

> Doravante, minha memória irá uma vez mais reagir ao mundo externo. As razões pelas quais eu fingi ter falta de memória foram táticas. O fato é que somente minha capacidade de concentração está um pouco reduzida. Contudo, minha capacidade de acompanhar o julgamento para me defender, para fazer perguntas às testemunhas ou até mesmo para responder perguntas não está sendo afetada por causa dela. Eu enfatizo que assumo total responsabilidade por tudo que fiz ou que assinei como signatário ou cossignatário. A princípio, minha atitude de que o tribunal não é competente [para me julgar e sentenciar] não é afetada pela declaração que acabei de fazer. Até o presente momento, em conversas com meu advogado de defesa, eu também fingi ter falta de memória. Ele, portanto, tem me representado de boa-fé.

Um silêncio atônito acolheu a revelação de Hess, e então, estranhamente, Rohrscheidt riu, e muitas outras pessoas no tribunal se juntaram a ele. O juiz Lawrence suspendeu a sessão do tribunal abruptamente. Rohrscheidt, exasperado, disse para os repórteres que ele estava absolutamente espantado com a declaração de seu cliente, mas acrescentou que esse espetáculo no tribunal reforçava sua crença de que Hess não era equilibrado. Hess voltou para sua cela, onde Andrus lhe disse: "Estou feliz por ver que o senhor não vai fingir mais". Hess replicou, aparentemente concordando: "*Ach*, eu me sinto aliviado – eu me sinto melhor".

Então Hess se vangloriou para Rohrscheidt que havia feito Kelley e Gilbert parecerem ridículos porque haviam acreditado em sua amnésia. Hess continuou sua exultante narrativa dos acontecimentos daquele dia. Ele conseguia então se lembrar dos eventos de seu passado que antes dissera que eram inacessíveis. Quando Kelley perguntou por que havia feito aquela declaração no tribunal, Hess se iluminou, excitado "como um ator depois da estreia", e pareceu não perceber que havia perturbado mais seu próprio advogado do que qualquer um dos promotores.

"Como foi que eu me saí? Bem, não foi?", exclamou Hess. "Eu surpreendi mesmo todo mundo, não acha?" Kelley respondeu que nem todos estavam surpresos. "Então eu não o enganei fingindo ter amnésia?", perguntou Hess. "Eu tinha medo de que o senhor tivesse compreendido. O senhor passou tanto tempo comigo." Kelley então relembrou a Hess a exibição dos filmes sobre o comício nazista em novembro, durante a qual Hess havia alegado não ter reconhecido ninguém, nem a si mesmo, nos filmes. "Eu achei então que o senhor sabia que eu estava fingindo", recordou Hess. "O tempo todo o senhor olhava apenas para minhas mãos. E me fez ficar muito nervoso saber que o senhor havia descoberto meu segredo."

Tempos depois, Kelley escreveu: "Eu não havia, é claro, descoberto o 'segredo' dele exatamente do jeito que ele pensava. Eu sabia apenas que ele se lembrava de mais do que admitia". O psiquiatra não estava disposto a abandonar a crença de que Hess ainda sofria de um pouco de amnésia verdadeira, que, como Kelley suspeitara antes, havia começado durante os interrogatórios enquanto Hess estava encarcerado na Inglaterra, quando era mais fácil para ele fingir a perda de memória. Kelley continuou a acreditar que com o passar do tempo "grandes partes da vida dele simplesmente se esgueiraram por baixo dos umbrais da memória... No fim, ele era uma verdadeira vítima de um estado de amnésia induzida, até mesmo racionalizada". No entanto, contrariando a opinião de Kelley, Hess conseguia se lembrar mesmo de algo que ele alegara estar perdido.

Gilbert e Kelley informaram a alguns dos outros prisioneiros a respeito da admissão de Hess. A confusão de Ribbentrop foi imensa: "Hess, o Hess que nós temos aqui? Ele disse isso?", exclamou Ribbentrop. Schirach declarou que o embuste era divertido, mas aquém da decência de um alemão equilibrado. Embora inegavelmente espantado com o fingimento de Hess, Göring ficou ressentido por ter sido enganado junto com todos os outros. Quando Göring e

Hess se encontraram no tribunal no banco dos réus no dia seguinte, eles a princípio fizeram comentários divertidos sobre o embuste, como meninos de escola que enganaram o diretor. Hess então se sentiu livre para se vangloriar com o antigo chefe da Força Aérea a respeito dos perigos de seu voo clandestino para a Grã-Bretanha. Göring rapidamente se cansou da conversa, "quando ele olhou ao redor do tribunal e viu que Hess era então o centro das atenções", observou Gilbert. "Hess estava apreciando muito tudo aquilo."

Para alguns observadores, a afirmação de Hess pode ter feito Kelley parecer um tolo por ter levado a sério transtornos mentais que eram falsos. O psiquiatra, entretanto, insistia com todas as pessoas que lhe perguntavam que as palavras de Hess não o haviam surpreendido. A declaração no tribunal, Kelley disse para os repórteres, era esperada, dada a personalidade histérica do prisioneiro. Kelley repetiu que acreditava que parte do esquecimento de Hess fosse genuína e parte intencional, "mas é óbvio que ele tem usado a amnésia como defesa". Posteriormente, Hess admitiu para outras pessoas e Gilbert que a sua declaração na corte era falsa e que parte de sua amnésia era real. Hess continuou a deteriorar mentalmente à medida que o julgamento prosseguia, não conseguindo testemunhar em sua própria defesa porque "era desequilibrado demais para testemunhar", disse Kelley mais tarde.

Intimamente, Kelley culpava Gilbert pela declaração inesperada de Hess. Imediatamente antes daquela sessão, Gilbert dissera ao prisioneiro que o tribunal poderia declará-lo desequilibrado e afastá-lo do julgamento. Hess queria continuar a ser réu, "já que sentia que lhe ser negado o julgamento indicaria inferioridade mental, e ele achava que tinha de ser julgado com seus companheiros", observou Kelley. "Esse tipo de reação uma vez mais enfatiza sua natureza histérica e seu desejo de se colocar à força sob os holofotes, por mais fatal que isso pudesse ser, ao invés de tentar escapar continuando com o fingimento."

Apesar do drama da admissão de Hess, os juízes rapidamente determinaram que Hess estava fingindo seu esquecimento, que ele tinha condições de testemunhar e que eles não iriam solicitar mais exames médicos. Kelley concordou com essas decisões. Quando completou suas avaliações finais dos nazistas levados a julgamento, incluindo Hess em meados de dezembro, Kelley escreveu a respeito de cada réu: "Este homem é competente e não demonstra sinais de psicopatologia. Ele está apto a enfrentar o julgamento".

Tempos depois, quando os réus ficaram irascíveis demais e Göring muito autoritário, Andrus instruiu Gilbert a separá-los em grupos em diferentes salas de refeição. O psicólogo estabeleceu grupos destinados a enfraquecer o domínio de Göring, baseado na habilidade dos vários réus de enfrentar os argumentos dele. Göring tinha de almoçar sozinho em uma sala. "Ele ficou furioso por almoçar sozinho e fez com que soubessem que ele me considerava 'um zé-ninguém'", recordou Gilbert, "enquanto ele e os outros eram 'personalidades históricas'." Alguns outros fatores tiveram um papel nas designações para o almoço feitas por Gilbert; os historiadores Ann e John Tusa observaram que "Hess e Ribbentrop foram colocados juntos porque Gilbert achou que eles dificilmente encontrariam o que dizer um para o outro, e isso os neutralizaria". O novo arranjo teve o efeito imediato de dar a réus como Schacht e Speer o poder de criticar abertamente a política nazista e de culpar Hitler, e não os Aliados, pela derrota da Alemanha. Conforme o julgamento se arrastava rumo ao seu 218º dia, muitos dos nazistas escaparam da órbita de Göring e se distanciaram dele. Nem mesmo o Marechal do Reich foi capaz de dominar seus colegas e cativar a imaginação do público por tanto tempo. "*Gott im Himmel!*" [Deus do céu!], ele dizia, excitado, em seus dias de mau humor, junto com pragas sibilantes e exclamações de "*Schweinehund und Verräter!*" [Filho da mãe e traidor!], que ele atirava na direção de testemunhas prejudiciais.

Mesmo nas primeiras semanas do julgamento – com nove meses de argumentação e de evidências ainda por vir –, o peso das informações prejudiciais que surgiam no tribunal deixava os réus infelizes. Keitel confessou para Kelley que as atrocidades militares sobre as quais ele ouvira o deixavam muito envergonhado, e ele lamentou o tempo que havia passado longe do campo de batalha, isolado no quartel-general de Hitler. Depois de uma visita, quando Kelley e Gilbert se preparavam para sair da cela de Keitel, o antigo comandante supremo das forças armadas do Reich ficou em posição de atenção e suplicou: "Por favor, permitam que eu converse com vocês de vez em quando, enquanto eu ainda não sou um criminoso condenado. Não me desprezem completamente. Venham de vez em quando. Só o fato de falar com alguém me dá um pouco de apoio moral para enfrentar este suplício". Gilbert considerou a súplica de Keitel tão humilhante "que só a traduzi para Kelley depois de termos saído do hall".

Em determinado momento do fim de dezembro, Kelley anunciou sua intenção de partir de Nuremberg e voltar aos Estados Unidos. O psiquiatra ouvira confissões de homens apavorados em celas solitárias e absorvera o drama do tribunal o suficiente. Kelley não via Dukie desde 1942, e queria voltar para casa. As cartas do casal durante os meses finais de 1945 viviam antecipando o retorno de Kelley aos Estados Unidos. Além do mais, Kelley ansiava por recomeçar sua carreira civil, e por começar a trabalhar em um livro escrito com Gilbert sobre a psicologia dos líderes nazistas. Ele ainda não havia tirado suas conclusões, mas achava que havia coletado informações em quantidade suficiente para esse futuro livro. As avaliações do Rorschach, os testes de QI e as anotações das entrevistas enchiam pastas de arquivo. Os objetivos pessoais de Kelley para sua permanência em Nuremberg nunca haviam se relacionado ao inquérito judicial. A constituição psicológica de Göring e de seus companheiros nazistas o preocupava mais do que o destino judicial deles. Para o psiquiatra, a culpa dos prisioneiros alemães jamais foi posta em dúvida. Somente os processos psiquiátricos e as causas para a conduta abominável deles como líderes – qualquer traço que pudesse conectar os vinte e dois réus – interessavam Kelley. Ele era capaz de prever os veredictos do tribunal contra a maior parte deles, mas tinha de se afastar de Nuremberg para dissecar suas mentes.

Kelley havia cumprido suas responsabilidades para com o tribunal, e suas funções oficiais diminuíram. Ele considerou que os prisioneiros se encontravam em "boa saúde mental" depois de um mês de procedimentos. "Eles não são mais o mesmo grupo de indivíduos pretensiosos, quase desenvoltos, que subiram ao banco dos réus", ele disse a um repórter. Antes do julgamento, alguns deles haviam dado risada a respeito das chances de eles serem enforcados na prisão, mas agora estavam com medo de que a execução iminente aguardasse a maior parte deles.

Durante seus últimos dias no presídio, Kelley fez a ronda dos prisioneiros para ouvir seus pensamentos finais e para oferecer suas previsões para o futuro deles. Hess admitiu estar se sentindo preocupado com suas infinitas suspeitas de que sua comida estava sendo envenenada. Às vezes, disse Hess, ele havia tentado superar sua obsessão comendo a comida suspeita, mas acabava sentindo dores de estômago ou crises de tontura. "Ele queria saber se uma pessoa com uma mente forte poderia ter tais ideias ou se elas indicavam um processo de insanidade", escreveu Kelley. Não se sabe como o psiquiatra reagiu às preocupações de Hess, mas, nessa época, Kelley nada podia fazer para ajudar. Hess foi o único réu que não agradeceu a Kelley por sua atenção durante os meses precedentes.

Uma manifestação de gratidão veio de uma fonte inesperada. No dia 26 de dezembro, Rosenberg escreveu uma longa carta que começava com uma afabilidade pouco característica. Endereçada ao "Médico Geral do Exército, major Kelley", ela começava: "Eu lamento sua partida de Nuremberg, assim como meus companheiros confinados comigo. Agradeço ao senhor por seu comportamento humano, e também por sua tentativa de compreender nossas razões". Continuando com um "pela presente, expresso minha convicção de que muitos conflitos não teriam chegado a este ponto tão difícil no mundo se as leis da natureza na política tivessem sido observadas", Rosenberg voltou à velha forma e disparou em um discurso de cinco parágrafos contra o judaísmo, "respeito" pelo domínio natural de certas raças sobre as outras e a inevitabilidade de uma catástrofe negra e judaica nos Estados Unidos, a não ser que os norte-americanos se mobilizassem para proteger a "raça branca". Somente na última linha da carta ele retomou o tom pessoal com que havia começado: "Desejo que o senhor tenha sorte em sua vida futura". Então ele se despediu, "com meus melhores votos, e inúmeros agradecimentos, Alfred Rosenberg".

Em um de seus últimos encontros, Kelley e Göring deixaram de lado as conversas sobre política ou o julgamento. Göring descreveu uma conversa que tivera recentemente com Hess, que fizera um comentário sobre o som dos geradores elétricos sob suas celas. Hess acreditava que o barulho tinha por objetivo manter os prisioneiros acordados à noite e acabar com seus nervos para o julgamento. Embora Göring deixasse o incidente de lado com uma risada, ele queria que Kelley soubesse a respeito.

Quando soube que Kelley estava partindo do presídio, Göring perdeu o controle e chorou.

******

Para Kelley, o julgamento e seu período precedente haviam servido como laboratórios fascinantes para o estudo da dinâmica de grupo da agressão, da motivação criminosa, dos mecanismos de defesa dos culpados, da depressão e da reação de personalidades desviantes ao processo judicial. Kelley estava com os prisioneiros enquanto eles se confrontavam com o julgamento iminente e durante a perturbadora manifestação de suas emoções. Ele viu os vitoriosos liberarem sua raiva, e talvez se livrarem de sua própria culpa pelas brutalidades do período de guerra que eles também haviam cometido, por meio do acúmulo de evidências contundentes contra os nazistas e a perseguição dos líderes alemães no tribunal. Os indivíduos presos foram designados para assumir a responsabilidade pela guerra e seus horrores adicionais, talvez para que outros pudessem se sentir menos responsáveis. O caos mortal e o intenso ódio da batalha se metamorfosearam em um jogo lógico e premeditado de estratégia no tribunal, incluindo a perspectiva de um veredicto satisfatório no final. Kelley percebeu estar a serviço de uma nação que, ao combater uma ideologia direcionada ao domínio do mundo e se encarregar da administração do tribunal, emergia então para reinar sobre grande parte do planeta.

Leon Goldensohn, um médico de trinta e quatro anos de Newark, chegou no dia 8 de janeiro de 1946 para substituir Kelley como psiquiatra do presídio de Nuremberg. O novo médico impressionou os prisioneiros e a equipe do presídio com seus modos cordiais, estilo destituído de agressão e a boa vontade para ouvir os réus durante longos períodos sem desafiá-los, ou sem dizer muita coisa como resposta.

* * * * * *

Douglas Kelley se encontrou com Dukie em Chattanooga no fim de janeiro de 1946, e voltou para casa com caixas cheias de seus relatórios, memorandos, anotações e arquivos de seu período com os nazistas. Quando Gilbert teve ciência da variedade dos materiais que Kelley havia levado – o que incluía as autobiografias que o psiquiatra havia solicitado que os prisioneiros escrevessem à mão e cópias das anotações de Gilbert de suas entrevistas com os nazistas –, o psicólogo ficou furioso. Sua raiva aumentou quando soube que Kelley não deixara um endereço para correspondência. Alguns meses mais tarde, Gilbert recebeu uma carta de Kelley dizendo que tencionava então escrever um livro sobre Nuremberg sem a participação de Gilbert. Este não conseguia encontrar uma explicação para essa alteração nos planos de ambos, mas Kelley provavelmente concluíra que, como oficial de posto mais alto que havia supervisionado o outro homem, era dele a propriedade moral de toda a pesquisa. Com Gilbert ainda trabalhando com os prisioneiros em Nuremberg, Kelley poderia tomar a dianteira ao escrever os perfis psicológicos dos nazistas e uma avaliação de quaisquer características da personalidade que eles pudessem compartilhar. Ele dera um salto de meses à frente de seu colega.

Ele prometeu a Dukie uma segunda lua de mel, depois de cinco anos de casamento em que eles mal haviam se visto. Nessa época, ele havia sido promovido de major a tenente-coronel. Quando os repórteres o entrevistaram, Kelley rapidamente descobriu que a imprensa estava muito mais interessada em ouvi-lo recontar os pecadilhos dos nazistas de Nuremberg. E Kelley o fez: ele observou que havia "praticamente vivido com Hess" durante os meses precedentes, e manifestou seu ressentimento duradouro por Hess ter se recusado a se submeter à narco-hipnose. Passando para Göring, ele esmiuçou o vício em drogas do Marechal do Reich – repetindo, como o faria por muitos anos, que Göring engolia tabletes de paracodeína "como se fossem amendoins, jogando-os na boca enquanto lia ou falava" – e contando sobre a cooperação do nazista para pôr um fim à sua dependência sob os cuidados do psiquiatra. "Essas pessoas, sem Hitler, não são anormais, não são pervertidas, não são gênios", disse Kelley. "Eles eram como qualquer homem de negócios agressivo, esperto, ambicioso e impiedoso; e os negócios deles aconteciam no âmbito da criação de um governo mundial."

O julgamento se arrastava sem Kelley. Embora desprovido de grande parte de sua influência sobre seus corréus, Göring se manteve fiel ao seu plano de defender o Terceiro Reich vigorosamente à medida que o julgamento progredia e de preservar a honra dele na mente de seus concidadãos alemães. Ele subiu ao banco das testemunhas em sua própria defesa em março de 1946, e litigou de modo notável com Jackson. A princípio, Göring não se defendeu com eficácia contra as evidências de Jackson de que ele tinha conhecimento dos campos de concentração, levando o prisioneiro Schacht a dizer para Gilbert: "O gordo está com certeza levando uma sova até agora". Mas a atmosfera no tribunal se alterou. Os modos de Göring passaram de defensivos a confiantes, e ele foi bem-sucedido ao usar o banco das testemunhas como um púlpito para longas justificativas de seu papel no regime nazista. "O único motivo que me guiou foi meu amor ardente por meu povo, pelo destino deles, por suas liberdades, por sua vida, e para isso eu clamo ao Todo-Poderoso e ao povo alemão como testemunhas", proclamou. "Ele poderia estar se dirigindo ao Comício de Nuremberg, não ao Tribunal de Nuremberg", escreveu Airey Neave, um observador no julgamento.

Em uma torrente de palavras que durou doze horas em mais de dois dias, Göring retratou a Alemanha nazista e a parte desempenhada por ele em seu governo nos termos mais radiantes. Sua paixão e conhecimento assombraram muitos no tribunal. Graças em parte aos cuidados físicos e aos ouvidos pacientes de Kelley, o velho Göring – o

Göring que em anos passados havia criado uma força aérea veloz como um raio; conquistado a confiança de um desconfiado Führer e mantido a disciplina dentro do Partido Nazista – estava de volta. Sem Hitler espiando por cima de seus ombros, ele talvez estivesse mais confiante do que nunca. Animado, sorrindo, e claramente se divertindo, ele exibiu seu antigo magnetismo. "De algum modo ele me faz pensar em um leão em cativeiro", escreveu o promotor norte-americano Thomas J. Dodd. Uma admiração hesitante pela argúcia política de Göring começou a aparecer nos relatos do julgamento feitos pela imprensa. "Seus companheiros de cárcere seguiam-no com atenção arrebatada", escreveu Neave. "Alguns deles, sobretudo Rudolf Hess, agora seu companheiro inseparável no banco dos réus, estavam empolgados. Eu quase esperava que eles se levantassem, saudassem e exclamassem, '*Sieg Heil*'! Eu percebi então por que ele havia exercido tamanha influência nos primeiros anos do regime nacional-socialista." O testemunho fascinante de Göring elevou a legitimidade do regime nazista ao seu ponto mais alto no julgamento.

Robert Jackson tinha então a não invejável tarefa de reinquirir esse hábil manipulador que estava repentinamente em ascensão. Göring estava pronto para ele. Ele antecipou as perguntas de Jackson, se ofereceu para ajudar quando ele se perdeu em seus documentos, e, presunçoso, corrigiu os erros factuais do promotor. Ele respondeu às perguntas de Jackson com sermões desdenhosos e sem relação com o tema que o juiz Lawrence não interrompeu. Segundo algumas testemunhas do tribunal, o óbvio desprezo de Göring e a recusa do tribunal em interromper suas arengas quase levaram Jackson às lágrimas. "Quando o antigo Marechal do Reich se encaminhou a passos largos do banco das testemunhas para o banco dos réus depois de sua última sessão com o sr. Jackson, ele foi cumprimentado e recebeu sorrisos de seus companheiros nazistas que lá estavam, como um gladiador que acabou de ganhar sua luta", relatou Janet Flanner, da *New Yorker*.

Foram necessárias semanas de trabalho para a promotoria reparar os estragos e tirar o brilho da personalidade de Göring. Uma reviravolta aconteceu durante a apresentação das evidências de que Göring dera permissão para a execução de cinquenta militares britânicos em 1944, um escandaloso crime de guerra. Göring negou qualquer participação na atrocidade, mas perdeu o controle no banco das testemunhas. Contradizendo grande parte das evidências reunidas, ele alegou não ter tido conhecimento da "solução final" contra os judeus e assombrou a todos absolvendo Hitler de ter qualquer conhecimento também. Ninguém conseguiu acreditar nisso, e a credibilidade de Göring despencou agudamente.

A partir de então, os réus nazistas ficaram na defensiva. Mesmo assim, Göring permaneceu diabolicamente provocador, uma reação que Gilbert chamou de "agressão oral explícita e incipiente". Na metade do mês de junho, por exemplo, quando o juiz do tribunal Francis Biddle se levantou da tribuna para ir ao banheiro durante uma sessão do julgamento, Göring se voltou rapidamente no banco dos réus para sussurrar um comentário crítico para um dos outros réus. Um guarda segurou seu ombro para impedir o movimento de Göring, e o líder nazista ostensivamente passou os dedos em seu casaco, em uma fingida atitude de estar limpando o tecido sujo. A derrocada da solidariedade de grupo dos réus pareceu amargurar Göring em relação a tudo e a todos. "Era interessante comparar anotações com alguns dos outros oficiais que o estavam visitando naquela época", escreveu Gilbert, "para ver como ele falava mal do psicólogo para o psiquiatra, do padre católico para o pastor luterano e vice-versa, dos dois capelães para o psicólogo e o psiquiatra e vice-versa, enquanto por sua vez bajulava cada um deles".

Göring se voltou contra a maior parte de seus companheiros no banco dos réus. Frustrado e estressado, "ele não podia solicitar drogas então, mas sentimos que ele teria dado seu braço direito por uma boa dose de cocaína ou uma grande dose de paracodeína", observou Gilbert. No fim, Göring foi derrotado por montanhas de evidências e de argumentos que nem a força de sua personalidade e as suas atitudes teatrais no tribunal conseguiram superar. Igualmente ruim segundo seu ponto de vista, a imprensa e o público haviam se cansado dos procedimentos do tribunal. Göring "não era mais notícia; tudo que se podia dizer dele era que ele perseverou até o último daqueles momentos difíceis", escreveram seus biógrafos, Roger Manvell e Heinrich Fraenkel, "sentado com a cabeça apoiada nas mãos ou com o queixo apoiado no peito, mergulhado em pensamentos ou perdido na depressão".

Enquanto isso, Jackson havia recuperado sua eloquência no tribunal. Ele terminou o caso da promotoria com um discurso que muitos observadores consideraram magistral. Ele observou os protestos de inocência dos réus, e acrescentou:

> É contra tais antecedentes que estes réus agora pedem para que este Tribunal diga que eles não são culpados de planejar, de executar ou de conspirar para cometer essa longa lista de crimes e de erros. Eles se posicionam perante o testemunho deste julgamento como um Gloucester manchado de sangue se posicionou perante o corpo de seu rei assassinado.
> Ele pediu à viúva, assim como eles pedem aos senhores: "Dizei que eu não os assassinei". E a Rainha respondeu: "Então dizei que eles não foram assassinados. Mas eles estão mortos".
> Se os senhores fossem dizer desses homens que eles não são culpados, seria como dizer que não houve uma guerra, que não há pessoas assassinadas, que não houve crime.

No dia 21 de junho de 1946, os juízes do tribunal começaram suas deliberações sobre a culpa dos réus. Dois meses mais se passaram, e então os prisioneiros tiveram a chance de fazer seus últimos apelos à corte. Göring fez diversas alegações inacreditáveis em sua declaração. "Eu gostaria de declarar com clareza uma vez mais perante o Tribunal", disse ele, "que nunca decretei a morte de um único indivíduo a qualquer momento, e tampouco decretei quaisquer outras atrocidades ou as tolerei enquanto tive o poder e o conhecimento para evitá-las." A declaração de Hess foi notável por sua incoerência. Ele acusou a promotoria de forjar documentos e de apresentar testemunhas desonestas. Um "estado mental anormal", ele declarou, levou os nazistas a dirigir a Alemanha como haviam feito. À medida que ele ia divagando, Göring tentou fazer com que ele parasse de falar. "Eu não lamento nada...

Não importa o que os seres humanos possam fazer, eu um dia ficarei perante o julgamento do Eterno. Eu responderei a Ele, e sei que Ele irá me considerar inocente", disse Hess, antes que o juiz Lawrence lhe dissesse que seu tempo se havia esgotado.

Uma coisa deu alento a Göring: a notícia de que sua esposa e filha estavam livres. Em março de 1946, Emmy e Edda saíram do campo de detenção de Straubling e se instalaram como inquilinas em um chalé de caça aproximadamente 72 quilômetros a nordeste de Nuremberg. A nova residência delas, onde elas iriam viver pelos dois anos seguintes, era tão longe de uma escola que Emmy dava aulas para a filha, então com seis anos de idade, em casa. Emmy logo fez uma petição ao Tribunal Internacional:

> Por meio desta carta, apresento uma importante solicitação. Seria possível ver meu marido por alguns minutos? Eu não vi meu marido por um ano e quatro meses, e sinto tantas saudades dele que não vejo outra solução; preciso de forças para prosseguir sem meu marido. Alguns minutos, quando eu pudesse vê-lo e segurar sua mão, iriam me ajudar tanto. Do fundo de meu coração, eu imploro aos senhores que não recusem minha solicitação.

Os administradores do tribunal não tinham objeções à visita de Emmy, mas com o julgamento ainda em andamento e a forte segurança no presídio, Andrus se recusou a permiti-la. "Era contrário aos regulamentos da prisão", observou ele. Também era contrário aos desejos de Göring. Ele sempre se recusava a permitir que Emmy ou outros parentes fossem a Nuremberg para vê-lo ou para testemunhar a favor dele.

Quando o julgamento terminou, Andrus permitiu que familiares dos prisioneiros visitassem os réus antes de eles serem sentenciados. Hess se recusou a permitir visitas de sua família, mas Göring rejeitou sua recusa anterior. "O que quer que eu pensasse a respeito de Göring, era difícil naquele período afastar o *pathos* da separação de minha mente", admitiu Andrus. Emmy e Edda chegaram a Nuremberg no dia 14 de setembro, tencionando ficar com o advogado de Göring por duas semanas, e os fotógrafos avidamente as fotografaram caminhando pelas ruas da cidade. Emmy visitava o marido todos os dias, menos aos domingos; e ela levou Edda junto depois das primeiras visitas. "Você não pode chorar, o que quer que você faça", a mãe alertou a filha. Uma tela de arame separava Göring de sua família. Os pedidos de Emmy para beijar o marido ou pelo menos segurar-lhe a mão foram negados. O contato físico "significava uma chance a mais de passar uma arma para o suicídio", observou Andrus. Ao ver Edda, Göring, com os guardas de segurança que o ladeavam, perdeu o controle e chorou. "Mas você cresceu", ele disse com voz entrecortada. Edda recitou para ele a poesia que sua mãe lhe havia ensinado.

As famílias dos réus tiveram de sair de Nuremberg no dia 29 de setembro de 1946, e poucos dias mais tarde, depois de um anúncio do tribunal que marcava o fim dos 218 históricos dias de sessão, os juízes retornaram para pronunciar seus veredictos. Atiradores de elite ocupavam o teto do Palácio de Justiça enquanto os juízes declaravam dezoito dos réus culpados e inocentavam Fritzsche, Papen e Schacht. Sete dos nazistas condenados – Hess, Funk, Dönitz, Raeder, Schirach, Speer e Neurath – receberam sentenças de prisão que variavam de dez anos a prisão perpétua, e os demais – incluindo Martin Bormann, julgado *in absentia* – foram condenados à morte. Os que deveriam ser enforcados seriam Göring, Rosenberg, Streicher, Ribbentrop, Jodl, Keitel, Kaltenbrunner, Frank, Frick, Seyss-Inquart e Sauckel. Emmy não conseguiu deixar de contar para Edda a respeito da sentença de morte do pai, mas acrescentou: "A sentença provavelmente não vai ser executada. Papi provavelmente vai ser exilado em uma ilha qualquer", como Napoleão. As autoridades Aliadas marcaram as execuções para o dia 16 de outubro.

Ao impor a prisão perpétua para Hess, os juízes levaram em consideração as persistentes aberrações mentais do prisioneiro. Apesar de suas afirmações sobre a falsidade dela, Hess tornou a ter amnésia quando confrontado com todas as evidências da barbárie da liderança de Hitler e os atos criminais e planos de seus colegas no banco dos réus. Kelley aprovou a relativa leniência dos juízes em relação a Hess. O nazista apresentava um comportamento extremamente incomum, estava paranoico, emocionalmente tolhido e iludido em sua visão do Terceiro Reich como um regime heroico. "As sentenças de morte para as pessoas insanas não são parte de uma lei civilizada e democrática", ele escreveu, "então o Tribunal chegou a um acordo com uma sentença que vai colocá-lo atrás das grades para o resto da vida." Kelley fez uma previsão: "Mais tarde, quando perceber que não vai ser enforcado, ele pode relaxar e parecer se recuperar. Tal reação, entretanto, será apenas superficial, e Hess vai continuar a viver sempre na fronteira da insanidade".

Publicamente, Kelley manifestou sua satisfação geral com as sentenças, reclamando somente que as ações de Papen também justificavam um veredicto de culpado. "Um belo e longo período na prisão lhe teria feito muitíssimo bem", disse Kelley. Ele previu complicações para três dos réus absolvidos. "Eles são uns fracassados. O povo alemão vai fazer com que eles paguem. Eles eram os três que se expressavam melhor. Eles conseguiram, com suas palavras, escapar da cadeia. Mas eles não serão capazes de, com suas palavras, escapar dos problemas." Suas previsões para os três homens liberados foram parcialmente comprovadas: uma corte alemã posteriormente condenou Hans Fritzsche por crimes nazistas, e ele morreu de câncer logo em seguida; Papen também foi declarado culpado por uma corte de desnazificação antes de conquistar sua liberdade sob apelação. Porém, Hjalmar Schacht nunca mais se defrontou com um juiz, e permaneceu ativo no sistema bancário alemão até sua morte, em 1970.

Condenado à indignidade do enforcamento, Göring pediu às autoridades Aliadas que, em vez disso, lhe permitissem enfrentar o pelotão de fuzilamento. Gilbert deu-lhe a notícia de que sua solicitação fora negada. Os Aliados queriam submetê-lo a uma morte ignominiosa. Göring reconheceu para Gilbert que seus esforços de dezesseis meses para manter viva a glória dos anos nazistas e para conservar a admiração do povo alemão haviam fracassado durante o julgamento. "O senhor não precisa mais se preocupar com a lenda de Hitler", disse ele. "Quando o povo alemão souber o que foi revelado no tribunal, não será necessário condená-lo. Ele mesmo se condenou." Gilbert alertou as autoridades Aliadas sobre a possibilidade de Göring se suicidar. Ser enforcado era algo para os criminosos comuns, então Göring reavivou um antigo plano de contingência.

De modo nada característico, ele pediu ao capelão Gerecke para lhe dar a Comunhão Sagrada na noite anterior às execuções. Gerecke, ao ouvir de Göring que ele acreditava em Deus, mas não na divindade de Jesus ou na santidade da Bíblia, se recusou. Algumas horas mais tarde, Göring sentou-se à mesa em sua cela e escreveu um bilhete. Ele então dobrou o papel e foi para o banheiro no canto escondido de sua cela. Depois de ficar alguns minutos lá, ele se deitou pesadamente em seu catre e ficou imóvel, tomando o cuidado de manter as mãos visíveis para o guarda que o estava vigiando, conforme exigiam os regulamentos da prisão.

Göring não precisava mais de suas mãos. Uma ampola de vidro, que ele acabara de retirar de seu corpo ou do banheiro, já estava em sua boca. Ele fixou o olhar no guarda que o vigiava por um instante, então fez um movimento de mastigação. Cianureto de potássio escorreu da cápsula quebrada para sua garganta. Göring respirou com dificuldade, arquejou e teve uma convulsão. O guarda, alarmado, pediu ajuda e escancarou a porta da cela, mas então o Marechal do Reich já deveria estar morto. Andrus esteve entre os primeiros a correr para a cela, e observou que os olhos de Göring estavam fechados, a boca pendendo aberta, e que a pele tinha uma coloração esverdeada.

O Marechal do Reich havia endereçado a Andrus o bilhete que escrevera às pressas nos minutos antes de morrer. Ele conseguia, com inteligência, fazer um comentário contundente sobre o coronel, ao mesmo tempo em que isentava seus subordinados de responsabilidade por não terem detectado o veneno:

> Para o Comandante:
> Eu sempre tive a cápsula de veneno comigo, desde que passei a ser um prisioneiro. Quando fui levado para Mondorf, eu tinha três cápsulas. A primeira eu deixei em meio às minhas roupas, para que ela fosse encontrada quando uma busca fosse feita. A segunda eu colocava sob a prateleira quando trocava de roupa

e a guardava comigo novamente ao me vestir. Eu a escondi em Mondorf e aqui nesta cela tão bem que, apesar de suas buscas frequentes e minuciosas, ela não poderia ser encontrada. Durante as sessões no tribunal, eu a escondi em meu corpo e nas minhas botas de equitação de cano alto. A terceira cápsula ainda está em minha maleta, na lata redonda de creme para a pele, escondida no creme. Eu poderia tê-las usado duas vezes em Mondorf, se tivesse precisado delas. Nenhuma das pessoas encarregadas das buscas deve levar a culpa, pois era praticamente impossível encontrar a cápsula. Teria sido um puro acidente.

O dr. Gilbert me informou que a comissão de controle recusou a petição para alterar o método de execução para fuzilamento.

Nenhuma outra pista sugerindo como Göring fora capaz de esconder o veneno surgiu até décadas mais tarde, quando Telford Taylor, que auxiliou Robert Jackson como principal advogado para a promotoria em julgamentos de nazistas posteriores a Nuremberg e finalmente acabou sucedendo Jackson, manifestou sua crença de que um soldado norte-americano e guarda em Nuremberg, o primeiro-tenente Jack "Tex" Wheeler, havia ajudado Göring a manter as cápsulas escondidas em sua bagagem. Um livro escrito por Ben E. Swearingen, *The mystery of Hermann Göring's suicide* [O mistério do suicídio de Hermann Göring], reuniu importantes evidências de que Wheeler havia feito amizade com Göring e pode ter feito esse favor final em troca de objetos de valor do nazista. Recentemente, em 2005, entretanto, uma nova confissão turvou as águas: Herbert Lee Stivers, que havia sido um dos guardas de capacete branco no tribunal de Nuremberg, disse que, atendendo aos pedidos insistentes de sua namorada alemã, ele secretamente dera a Göring uma caneta que continha a cápsula fatal. Stivers alegou ter acreditado que a cápsula continha remédio, não veneno.

O suicídio do Marechal do Reich surpreendeu Kelley. Em San Francisco para fazer uma palestra, ele dissera à imprensa no dia anterior que, considerando o alto QI de Göring e sua personalidade teimosa, ele esperava que o nazista fizesse uma bela demonstração no final. "Ele jamais irá fraquejar no cadafalso. Ele tem uma perspectiva histórica", observou Kelley. "Ele vai ficar balançando sobre o buraco e exclamando, '*Heil* Hitler' – não por ele ser valente, mas simplesmente porque ele já consegue se visualizar nos livros de história."

Kelley deve ter sentido um arrepio ao saber do suicídio de Göring. Esse líder fascinante – um paciente, um caso de estudo, e um conhecido íntimo com quem Kelley havia descoberto uma afinidade de interesses e de personalidade – se fora. O mágico havia sido iludido por um último ato de prestidigitação. Ele avaliara mal Göring, que havia se esquivado de seu julgamento profissional. Talvez Kelley também sentisse um calafrio por esse grande manipulador, cuja presença dominara sua vida por cinco meses, ter levado a cabo uma ação que Kelley não antecipara. Mas em retrospecto, não era mesmo surpreendente que o Marechal do Reich insistisse em fazer de sua morte um pronunciamento desafiador. Isso combinava com os ideais e com a imagem de Göring. Kelley não viu seu suicídio como um ato de covardia. Pelo contrário, ele "demonstra quão engenhosamente esperto ele era", o psiquiatra disse para os repórteres, "e um gesto final para deixar todo o Exército norte-americano sem ação. Para a mentalidade alemã, seu ato é bastante heroico, colocando-o historicamente junto com os Quatro Grandes – Hitler, Himmler, Göbbels e ele próprio". Se todos os outros nazistas de mais alto escalão evitaram a vergonha do enforcamento, por que não Göring? Kelley escreveu:

> Göring, no entanto, deu um passo a mais que seus antigos companheiros. Ele enfrentou estoicamente seu longo confinamento para que pudesse atacar o Tribunal Aliado e intimidar os advogados da promotoria no próprio jogo deles. Com esses métodos, ele ficou ao lado do povo alemão. Seu suicídio, envolto em mistério e enfatizando a impotência dos guardas norte-americanos, foi um toque final hábil, até mesmo brilhante, completando o edifício para que os alemães o admirem em tempos vindouros.

Essa foi uma interpretação notável e surpreendentemente lisonjeira da atitude final do nazista, quase como se Kelley estivesse descrevendo mais uma reviravolta gloriosa no encerramento de uma peça de teatro do que o fim de uma vida. Um suicídio, levado a cabo com habilidade, poderia ferir inimigos e construir um grande legado com um gesto dramático. A imagem de Göring orquestrando suas próprias despedidas, em seus próprios termos, ficou gravada na memória de Kelley durante muitos anos.

* * * * * *

Os demais nazistas condenados foram conduzidos ao cadafalso em uma operação que Andrus, ultrajado pela saída de Göring, supervisionou. A reação de Ribbentrop à sua execução iminente impressionou particularmente Kelley, que havia anteriormente especulado que os guardas teriam de arrastá-lo para o cadafalso. Kelley escreveu que o ex-ministro das Relações Exteriores "mostrou certa coragem no final. Provavelmente a notícia do suicídio de Göring e a percepção de que ele era então o líder da procissão da morte, ficando no centro desse palco derradeiro, tenham endurecido Ribbentrop e feito dele uma pessoa mais competente em seus últimos segundos do que em qualquer outro período de sua vida inteira". Ribbentrop se defrontou com a corda manifestando sua esperança de que a Alemanha fosse permanecer unida.

Rosenberg havia se recusado a participar de orações ou mesmo a ouvi-las, e se aproximou do carrasco trêmulo e fraco, talvez, como Kelley previu, ainda debatendo internamente algum ponto especial da filosofia nazista. Streicher, disse Kelley, iria "pender feliz", e, na verdade, morreu com o nome de Hitler nos lábios. Frank, o psiquiatra supôs, iria morrer "convencido de que uma gota de seu corpo irá apagar os cinco milhões de marcas negras registradas contra a alma dele". Como Kelley previra, nenhum dos outros condenados teve de ser arrastado para o cadafalso. "Assim como em uma boa ação bem desempenhada, assim em uma má ação benfeita, os homens se apegam ao tipo de mentalidade de que eles são dotados", ele escreveu, no que pode ter sido o epitáfio geral para os nazistas condenados em Nuremberg.

O consultório do ministro da Saúde norte-americano Thomas Parran Jr. solicitou amostras do cérebro dos nazistas enforcados. Andrus disse que essa era "uma solicitação macabra que, naturalmente, jamais foi atendida". Em vez disso, como um ato de punição, todos os corpos foram levados para os crematórios do campo de concentração de Dachau, incinerados lá, e as cinzas jogadas em um rio. Não haveria vigílias feitas por nazistas impenitentes em mausoléus de mármore. Não haveria uma arquitetura funerária heroica.

Hess e seus compatriotas culpados que sobreviveram à justiça do tribunal foram para a prisão de Spandau, em Berlim, para cumprir suas penas. Em um ato final de obliteração, Andrus se certificou de que cada item remanescente das joias que pertenceram a Göring fosse desmontado, derretido e tornado impossível de usar e de ser reconhecido. As autoridades norte-americanas ofereceram os pedaços de metal precioso e as pedras para o tesouro da nova Alemanha, então lutando para se manter em pé.

O avô de Kelley, Charles F. McGlashan, historiador do desafortunado Grupo de Donner e colecionador de borboletas.

Os impressionantes casa e museu McGlashan (este no topo da Rocking Stone) em Truckee, Califórnia.

Douglas Kelley, em 1938 aproximadamente, quando era aluno de graduação na Universidade de Columbia.

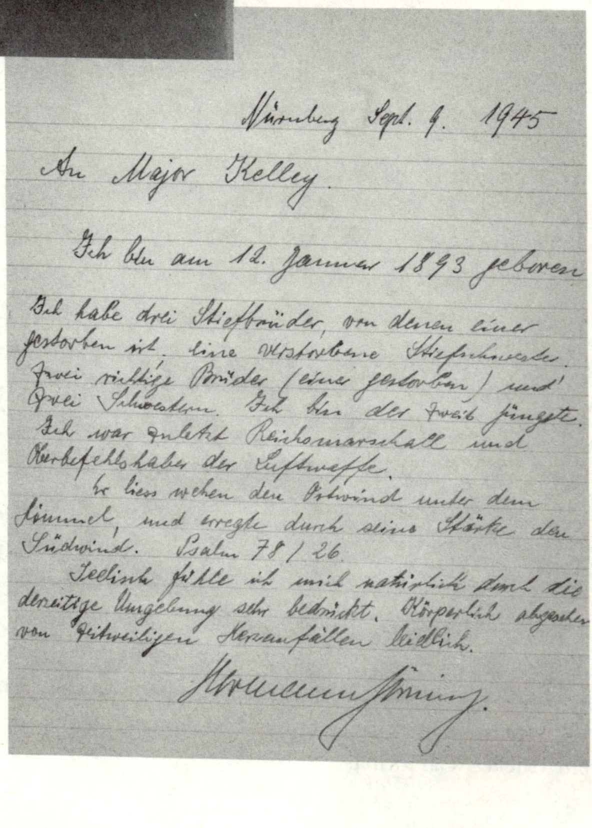

Nürnberg Sept. 9. 1945

An Major Kelley.

Ich bin am 12. Jänner 1893 geboren.

Ich habe drei Stiefbrüder, von denen einer gestorben ist, eine verstorbene Stiefschwester, zwei richtige Brüder (einer gestorben) und zwei Schwestern. Ich bin der zweit jüngste. Ich war zuletzt Reichsmarschall und Oberbefehlshaber der Luftwaffe.

Er liess wehen den Ostwind unter dem Himmel, und erregte durch seine Stärke den Südwind. Psalm 78/26.

Seelisch fühle ich mich natürlich durch die derzeitige Umgebung sehr bedrückt. Körperlich abgesehen von zeitweiligen Herzanfällen leidlich.

Hermann Göring.

Um bilhete que Göring escreveu para Kelley na prisão em setembro de 1945. Ele cita o Livro dos Salmos: “Fez soprar o vento do oriente nos céus, e o trouxe do sul com a sua força”.

O ex-adjunto do Führer Rudolf Hess: “Doravante, minha memória irá uma vez mais reagir ao mundo externo”.

Kelley decidiu que o filósofo do Partido Nazista, Alfred Rosenberg, “havia desenvolvido um sistema de pensamento que era muito diferente dos fatos conhecidos”.

Kelley disse que o antissemitismo do editor nazista Julius Streicher “era quase uma verdadeira monomania”.

Hermann e Emmy Göring com a filha Edda durante os primeiros anos da Segunda Guerra Mundial. (Cortesia de Corbis Images.)

Depois do suicídio de Robert Ley, a segurança se intensificou na ala do presídio de Nuremberg que abrigava os suspeitos nazistas de alto escalão.

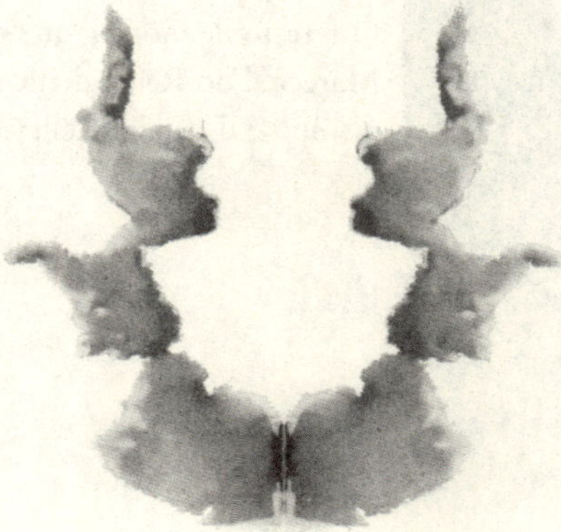

Julius Streicher viu “a substância extraída de um joelho operado” no Cartão VII da série dos borrões de tinta do Rorschach.

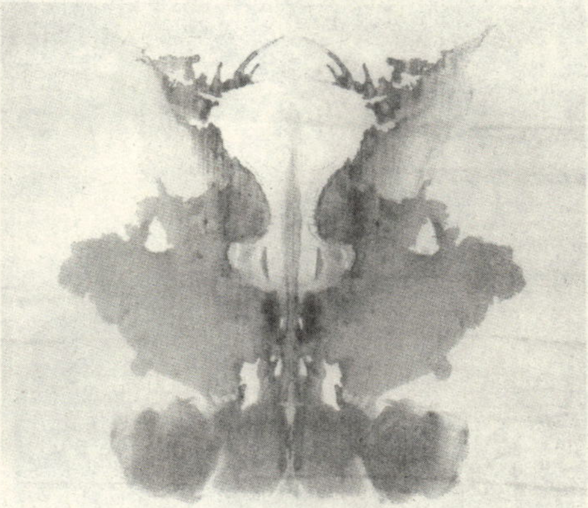

Cartão IX do teste dos borrões de tinta de Rorschach, no qual Göring viu “um fantasma com uma barriga grande”.

O retrato de Göring que o Marechal do Reich dedicou, assinou e deu para Kelley.

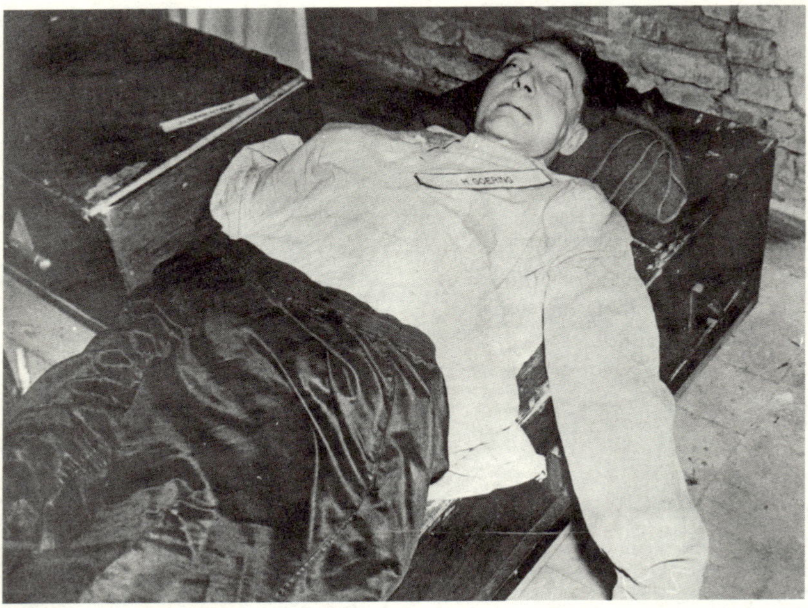

Kelley disse que o suicídio de Göring era um admirável ato de contestação às autoridades do presídio de Nuremberg.

O jovem psiquiatra, que logo seria um criminologista.

Nancy Bayley (à direita), uma pesquisadora do Estudo Terman, em visita a Dukie e Douglas M. Kelley, com os filhos Alicia e Doug, na sala de visitas da casa deles em Highgate Road. (Fotografia de Gene Lester © 1952 SEPS, sob licença de Curtis Licensing, Indianapolis, IN. Todos os direitos reservados.)

Os princípios da semântica geral encontraram seu lugar em vários dos cursos de Kelley sobre criminologia.

Kelley no set de sua bem-sucedida série educativa televisiva, *Criminal Man*.

8

A MENTE NAZISTA

À medida que o Tribunal Militar Internacional prosseguia, surgiam perguntas sobre os homens que haviam cometido as atrocidades e promovido o regime criminoso que tomava forma nas evidências e nos testemunhos apresentados no julgamento. Por que os nazistas e seus seguidores fizeram isso? Seriam eles insanos? Alguém conseguiria encontrar neles um transtorno mental específico responsável por sua conduta criminosa? Na Câmara dos Representantes dos Estados Unidos, a congressista Emily Taft Douglas, de Illinois, levantou essas perguntas em 1945 durante uma audiência sobre a punição dos criminosos de guerra. Douglas duvidava que os norte-americanos, ou quaisquer outras pessoas, na verdade, compreendessem muito a respeito das motivações para as barbaridades das quais os réus nazistas eram acusados. "Nós não temos conhecimento sobre crimes de guerra", disse ela. "Não sabemos nada mesmo. Nós temos conhecimentos específicos sobre atrocidades, mas não compreendemos a psicologia dos crimes de guerra... Houve uma doença psicológica que alimentou esses crimes, que nós temos de entender, ou então não seremos capazes de lidar com isso no futuro."

Ao mesmo tempo, muitas das pessoas que trabalhavam no tribunal ou o observavam perceberam que simplesmente punir os culpados não iria fazer do julgamento um sucesso. Algo mais tinha de surgir dos meses de sessões no tribunal: sinais definitivos de que a Alemanha nazista e suas ideologias haviam sido aniquiladas e de que o mundo poderia aprender com os horrores dos doze anos precedentes para evitar que catástrofes semelhantes acontecessem. "Nós temos grandes esperanças de que esse retrato público da culpa desses malfeitores", o presidente Harry Truman declarou, "irá acarretar, por parte das populações de nossos antigos inimigos, uma repulsa profunda e permanente pela guerra, pelo militarismo, pela agressão e pelos países de superioridade racial".

De volta à cidade natal de Dukie, Chattanooga, Kelley tinha muito em que pensar, e grande parte disso sem ter conexão com o funcionamento da mente dos nazistas. Ele "estava ansioso para esquecer os anos de guerra e seguir adiante com novos planos e projetos", escreveu Dukie depois, talvez com despreocupação excessiva. Kelley certamente precisava de um emprego, e queria um que desse impulso à sua ambição de alcançar uma posição acadêmica importante. Ele tinha uma esposa há muito tempo negligenciada em que pensar, bem como na possibilidade de eles começarem uma família.

Ainda assim, os pensamentos de Kelley relacionados aos líderes nazistas não perderam a força. Em suas horas livres, ele havia escrito suas reflexões sobre os nazistas, as bases de sua maldade e as lições da recente guerra para os norte-americanos. Ao voltar para os Estados Unidos, "muitas pessoas insistiram com ele para que escrevesse sobre seus estudos dos nazistas", Dukie escreveu para uma amiga. "Ele relutava em fazê-lo porque depois de quase quatro anos na guerra, sem interrupções, ele estava cansado e não queria nada além de nós dois viajando pelos Estados Unidos, e vendo de novo as paisagens do interior que nós dois amamos – o que nós fizemos." Mas enquanto eles viajavam, o manuscrito do livro em que ele havia começado a pensar desde suas primeiras semanas na companhia dos nazistas lentamente começou a tomar forma. Kelley não seria capaz de deixar para trás sua experiência em Nuremberg. Na verdade, ela o seguira até em casa.

Para estimular seu raciocínio, Kelley tinha papéis – montes deles. As caixas que ele havia despachado de Nuremberg para casa estavam abarrotadas de documentos, muitos deles únicos. Ele também despachara para o Tennessee uma coleção de livros que seus autores nazistas haviam autografado; cópias de cartas que ele havia transportado entre Hermann e Emmy Göring; uma amostra dos tabletes de paracodeína do Marechal do Reich; raios-X do crânio de Hitler; e as amostras lacradas com cera dos biscoitos, das bolachas e dos doces que Rudolf Hess alegara terem sido envenenados pelos seus captores ingleses. Um monte de papéis e de artefatos, muitos dos quais intrigantes ou macabros do ponto de vista médico, estava ao alcance de suas mãos. Esses materiais o desafiavam. Ele queria dar um sentido pessoal e profissional para o último ano de sua vida: experiências que inúmeros outros psiquiatras, psicólogos e acadêmicos teriam feito qualquer coisa para compartilhar. Relutantemente, Kelley começou a organizar suas próprias opiniões sobre os nazistas. Agora ele era capaz de vê-los a distância. Quais hipóteses ele poderia formular a partir das evidências de crueldade e de criminalidade?

Examinando seus dados e interpretações do teste de Rorschach, Kelley pôde ver que nenhum dos prisioneiros nazistas de alto escalão, com a exceção de Ley com sua lesão cerebral, mostrou sinais de qualquer doença mental ou de traços de personalidade que pudessem rotulá-los de insanos. Ele então se defrontou com o mito popular dos tempos de guerra. Todos os homens, até mesmo o perturbado e esquecido Hess, eram responsáveis por suas ações e capazes de distinguir o certo do errado. Göring, o fascinante com quem Kelley tinha tanto em comum, apresentava desafios especiais. Kelley ficou atônito por um homem tão obviamente inteligente e culto ser tão abertamente desprovido de um compasso moral e de empatia pelos outros. O exemplo de Göring sugeria que talvez qualquer pessoa com inteligência e responsabilidades importantes – inclusive Kelley – poderia perder o controle e causar mal aos outros. Seu interesse profundo por Göring ficava evidente no volume de material sobre o Marechal do Reich que ele trouxera para casa, que ia muito além do material sobre qualquer outro réu.

Se Kelley tivesse esperado descobrir um "germe" nazista, uma personalidade desviante comum a todos os réus, havia poucas evidências de uma. Pelo contrário, ele descobriu nas personalidades deles traços do que chamou de neuroses, problemas psiquiátricos comuns que certamente poderiam ter perturbado os nazistas e aumentado sua falta de piedade, mas não os colocavam fora dos limites da normalidade. Kelley acreditava que inúmeros homens como Göring, sem serem incomodados pela consciência e incitados pelo narcisismo, passavam seus dias "atrás de grandes mesas decidindo grandes questões como homens de negócios, políticos e escroques... Oradores e escritores espertos, educados e destituídos de consciência como Goebbels, vendedores ardilosos e bem-sucedidos como Ribbentrop, e todos os parasitas das áreas de finanças e legal podem ser encontrados entre os homens cujos rostos conhecemos de vista".

Sua longa proximidade com os prisioneiros o convencera de que eles mostravam diversas qualidades: uma ambição desenfreada, pouca ética e patriotismo excessivo que poderiam justificar quase qualquer atitude de moral questionável. Além disso, os nazistas, até mesmo os de mais alto escalão e poderosos, não eram monstros, máquinas de fazer o mal ou autômatos sem alma e sem sentimentos. A preocupação de Göring com sua família; o amor de Schirach pela poesia e o temor de Kaltenbrunner em uma situação de estresse haviam tocado Kelley e o convencido de que seus antigos prisioneiros tinham emoções e reações como as demais pessoas. Qualquer um que os desprezasse "porque nós olhamos com desgosto e com ódio para suas atitudes e suas ações, para desvalorizar o Terceiro Reich" estaria cometendo um grande erro. A relativa normalidade deles deixava uma assombrosa pergunta pendente. Como a inexplicável conduta deles poderia ser entendida? Sem compreender os nazistas ou identificar suas psicoses, Kelley só poderia concluir com relutância que imensas quantidades de pessoas tinham o potencial para agir como os criminosos de guerra haviam agido.

Sem ter evidências psiquiátricas, Kelley se baseou em sociologia, história e na semântica de Korzybski para explicar os alemães. "Insanidade não é uma explicação para os nazistas", ele escreveu. "Eles eram simplesmente criaturas que eram fruto de seu meio ambiente, como todos os seres humanos são; e eles também eram – em um grau muito maior do que grande parte dos seres humanos é – os criadores de seu meio ambiente." Assim como muitos que se questionavam sobre a ascensão do Terceiro Reich, Kelley via conexões entre o crescimento da ideologia dos nazistas e a presença de arraigadas tendências e ideias preconcebidas primitivas na cultura alemã. Desde o fim do século XIX e ao longo da Primeira Guerra Mundial, os líderes alemães haviam pregado a necessidade de massacrar os inimigos, de colocar os alemães acima dos povos dos países vizinhos e de reconhecer seu destino de conquistar os demais. Os nazistas não tiveram de inventar a noção de um Führer, o herói do povo que iria resgatar a nação, e da existência de uma elite que iria liderar todas as outras pessoas. Eles simplesmente se voltaram para o que já era encontrado na atmosfera nacional. "É um fato cientificamente estabelecido que uma pessoa que está pensando com os centros emocionais (talâmicos) do cérebro não consegue pensar intelectualmente (com o córtex)", observou Kelley, voltando-se para a semântica geral. "Hitler tinha todo um povo pensando com seu tálamo. Em tais condições, eles foram uma presa fácil para Goebbels, Streicher, Ley e os demais propagandistas." Não seriam necessárias qualidades admiráveis para usar a força dessas ideias já entranhadas na cultura – somente habilidades de liderança.

Se a insanidade não era o fator comum entre os nazistas, o que seria? Kelley conseguiu descobrir somente duas áreas nas quais os réus de Nuremberg compartilhavam características. A primeira era a imensa energia que eles dedicavam ao seu trabalho; Göring e seus colegas eram *workaholics* de primeira grandeza. "Todos eles trabalhavam por períodos incríveis de tempo, dormiam muito pouco, e dedicaram todas as suas vidas ao problema de nazificar o mundo", ele observou. "Eles trabalhavam como escravos e com fanatismo. É muito ruim", Kelley acrescentou quase pesaroso, "que não tenhamos essa mesma energia para fazer com que a democracia funcione". Além disso, Kelley descobriu que os nazistas visualizavam os fins de suas atividades, e não se importavam muito com os meios que as fizessem acontecer. Esses fins variavam de nazista para nazista, e iam desde dar impulso à disseminação do nazismo a alcançar poder e glória pessoais.

Quanto a Hitler, cuja presença dominava as discussões no presídio de Nuremberg, e que, no entanto, ficava fora do alcance de Kelley, o psiquiatra fez grandes esforços para entender suas motivações e sua natureza. Em Mondorf e em Nuremberg, Kelley havia entrevistado companheiros, médicos, secretários de Hitler e qualquer outra pessoa que tivesse um conhecimento íntimo da vida do líder nazista. Ele afirmou que "Hitler tinha uma profunda convicção de suas próprias capacidades, que chegava à megalomania. Ele acreditava piamente que era a única criatura que tinha condições de levar o Terceiro Reich ao sucesso, e às vezes parecia sentir que havia sido escolhido pelo Céu para essa tarefa". Qualquer pessoa que confrontasse Hitler enfrentava a temível raiva do líder. Para Kelley, não era incoerente com tal megalomania que Hitler, na vida pessoal, fosse com frequência gentil e falasse educadamente com sua equipe; delicado com as mulheres, as crianças e os idosos; e um amante da boa comida e de outros prazeres simples da vida.

A análise feita por Kelley do testemunho que ele compilara dos colegas de Hitler também o convenceu de que o líder alemão tinha um ímpeto sexual menor que muitos outros homens e, como Göring, pode tê-lo canalizado para o trabalho. "Hitler era tão normal em todos os aspectos quanto qualquer homem normal", Göring dissera a Kelley. Era um pensamento bastante assustador.

Douglas Kelley estava longe de ser o primeiro psiquiatra ou psicólogo a tentar fazer uma análise da mente de Hitler. Em 1942, Joseph MacCurdy, professor de Cambridge, havia dissecado o antissemitismo do Führer, descobrindo que ele refletia o estado mental cada vez mais delirante e frustrado de Hitler, à medida que seus combatentes começaram a perder no campo de batalha. O psicanalista Walter C. Langer e o psicólogo Henry Murray também fizeram perfis de Hitler que serviram de guia para os planos da Agência de Serviços Estratégicos dos Estados Unidos durante a guerra.

Entretanto, Kelley acabou se concentrando nos tão conhecidos problemas gastrointestinais de Hitler – uma história de vinte anos de gases e de dores de estômago – como uma chave para compreender seu comportamento. Os médicos de Hitler nunca descobriram uma causa orgânica, e Kelley diagnosticou o problema como "não mais do que uma dor de barriga nervosa". Kelley acreditava que esses sintomas indicavam um "transtorno de ansiedade e fixações centradas em seu estômago... nada que pudesse mandar alguém para uma instituição hospitalar. Ele temia a morte. Muitas decisões importantes foram tomadas às pressas e postas em prática de modo igualmente apressado". Kelley soubera, por exemplo, que Hitler disse a Göring em 1941 que um ataque planejado à União Soviética tinha de ser levado a cabo imediatamente porque o estômago dele estava piorando; o Führer temia ter câncer de estômago e que pudesse morrer logo. Como consequência, o líder nazista desviou sua atenção dos ataques bem-sucedidos à Grã-Bretanha para uma campanha no Leste que resultou na derrota. "Os horrores de tal decisão são muito conhecidos", Kelley escreveu, "e é apavorante perceber que toda uma guerra foi desencadeada por causa das graves dores de estômago histéricas e dos temores obsessivo-compulsivos de um psiconeurótico que casualmente estava em posição de comando". Na mesma tentativa de seguir adiante rapidamente antes que o câncer de estômago o abatesse, Hitler exigira longas horas de trabalho de seus subordinados. Não há evidências de que Hitler realmente sofresse de câncer de estômago, e o Führer se recusou a permitir que fizessem raios-X de seu estômago porque não desejava confirmar seus temores. Um dos médicos de Hitler, Karl Brandt, disse a Kelley que Hitler passou seus últimos anos recebendo continuamente injeções de vitaminas e de glicose para combater a doença imaginária.

O temor que Hitler sentia da morte, evidente no fato de ele empregar cinco médicos simultaneamente, deu a Kelley um *insight* sobre a atitude do líder em relação ao suicídio. A princípio, Hitler não permitia que ninguém discutisse o assunto em sua presença. Durante anos, até mesmo quando a força da guerra se voltou contra ele, Hitler dizia com frequência: "Ninguém, a não ser um fraco ou um tolo, jamais iria cometer suicídio". Mas sua opinião mudou à medida que as derrotas nazistas começaram a se avolumar e sua própria saúde se deteriorou. Depois de 1944, então oprimido com um tremor e uma fraqueza em sua mão e perna esquerdas que os médicos haviam diagnosticado como histéricos em sua origem, "ouviram-no dizer que ele poderia muito bem entender como alguém que não fosse mais saudável pudesse se matar... Ele manifestou um temor imenso de que seu problema pudesse se alastrar para a mão direita", relatou Kelley. "Um dia ele disse claramente que, caso isso acontecesse, iria dar fim à sua vida."

Outro fator da atração do suicídio para Hitler foi o destino do seu companheiro ditador fascista Benito Mussolini, cujo corpo seus inimigos penduraram em público depois de sua execução. Ao ver fotos dessa profanação, Göring disse para Kelley: "Hitler ficou frenético. Ele agarrou as fotos e foi de um lado para outro do hall gritando, 'Isso jamais vai acontecer comigo!' E agitava as fotos na mão. Depois disso, Hitler diversas vezes mencionou o assunto espontaneamente". Göring recordou: "Ele jurou que jamais iria ser levado vivo e que nenhum alemão furioso nunca teria a oportunidade de conspurcar-lhe o cadáver". Por esse motivo, Göring afirmava, Hitler se recusou a liderar seu exército em uma defensiva final contra os russos, temendo que os inimigos pudessem se apossar de seu corpo. Finalmente, nos dias antes de cometer suicídio em seu *bunker* de Berlim com Eva Braun, Hitler escreveu em seu testamento final: "Minha esposa e eu escolhemos morrer de modo a evitar vergonha e derrota ou capitulação". Kelley descobriu outras peculiaridades na psique de Hitler – incluindo sua relutância em tocar animais sem usar luvas, seu interesse por cavalos e o medo que sentia deles, sua repetição obsessiva da rotina diária e sua meticulosa atenção à higiene pessoal –, mas nada que rotulasse o nazista como psicótico ou louco.

* * * * * *

Kelley sabia que os nazistas haviam cometido atrocidades e crimes de guerra em uma escala sem precedentes. Até mesmo os líderes alemães ficaram surpresos ao perceber o que eles haviam feito e onde haviam acabado. Mas homens cujas personalidades se encaixavam dentro de parâmetros normais haviam desencadeado as afrontas nazistas, fazendo com que Kelley temesse que elas pudessem acontecer novamente. "Com a exceção do dr. Ley, não havia nenhuma criatura maluca na turma", ele disse a um repórter da *New Yorker*. Os líderes "não eram tipos especiais", ele escreveu. "Seus padrões de personalidade indicam que, ao mesmo tempo em que eles não são indivíduos socialmente desejáveis, tipos iguais aos deles poderiam ser facilmente encontrados nos Estados Unidos" ou em qualquer outro lugar. Consequentemente, ele temia que holocaustos e crimes contra a humanidade pudessem ser repetidos por criminosos psicologicamente semelhantes. Suas preocupações eram diferentes das de Hannah Arendt, que ficou famosa ao comentar a respeito da "banalidade do mal" em seus escritos sobre o julgamento de Adolf Eichmann em Israel em 1961. Arendt afirmava que os nazistas seguiam ordens vindas do alto, consideravam essas ordens rotina e aceitavam suas próprias ações como banais. Pelo contrário, muitos dos nazistas que Kelley estudara continuavam a ver seu regime e a parte nele desempenhada como especiais, favorecidos pelo decorrer da evolução humana. Esse tipo de pensamento permitiu a Göring acabar com antigos colegas e emitir decretos assassinos – a se deliciar em seu poder – mesmo quando desfrutava de uma vida familiar amorosa.

O psiquiatra poderia facilmente ter aceitado conclusões de seus estudos feitos em Nuremberg que apresentavam os nazistas como psicopatas ou como pessoas nos moldes de Arendt. Ele poderia ter descansado tranquilamente acreditando que os alemães eram tão culturalmente diferentes que tais homens poderiam somente ter subido ao poder sob circunstâncias ímpares. Pelo contrário, ele chegou a uma conclusão diferente, que o chocou e o perturbou: as características que levaram os nazistas de alto escalão a cometer e a tolerar tais atos de horror existiam em muitas pessoas, que viviam em muitos lugares. É verdade, os nazistas chegaram ao poder na Alemanha em parte devido aos padrões culturais de sua nação. Mas eles "não são pessoas sem igual", disse Kelley para plateias norte-americanas em palestras durante o outono de 1946, logo depois da execução dos homens condenados:

> Eles são pessoas que existem em cada país do mundo. Seus padrões de personalidade não são obscuros. Mas eles são pessoas

> que têm ímpetos peculiares, pessoas que desejam ter o poder, e vocês dizem que eles não existem aqui, e eu diria que estou bastante seguro de que há pessoas mesmo nos Estados Unidos que iriam tranquilamente passar por cima dos cadáveres de metade do público norte-americano se pudessem conseguir o controle sobre a outra metade, e essas são as pessoas que, hoje, estão falando – que estão utilizando os direitos da democracia de um modo antidemocrático.

Suas observações dos nazistas em Nuremberg sugeriram-lhe que os problemas da Alemanha poderiam, teoricamente, se tornar os dos Estados Unidos. Seus concidadãos normalmente se tranquilizavam dizendo que nos Estados Unidos os poucos não poderiam controlar os muitos, que a civilização não poderia afundar em tal barbárie, e que as tradições democráticas da nação não tolerariam o totalitarismo. Kelley considerava tal otimismo ingênuo. Ele ficou convencido de que "há pouca coisa nos Estados Unidos hoje que possa evitar o estabelecimento de um estado semelhante ao nazista". E até mesmo pior, o preconceito fascista já permeava a cultura norte-americana. "Eu descobri o mesmo sentimento antiminoria espalhado pela população norte-americana", ele disse a uma plateia de uma palestra.

Políticos norte-americanos, como os supremacistas brancos senador Theodore Bilbo e o congressista John E. Rankin de Mississippi e o governador Eugene Talmadge da Geórgia, Kelley sustentava, exploravam mitos raciais "da mesma maneira que Hitler e seus asseclas fizeram. Eles usam o racismo como um método para obtenção de poder pessoal, engrandecimento político ou riqueza pessoal. Nós estamos permitindo que o racismo seja usado aqui para tais fins. Eu estou convencido de que o uso contínuo de tais mitos neste país irá fazer com que nós nos juntemos aos nazistas no esgoto da civilização". Embora declarasse que a ameaça aos Estados Unidos não fosse imediata, Kelley apontava as maquinações políticas e o controle da polícia por parte de figuras como Huey Long como evidências de que as técnicas de poder nazista já estavam bem desenvolvidas entre os demagogos em bolsões regionais dos Estados Unidos, assim como

Hitler lançara seu movimento fascista de seus quartéis-generais ideológicos em Munique.

Os norte-americanos, concluiu Kelley, precisavam examinar detidamente sua própria cultura e políticas se quisessem evitar o extremismo e a brutalidade dos nazistas. De certo modo, Streicher e Rosenberg tinha tido razão ao alertar sobre a sublevação iminente nos Estados Unidos. Em vez do caos racial envolvendo afrodescendentes e judeus que os dois nazistas condenados haviam previsto, entretanto, o maior perigo para os Estados Unidos surgia dos demagogos ideológicos. Kelley acreditava que os norte-americanos deveriam examinar minuciosamente "nossos pensamentos e nossa educação, nossas medidas e nossos métodos políticos, se quisermos evitar o triste destino dos alemães".

Por conseguinte, Kelley argumentava que os norte-americanos precisavam evitar que pessoas com esses tipos de personalidade conquistassem o controle político nos Estados Unidos. Com a histeria anticomunista e a resistência aos direitos civis em ascensão, ele destacou, os Estados Unidos tinham ultranacionalistas e intolerantes raciais em grande quantidade. Por muito tempo, os alemães haviam ensinado a si mesmos as ideias de superioridade nórdica, histórias de heróis que iriam surgir das massas para liderar de modo triunfante, e a aceitabilidade de uma classe dominante da elite dominando à força o resto da sociedade. "Os norte-americanos estão somente [agora] aprendendo essa lição", declarou Kelley. Para combater essa ameaça, Kelley defendia eliminar todas as restrições ao direito ao voto dos cidadãos norte-americanos, convencer tantos norte-americanos quanto possível a votar nas eleições e reconstruir o sistema educacional para aperfeiçoar estudantes que, de modo korzybskiano, pudessem pensar criticamente e resistissem ao uso "de reações emocionais fortes" para a tomada de decisões. Finalmente, ele instou seus concidadãos a se recusarem a votar em qualquer candidato que fizesse "capital político" da raça e das crenças religiosas de qualquer grupo, ou se referissem direta ou indiretamente ao sangue, à herança ou à moral dos oponentes. "Os Estados Unidos jamais [iriam] alcançar sua estatura total" até que tivessem passado por tal transformação.

Embora professasse fé nas tradições e no potencial dos Estados Unidos, Kelley revelava sua falta de confiança em seus políticos e nos norte-americanos comuns que estavam sob a influência deles. As pessoas que tinham cargos públicos, ele acreditava, eram, com frequência, manipuladoras e tinham sede de poder, e seus eleitores, ignorantes e crédulos. Sem a vigilância de pessoas intelectualmente desenvolvidas, o fascismo poderia surgir a qualquer momento. A autoridade era sempre nefasta. Sem que ele se desse conta disso, a suspeita que Kelley tinha das instituições e dos funcionários governamentais refletia a de muitos de seus fanáticos oponentes.

* * * * * *

A partir de 1946, Kelley se dedicou a uma movimentada agenda de palestras para divulgar seus pontos de vista sobre os nazistas e criar um público para seu livro que ainda estava por terminar. (Ele escreveu também inúmeros artigos, incluindo para a *Collier's*, com o título equivocado *Squeal, Nazi, Squeal* [Guinche, nazista, guinche].) Ele se concentrava em palestras na Califórnia, onde tinha muitos contatos que poderiam ajudá-lo a conseguir locais onde se apresentar. Fazendo palestras tem todo o Estado, ele abrangeu uma variedade de tópicos, incluindo fatores psicológicos dos julgamentos de Nuremberg, a estratégia da psiquiatria de guerra e os antecedentes fisiológicos da história recente da Alemanha.

Com o manuscrito de seu livro quase completo no fim de 1946, Kelley abordou muitos editores de Nova York, e, para seu espanto, foi rejeitado. Ele acabou assinando um contrato com a editora Greenberg com um parco adiantamento de 300 dólares. Fundada vinte e dois anos antes por Jacob e David Greenberg, a editora tinha um catálogo abrangente, publicando faroestes, livros de receitas e livros eróticos para gays, assim como livros de história, sociologia, criminologia e arquitetura. Ela certamente ocupava na escala editorial um nível mais baixo do que Kelley esperara alcançar com seu manuscrito, mas a oferta de Greenberg foi a melhor que recebeu, e ele provavelmente acreditava que qualquer publicação de seu livro receberia atenção e promoveria sua carreira acadêmica. Foram precisos meses, contudo, para Greenberg editar e lançar o livro, que foi intitulado *22 cells in Nuremberg* [22 celas em Nuremberg]. Já que seu livro não iria deixá-lo rico, Kelley precisava de um emprego imediatamente.

Durante 1946, ele havia tentado obter um cargo de professor em sua *alma mater*, a Universidade da Califórnia, em Berkeley. Finalmente "ofereceram-lhe um cargo de professor assistente na Universidade e disseram-lhe que, se fosse um bom rapaz, poderia se tornar professor adjunto em uns vinte anos", um de seus amigos e colega no Corpo da Armada Médica dos Estados Unidos, o neurologista Howard D. Fabing, recordou anos depois. Kelley tinha ideias muito elevadas sobre si mesmo e seus talentos para aceitar tal oferta, e retomou sua busca por uma posição que se adequasse melhor ao ex-psiquiatra dos réus de Nuremberg.

Kelley logo conseguiu um novo emprego a 587 quilômetros de sua casa em Chattanooga, como professor associado de psiquiatria na Faculdade de Medicina Bowman-Gray, que era parte da Universidade de Wake Forest em Winston-Salem, Carolina do Norte. Lá, Lloyd Thompson, seu antigo supervisor no Exército norte-americano, havia fundado um departamento de neuropsiquiatria apenas algumas semanas antes. Inicialmente, o cargo se concentrava nas tarefas de ensino, mas depois de um ano Kelley havia retomado o trabalho com pacientes como diretor do Graylyn, o centro de reabilitação psiquiátrica e convalescença da faculdade de medicina, com trinta e cinco leitos, inaugurado durante o verão de 1947. O centro ocupava a mansão em estilo neorromânico de Bowman Gray, ex-presidente e *chairman* da R. J. Reynolds Tobacco Company, e sua esposa Nathalie. Depois da morte de Bowman, Nathalie e seus filhos haviam doado a propriedade à Universidade Wake Forest. Visitantes entravam na propriedade de 200 mil metros quadrados por caminhos que serpenteavam por entre gramados e jardins muito bem cuidados. Graylyn era imensa e espraiada, "um solar em estilo inglês do tipo que somente um norte-americano com uma conta bancária de muitos anos de vida poderia construir", um jornalista disse certa vez. A casa era repleta de objetos de ferro, belos azulejos e mobília cara.

Esse emprego deu aos Kelleys a primeira chance real de se estabelecer desde seu casamento. Eles se mudaram para Winston-Salem em dezembro, e encontraram uma casa de tijolinhos com uma biblioteca grande o suficiente para acolher os dois mil e setecentos quilos de livros de Kelley, que os descrevia como uma das maiores coleções particulares do país de livros sobre psiquiatria.

Como um psiquiatra muito conceituado de trinta e seis anos de idade e recém-saído de intrigantes experiências militares, Kelley era a atração de Graylyn, levado para supervisionar todo o cuidado com os pacientes. (Assim como o resto da equipe de Graylyn, Kelley recebia um salário fixo e não tinha um consultório particular.) A universidade suprira o centro com todos os tipos de aparelhos para testes e equipamentos. Graylyn poderia oferecer aos pacientes uma grande variedade de tratamentos, incluindo terapia por choque insulínico, terapia ocupacional e eletroconvulsoterapia. Os médicos podiam até mesmo fazer experiências com lobotomia, a técnica de cirurgia psiquiátrica que Kelley julgava acarretar melhoras que variavam de "consideráveis" a "espetaculares" para metade dos pacientes submetidos à cirurgia. (O uso da lobotomia acabou entrando em declínio mundialmente por causa dos significativos efeitos colaterais do procedimento, sua baixa eficácia real e os maiores benefícios das drogas psicoativas.)

Kelley levou para Graylyn a abordagem de psicoterapia em grupo, a qual fora um dos primeiros a usar com militares com traumas de guerra. Quando trabalhava com grupos de pacientes, ele aparentava um misto de seriedade, uma inteligência muito evidente e uma habilidade para desenhar gráficos, figuras e processos no quadro-negro. Ele planejava expandir o alcance do tratamento fazendo construir em Graylyn um pequeno palco com bancos para a plateia, onde cenas de uma nova forma de tratamento chamada psicodrama poderiam ser realizadas. Nele, os pacientes representavam suas ansiedades para serem discutidas por seus companheiros pacientes na plateia. O objetivo dessas interações em grupo era aliviar os sentimentos de isolamento dos pacientes. "Uma pessoa neurótica invariavelmente pensa que seu problema é único", Kelley disse a um repórter logo depois de sua chegada a Winston-Salem, "e que nenhuma outra pessoa jamais teve esse problema. Nós destacamos – e outros pacientes destacam – que muitas pessoas já tiveram o mesmo problema e tentamos mostrar para elas como podem superar suas próprias preocupações".

Sob a supervisão de Kelley, Graylyn não aceitava "deficientes mentais" ou psicopatas, a quem ele considerava além do alcance terapêutico da psiquiatria. A maior parte dos pacientes da instituição era composta por neuróticos ou psicóticos limítrofes; Kelley achava que essas pessoas poderiam se beneficiar mais da ajuda de Graylyn. Um pequeno número de alcoólatras seria admitido – aqueles sem tendências psicóticas.

Embora o próprio Kelley com frequência apreciasse um drinque, ele não ignorava profissionalmente o problema do alcoolismo. Durante muitos anos ele defendeu o tratamento do problema de quem bebia com um novo remédio chamado Antabuse, disponível experimentalmente em minúsculos tabletes brancos. "Nenhum homem", Kelley declarou, "irá lutar contra os efeitos do Antabuse para beber uísque o suficiente para deixá-los bêbados. Poucos conseguem ir além de um primeiro drinque, depois de a droga tê-los tornado sensíveis ao álcool". A droga reagia com o álcool no organismo para produzir acetaldeído e causava dores de cabeça, falta de ar e náusea profunda. Kelley acreditava que o profundo mal-estar resultante iria condicionar as pessoas que bebiam a manter o copo vazio. O Antabuse, que Kelley testou em Graylyn, "garante que qualquer alcoólatra que esteja sinceramente interessado em encontrar uma cura vai encontrar uma grande ajuda", algo que as ameaças de condenação ou as leis que restringiam a venda de bebidas alcoólicas não foram capazes de conseguir, ele disse a um repórter em 1948. Pesquisadores só poderiam descobrir muitos outros tratamentos viáveis para o alcoolismo se houvesse dinheiro suficiente, e Kelley frequentemente propunha novos impostos sobre as vendas de bebidas para levantar fundos para tais pesquisas.

******

A semântica geral, o uso de palavras e de seus significados para moldar o comportamento, que Kelley havia estudado com Alfred

Korzybski antes da guerra, também se tornou parte do instrumental psiquiátrico em Graylyn. Pouco antes da inauguração de Graylyn, Kelley aceitara a vice-presidência do Instituto de Semântica Geral, que o próprio Korzybski havia fundado para promover a disciplina. Kelley continuava a acreditar que a semântica geral era valiosa para a psiquiatria como uma abordagem para a comunicação do uso da razão contra a emoção no tratamento de doenças. "Nós na verdade iremos tornar a treinar [os pacientes] a pensar, de modo que eles possam, inteligente e cientificamente, se confrontar com os problemas da vida", explicou Kelley.

Além dos pacientes que sofriam de neuroses e psicoses limítrofes, Graylyn admitiu muitos veteranos militares exonerados que precisavam da experiência de Kelley no tratamento de combatentes com neuroses de guerra. No outono de 1948, Chester S. Davis, um redator do *Winston-Salem Journal and Sentinel*, testemunhou o tratamento de um desses pacientes, chamado Jonathan Worth (provavelmente um pseudônimo que Kelley pediu a Davis para usar), que sobrevivera a uma explosão em combate em Attu, no arquipélago das Ilhas Aleutas do Alasca, cenário de combates encarniçados em 1943 depois de forças japonesas ocuparem a ilha no ano anterior. (A Batalha de Attu foi a única batalha em terra da Segunda Guerra Mundial travada em território norte-americano.) O combate deixou Worth fisicamente ileso, mas com problemas emocionais, e ele reclamava de fraqueza e de dores de cabeça crônicas, ao mesmo tempo em que não tinha lembranças da explosão que o havia incapacitado. Ele foi diagnosticado com psiconeurose, apresentando sintomas sem causa orgânica, e passou por um regime de tratamento típico para os pacientes de Kelley em Graylyn que haviam acabado de sair do serviço militar. Worth recebeu injeções de insulina por três semanas, um tratamento que tinha por objetivo fazer com que ele entrasse e saísse do estado de coma, e um completo repouso da mente e do corpo do paciente. Kelley acreditava que a superdosagem de insulina também iria aumentar o apetite de Worth, ajudá-lo a ganhar peso e recompor seu sistema nervoso central.

A terapia com insulina fez com que Worth se sentisse melhor e tivesse melhor aparência, mas as dores de cabeça persistiam. Então

Kelley começou a fase seguinte do tratamento, que envolvia o uso de um de seus instrumentos antipsicóticos favoritos. Levando o paciente para seu consultório, ele lhe ministrou amobarbital tiopentato de sódio para fazê-lo entrar no estado de sonolência da narco-hipnose, e tocou uma gravação pouco usual em uma vitrola. Enquanto Worth caía num estado de sonolência, os sons da batalha encheram a sala em alto volume. Uma lancha de desembarque atingiu uma praia rochosa, aviões mergulhavam e zuniam, bombas sibilavam e pulverizavam seus alvos e metralhadoras cuspiam balas. Os sons de Attu, ou algo muito parecido com eles, rodeavam o sonolento Worth.

De repente, ele se sentou ereto no sofá e, "em um instante, Jonathan Worth começou a reviver o desembarque em Attu, um assunto que, até então, era um branco em sua memória", Davis escreveu. Estimulado por Kelley, Worth disse que acreditava ter sido levado de volta a sua posição como operador de metralhadora na parte frontal de uma lancha de desembarque invasora norte-americana. Ele estava atirando em posições japonesas em terra, e viu muitos soldados caindo sob seu ataque. Depois de desembarcar, no entanto, ele descobriu que os "inimigos" que ele havia matado eram, na verdade, soldados norte-americanos. Ele se aproximou deles e viu que um se parecia com seu pai. Dominado pelo choque, ele desmaiou em um amontoado de pedras e foi mais tarde levado para um hospital.

"Quando Jonathan acordou de seu sono induzido por remédios, o dr. Kelley conversou com ele", Davis escreveu, "e o fez ver que o que ele fizera havia sido acidental, e que seus sentimentos de culpa eram bastante normais, mas desnecessários". Mandado de volta para seu quarto para se recuperar, Worth descobriu que as dores de cabeça ainda o perturbavam. Kelley voltou sua atenção para o relacionamento de Worth com seu pai. Ele considerava pouco provável que o soldado morto realmente se parecesse com o Worth sênior, e Kelley queria entender por que o operador de metralhadora superpusera a face de seu pai à do homem morto. Em sessões de psicoterapia, Kelley ficou sabendo que o pai de Worth era um bêbado que tratava a esposa e o filho com violência "e, certa vez, deu um tapa no bebê Jonathan que o atirou no meio da sala", Davis escreveu. Worth cresceu dizendo amar o homem enquanto abrigava sentimentos assassinos em relação a ele.

"O doutor Kelley reconstrói a história da seguinte maneira", recontou Davis. "Quando desembarcou na praia de verdade e correu em direção ao amontoado de corpos, Jonathan teve dois choques – em primeiro lugar, o de ter matado norte-americanos, e em segundo lugar, para se proteger do golpe, ele disse a si mesmo que havia matado o único homem que sempre tivera vontade de matar, seu pai. O tratamento, com esses fatos em mãos, foi bastante fácil". Kelley sugeriu para Worth que o pai merecia seu ódio, e que Worth na verdade o havia odiado. Os sentimentos de raiva de Worth em relação ao genitor eram completamente normais e justificáveis, disse Kelley. "Assim que essa lição foi aceita de modo consciente, as tensões musculares de Worth relaxaram, os poderosos tendões do pescoço aliviaram sua pressão na base do crânio, e Jonathan Worth sentiu o alívio misericordioso da vida sem uma fortíssima dor de cabeça." (John Hersey narrou uma história assombrosamente parecida de recuperação de trauma de guerra usando narco-hipnose em *A Short Talk with Erlanger* [Uma breve conversa com Erlanger], um artigo da revista *Life* publicado em outubro de 1945.)

O relato de Davis sobre o diagnóstico, o tratamento e a solução do problema de Worth prosseguia de modo dramático e lógico, e Kelley realmente enfatizava a base racional e científica de seu trabalho fundamentado na semântica geral. Ele se orgulhava de sua capacidade de fazer com que os pacientes substituíssem percepções ilusórias pelas racionais. A semântica geral continuava a figurar de modo proeminente nos seus tratamentos, como no uso que fazia de gravações de campos de batalha e no poder benéfico que ele previu ao levar Worth a usar e assumir a palavra "ódio" na descrição de seus sentimentos em relação ao pai. Combinado com todos os outros tratamentos que Graylyn oferecia, a aplicação da semântica geral poderia fazer com que os pacientes recuperassem a saúde de modo muito mais rápido do que outras variedades de psicoterapia sozinhas. Se as pessoas pensassem de modo mais racional, elas "não iriam agir de modo tão insano", Kelley gostava de dizer.

******

Durante toda a sua permanência em Bowman-Gray, Kelley continuou a dar palestras, principalmente nos estados mais próximos do meio-Atlântico. Ele viajou pelas Carolinas, Geórgia, Pennsylvania e Virginia, com desvios ocasionais pelo Meio-Oeste e costa Oeste, falando sobre tópicos como as lições de Nuremberg e as perspectivas na psiquiatria. Entre 1947 e 1949 ele proferiu quarenta e seis palestras, incluindo uma apresentação sobre neurologia em uma convenção de mágicos.

Kelley falava com frequência sobre a imaturidade emocional do público norte-americano. "A idade emocional média do povo norte-americano é... assustadoramente baixa", ele disse para uma plateia em San Francisco. "Detesto dizer – sinto-me quase amedrontado ao admitir isso – que tudo que nós sabemos parece indicar que a idade emocional de um grande número de norte-americanos se encontra entre os cinco e os sete anos. Se elevarmos isso ao nível de quinze anos, então estaremos seguros – como povo e como nação."

Ele centrava palestras inteiras no que acreditava ser a saúde mental doentia do público norte-americano e recomendava mudanças nas técnicas de criação das crianças para diminuir a incidência de norte-americanos que "não são muito inteligentes ou são emocionalmente imaturos. Vocês podem vê-los todos os dias – o adulto que faz escândalos como uma criança; outra pessoa que recorre às lágrimas para conseguir o que deseja; uma terceira que simplesmente fica sentada como um amontoado de protoplasma, indiferente a tudo ao seu redor, e uma quarta que simplesmente não vai brincar", disse ele para uma plateia. Não era um retrato simpático nem otimista de seus compatriotas. Kelley também reconhecia que muitos de seus colegas psiquiatras eram "estranhos", uma circunstância que ele chamava de "infeliz, mas razoável... As pessoas instáveis com frequência irão procurar a psiquiatria. A área tem atraído mais pessoas estranhas do que talvez qualquer outro dos diferentes campos" da medicina, ele observou em Wilkes-Barre. Mas, defendendo seus colegas, ele lamentou o "mito de que psiquiatras estão sempre tentando interpretar o comportamento de seus colegas em jantares. Nós somente interpretamos o comportamento durante as horas de serviço".

Membros de suas plateias às vezes lhe perguntavam como Göring conseguira a cápsula de cianureto que havia usado para cometer suicídio. Kelley respondia que não sabia com certeza, mas supunha que o advogado do Marechal do Reich poderia tê-la passado ao seu cliente junto com alguns documentos legais. Kelley tinha certeza de que Göring não tinha cápsulas de veneno escondidas durante os meses em que ele havia sido o psiquiatra do presídio de Nuremberg, porque suas próprias vistorias minuciosas dos prisioneiros não haviam detectado objetos estranhos.

Em outras palestras, Kelley propunha o bloqueio de visitantes aos Estados Unidos que pudessem tentar divulgar uma ideologia totalitária. Se dependesse dele, todos os políticos e chefes de Estado passariam por exame psiquiátrico antes de começarem seu mandato. "A principal coisa a ser feita", disse Kelley em um discurso em 1947 à Liga Antidifamação da B'nai B'rith em Nova York, "é admitir e reconhecer o perigo. Nós não podemos ser como pacientes que suspeitam que possam estar doentes e vão adiando a visita ao médico por temerem que ele lhes digam que estão doentes. As raízes estão aqui – vocês as veem em ações antiminorias de todos os tipos, contra os negros no Sul, contra os judeus nesta região, contra os orientais na costa Oeste". Mas o que ficava sem ser dito era o impulso profundamente autoritário que jazia por trás de seus pedidos de avaliação e de escrutínio. Quem iria escrutinar se não o próprio bom doutor?

Embora dramatizasse suas descobertas sobre a personalidade nazista quando se dirigia pessoalmente a plateias, Kelley nunca manifestou tal certeza a respeito de identificar potenciais nazistas em seu livro. Greenberg finalmente publicou *22 cells in Nuremberg* no começo de 1947; uma segunda tiragem logo se seguiu. Kelley havia concebido o livro como uma visão geral de suas opiniões profissionais sobre os réus nazistas e também sobre Hitler, não como uma crônica das pontuações e das interpretações do Rorschach que ele desenvolvera em Nuremberg. Ele ainda não estava pronto para explicar os resultados dos testes.

Muitos dos que compraram o livro queriam ver Kelley acabando com os mitos comumente aceitos de que os nazistas eram loucos, de que Göring e Schirach eram homossexuais desajeitados e de que a amnésia de Hess era completamente fingida. As afirmações do autor de que os nazistas de alto escalão que haviam assumido o controle da Alemanha eram homens extremamente inteligentes e psiquiatricamente normais chamaram a atenção na época, mas parecem ter desaparecido da imaginação do público nas décadas desde então.

Kelley esperava que a publicação do livro fosse combater os rumores de que ele havia, de algum modo, sido atraído pelas ideologias ou personalidades nazistas durante sua permanência em Nuremberg. Ele "não tinha de jeito nenhum simpatia pelos nazistas, ou pela filosofia ou pelas ações deles – longe disso!", Dukie escreveu, com lealdade. "Entretanto, por ser um verdadeiro cientista, ele sabia como controlar sua aversão de modo a extrair as informações de que precisava para um estudo imparcial, o que as pessoas que consideram que ele era simpatizante provavelmente não teriam podido fazer."

Entrementes, Gustave Gilbert não havia aceitado com facilidade a partida de Kelley de Nuremberg com os papéis, os resultados dos testes e as observações do psicólogo. Depois de os julgamentos terem terminado e de ele ter deixado o serviço militar, Gilbert correu a editar suas próprias anotações e preparar seu próprio livro para os leitores em geral sobre as personalidades dos nazistas e os acontecimentos por trás dos holofotes no presídio e no julgamento, que apareceu como *Nuremberg diary* [Diário de Nuremberg] poucas semanas depois da publicação de *22 cells*. Assim como o livro de Kelley, o de Gilbert evitou fazer referências diretas aos testes de Rorschach que ele e o psiquiatra haviam ministrado, talvez por causa da falta de experiência do autor na interpretação de tais resultados.

Não obstante, Gilbert investigou profundamente as personalidades nazistas e produziu um relato de seus meses com os prisioneiros em Nuremberg que influenciou muitos psicólogos e historiadores posteriormente. Suas interpretações dos líderes alemães com frequência divergiam das de Kelley. Gilbert escreveu que ele não via vários dos réus de Nuremberg como normais ou corriqueiros em suas características, mas sim como psicopatas, donos de um tipo perigoso e único de personalidade. Göring, Gilbert insistia, era impulsivo, egocêntrico e não tinha coragem moral, inclinado a atacar de modo repentino seus oponentes quando não estava apresentando sua fachada de cordialidade. Ele se importava muito pouco com pessoas fora de seu círculo familiar. Para Göring, a guerra era apenas um veículo para confirmar a supremacia sobre os outros, não um grandioso conflito movido por interesses nacionais. Sua ânsia pelo poder fez com que surgissem seu cinismo, sadismo e ganância. Gilbert explicou a lealdade de Göring em relação a Hitler como uma simples formalidade superficial, um modo de o Marechal do Reich satisfazer seu desejo por um grande poder pessoal. O suicídio de Göring, Gilbert afirmava, era simplesmente covardia teatral. Enquanto Gilbert mostrava as características desagradáveis de Göring como marcas de uma personalidade psicopata, Kelley as apresentara como qualidades encontradas em muitas pessoas bem-sucedidas nos negócios e na política. E ao contrário de Kelley, que desconfiava dos objetivos de todas as autoridades políticas, Gilbert via o nazismo como uma forma perniciosa única de domínio político que precisava de condições especiais para florescer.

O livro de Gilbert recebeu uma aprovação pouco usual de uma fonte nazista, Albert Speer, que então cumpria sua sentença de vinte anos na prisão de Spandau. "Devo admitir que [Gilbert] reproduz a atmosfera com objetividade surpreendente", disse Speer. "Seus julgamentos são, de modo geral, corretos e justos; eu dificilmente teria dito isso de modo muito diferente." Speer sempre havia manifestado sua aprovação ao trabalho de Gilbert em Nuremberg, confessando que o psicólogo deixara o nazista sentindo "algo semelhante a gratidão". (Gilbert deu sequência, em 1950, com um segundo livro, *The psychology of dictatorship* [A psicologia da ditadura], uma apreciação mais sistemática do regime nazista e de seus líderes.) Talvez a diferença mais importante entre os livros de Kelley e de Gilbert fosse o fato de o de Gilbert oferecer uma explicação que os presumidos e vitoriosos norte-americanos queriam escutar. Ele estava no espírito da época.

Greenberg autorizou um editor britânico a publicar *22 cells* e esperou vendas decentes por toda a Europa. "Entretanto, nós descobrimos que o irmão Gilbert tinha estado lá antes de nós", um dos representantes de Greenberg escreveu para Kelley. "O senhor provavelmente viu no *Times* que o livro de Gilbert vai ser lançado no fim de março. É certo conforto e uma vantagem real tê-lo derrotado no último instante." Quando Leon Goldensohn, o psiquiatra que substituiu Kelley em Nuremberg, reclamou a respeito da alegação na sobrecapa de *22 cells* de que Kelley era o único psiquiatra na prisão que tinha tido contato íntimo com os réus, Greenberg retirou-a da capa. "Não creio que precisemos nos preocupar com ele", acrescentou o funcionário de Greenberg. (Goldensohn mantinha suas próprias anotações detalhadas de seus prolongados encontros com os nazistas, mas não as publicou. Elas foram publicadas em 2005 no livro *The Nuremberg interviews: an american psychistrist's conversations with the defendants and witnesses* [As entrevistas de Nuremberg: as conversas de um psiquiatra norte-americano com os réus e as testemunhas], editado pelo pesquisador da Segunda Guerra Mundial Robert Gellately, quarenta e cinco anos depois da morte de Goldensohn.)

Sempre disposto a falar em público, Kelley promoveu incansavelmente *22 cells*. Ele acreditava que tinha uma mensagem urgente para difundir. Em março de 1947, ele passou quatro dias excursionando com o livro em Nova York; aparecendo em quatro programas de rádio ao vivo, gravando outro para transmissão posterior e sendo a principal atração de uma conferência de imprensa. Ele enfatizava que seu livro não era para psiquiatras, outros médicos ou especialistas acadêmicos – queria que a obra influenciasse o pensamento e o comportamento do público norte-americano. Kelley esperava que os leitores fossem compreender as qualidades que permitiram a um punhado de homens dominar de modo tão cruel um país e levá-los a acreditar que tinham o direito de fazê-lo. Ele queria que as pessoas vissem que qualquer um poderia se transformar nesses homens, que os Estados Unidos poderiam se transformar na Alemanha. Os Estados Unidos estavam em um momento crucial de mudança, e o entendimento que ele trouxera de Nuremberg poderia lançar uma luz no caminho certo a seguir. Os nazistas, ele alertava, eram vocês e eu – dada uma ligeira mudança inesperada nos acontecimentos. Nos Estados Unidos bastante otimistas do pós-guerra, ele soava ligeiramente paranoico.

Kelley acreditava com tanta firmeza nesses princípios que, muitos anos mais tarde, exigiu que seu filho pequeno lesse *22 cells in Nuremberg*. "Isso era importante para ele", recorda Doug Kelley Jr. "Ele me fez sentar e ler a parte final do livro, de modo que eu pudesse entender que qualquer pessoa em qualquer lugar e em qualquer cultura poderia criar um regime como aquele."

* * * * * *

Lewis Terman, em sua resenha de *22 cells* para um periódico de psicologia, antecipava a futura publicação das cópias e anotações de Kelley dos testes de Rorschach dos nazistas, os quais o psiquiatra prometera que seriam publicados em breve. Kelley e Gilbert logo se desentenderam a respeito dos termos de um relato publicado em conjunto, e não chegaram a um acordo que satisfizesse as exigências de cada um de ser o autor principal.

A fé de Kelley no valor dos testes de Rorschach jamais fraquejou, e ele continuou usando-os como um instrumento para o diagnóstico pelo resto de sua carreira. Ele cumpriu um mandato como presidente do Instituto Rorschach no fim da década de 1940. Ele sentia uma responsabilidade profissional de fazer mais com os testes de Rorschach dos nazistas do que a apresentação para pessoas leigas em *22 cells* havia requerido. Então, a partir de 1947, ele compartilhou as informações sobre sete dos nazistas com um grupo de especialistas internacionais, cujas opiniões ele respeitava, incluindo Marguerite Loosli-Usteri, a primeira presidente da Sociedade Internacional de Rorschach; S. J. Beck, psiquiatra de Chicago que escrevia com frequência a respeito da técnica do Rorschach; e Bruno Klopfer, o antigo colaborador de Kelley no Rorschach. "Não estou preocupado com diferenças em pontuação ou métodos interpretativos, ou em usar esses relatos para validar o método Rorschach", Kelley lhes disse.

"Só estou interessado em obter de tantos especialistas quanto possível os padrões mais completos de personalidade que possam ser deduzidos a partir dos relatos." Ele também disse que esperava publicar um artigo que juntasse e sintetizasse as descobertas deles.

Muitos desses correspondentes mandaram seus comentários – às vezes escritos com muitos detalhes e um óbvio cuidado. Mas Kelley nunca publicou o artigo que havia planejado. Essa falha em fazer uso do trabalho dos colaboradores não foi bem recebida por Loosli-Usteri, que reclamou para Kelley seis anos mais tarde e lamentou que o espaço aberto para tal pesquisa se tivesse fechado. "Ninguém mais vai se interessar pela psicologia desses sete homens", ela escreveu.

Um esforço separado para avaliar os relatos psiquiátricos dos nazistas já havia sido iniciado entre os participantes do Primeiro Congresso Internacional da Federação Mundial de Saúde Mental, ocorrido em Londres em 1947. Molly Harrower, psicóloga clínica especialista em Rorschach, havia convidado dez autoridades para que examinassem e avaliassem dezessete relatos colhidos por Kelley e Gilbert, junto com oito resultados de testes de controle não relacionados. (Gilbert foi a fonte desses relatos.) Nada surgiu do exame feito pelo comitê dos Rorschachs. Harrower estava entre os que não forneceram a interpretação que haviam prometido. Em 1976, ela explicou essa falha recordando que os testes "não mostravam o que esperávamos ver, e o que a pressão da opinião pública exigia que víssemos – que aqueles homens eram criaturas dementes, diferentes das pessoas normais assim como um escorpião é diferente de um filhote de cachorro. O que vimos foi uma vasta gama de personalidades, de neuróticos muito perturbados aos extremamente bem-ajustados". Os membros do comitê de avaliação, ela percebeu em retrospectiva, viram o bem e o mal em termos maniqueístas, sem espaço em suas crenças para delineamentos mais incertos das personalidades que pudessem cometer atos atrozes. Então, Kelley acabou sendo o único investigador pronto para declarar publicamente que pessoas como os piores dos nazistas vivem entre nós.

Lentamente, o foco de Kelley na psiquiatria clínica começou a declinar. Ele aparentemente se dedicava ao ensino em Bowman-Gray e à supervisão do tratamento de pacientes em Graylyn. Mas os meses passados em Nuremberg e a incapacidade de descobrir desencadeadores psiquiátricos nos nazistas, ou mesmo um tipo de personalidade comum, deixaram-no com o desejo de entender melhor a mente dos criminosos. Se, depois de meses estudando os prisioneiros responsáveis pelos piores horrores da história moderna, ele descobrira que o mal estava contido no íntimo de pessoas que em outros aspectos pareciam normais, então o que poderia o instrumental da psiquiatria desvendar de modo útil? Kelley se voltou para a criminologia para lançar uma luz sobre esses homens.

Ao se dedicar à criminologia, Kelley correu um risco. Buscar as sementes da maldade nos outros o forçaria a se confrontar com seus próprios aspectos sinistros. Como oferecia respostas para o comportamento aberrante, a criminologia poderia atiçar o mundo sombrio e indigno de confiança, tão mesquinho em sua apreciação pelos feitos de um grande homem, que sua mãe, June, lhe havia revelado anos atrás. Quando se voltou para essa nova disciplina, Kelley se arriscou a expor seus temores mais profundos.

* * * * * *

Em 1947, pela primeira vez em sua carreira Kelley concordou em ser consultor junto à força policial de uma cidade, ensinando técnicas psiquiátricas para membros do Departamento de Polícia de Winston-Salem e ajudando a polícia a investigar casos criminais. Na primavera de 1947, ele testemunhou em um tribunal a favor de um acusado de estupro, Ralph Vernon Litteral, e descreveu seu diagnóstico de lesão cerebral orgânica, provavelmente indicado pelos testes de Rorschach. Litteral acabou sendo condenado. Em um desdobramento que chegou às manchetes nos jornais da Carolina do Norte, Kelley discutiu publicamente com o governador R. Gregg Cherry porque o político negara clemência para Litteral. Depois de entrevistar Litteral pessoalmente, Cherry rejeitou a afirmação de Kelley de que o homem condenado era legalmente desequilibrado, e Kelley rebateu sugerindo que o governador deveria ter um diploma médico se desejava praticar psiquiatria. "Essa função de ser governador não é uma ciência exata, e eu acredito que a psiquiatria seja igualmente nebulosa", retrucou Cherry. Ao que Kelley respondeu: "Se ele é competente para determinar se esse homem sabia diferenciar o certo do errado, então nós achamos uma solução para a falta de psiquiatras". Litteral foi executado em novembro de 1947.

Kelley refinou seu uso de drogas narco-hipnóticas para aplicação em investigações criminais, especialmente em casos de amnésia ou de memória histericamente reprimida, substituindo tiopentato de sódio e amobarbital por Somnoform, um anestésico dental de uso muito comum. Ele incluía o cheiro sutil do remédio entre suas muitas vantagens – não precisava de seringas hipodérmicas para ser administrado, e sob a forma gasosa tinha um leve cheiro que frequentemente passava despercebido até que o paciente estivesse atordoado. Este, nesse momento, provavelmente não se preocuparia com o cheiro do remédio. Somnoform podia fazer efeito em noventa segundos e atordoar a pessoa por dez minutos. "Dê uma cheirada", Kelley uma vez sugeriu para um repórter. "Bem, venha e cheire. Isso não vai machucar você. Às vezes ele faz você se sentir como se tivesse tomado um drinque a mais." Kelley falava por experiência própria. Ele fizera experiências com todos os remédios do "soro da verdade" em si mesmo. "Depois de umas cheiradas", ele falou sobre o Somnoform, "seu corpo começa a se sentir adormecido, a não ser por uma ligeira sensação de formigamento. Então você se sente sonolento e imagina que está flutuando. Um pouquinho depois, quase tudo no mundo parece ser maravilhoso, e você relaxa. Há uma sensação constante de que algo ou alguém está se desfazendo na frente de seus olhos." Ele esperava descobrir uma droga narco-hipnótica que pudesse ser distribuída ainda mais facilmente que o Somnoform, ou em pequenos frascos, ou em algum outro tipo de recipiente, talvez para uso local em cenas de crimes.

Quer fosse usando drogas tradicionais ou novas, a narco-hipnose estava desfrutando de uma fugaz popularidade no meio policial. Evidências que a polícia obtinha usando "soros da verdade" resultaram na liberação de suspeitos de assassinato na Califórnia, em Oklahoma e em outros lugares no fim da década de 1940 e começo da de 1950. As drogas, Kelley e outros defensores afirmavam, poderiam extrair confissões, ajudar a excluir suspeitos falsamente acusados e obter de testemunhas detalhes de crimes que suas memórias haviam suprimido. Mesmo quando Kelley reconheceu que as pessoas poderiam mentir enquanto estivessem sob a influência das drogas, ele surgiu como talvez o mais loquaz defensor do tratamento, e frequentemente regalava jornalistas com suas próprias histórias dramáticas de sucesso. Um desses casos envolvia uma menina adolescente que, em uma crise histérica, perdera a lembrança de seus pais. Eles eram estranhos para ela. O uso de Somnoform feito por Kelley colocou gentilmente a menina em um estado sugestivo que permitiu ao psiquiatra inserir na mente dela a ordem de se lembrar de todos os acontecimentos importantes de sua vida, incluindo experiências com seus pais. Kelley declarou que a menina despertou de sua narco-hipnose, olhou para os pais e disse: "Oi, mãe, oi pai!". O diagnóstico de Kelley foi o de que ela sofria de "negação dos genitores", uma rejeição da mãe e do pai. Esse transtorno ainda precisava de tratamento, mas a narco-hipnose havia libertado a paciente de seus piores sintomas.

Durante anos, um especialista no estudo da psiquiatria e dos criminosos, Herman Morris Adler, havia trabalhado em projetos na Universidade da Califórnia em Berkeley para dar início a um programa acadêmico inédito e inovador em uma disciplina relativamente nova: a criminologia. Depois da morte repentina de Adler em 1936, a proposta perdeu força. Ela voltou a ganhar impulso depois da guerra, e os administradores da universidade começaram a procurar desesperadamente candidatos para liderar o curso, que seria o primeiro programa acadêmico para o estudo da criminologia na costa Oeste e um dos primeiros da nação. Com a publicação de *22 cells* e atraindo a atenção, o nome de Kelley foi mencionado. Em uma impressionante reviravolta de sua proposta para um cargo de professor assistente com poucas perspectivas de progredir a não ser uns anos mais tarde, a universidade então ofereceu a Kelley um cargo de professor titular em criminologia, a começar no outono de 1949. Kelley admitiu estar "considerando seriamente a oferta", mas iria esperar até discuti-la com a administração de Bowman-Gray antes de tomar uma decisão final.

Os Kelleys tiveram o primeiro filho, Doug, no fim de 1947. (Mais dois, Alicia e Allen, nasceram em 1951 e 1953, respectivamente.) Mas como Dukie recentemente herdara 400 mil dólares, o casal podia então se permitir que Kelley alterasse o rumo de sua carreira. Uma mudança para Berkeley envolveria mais dinheiro e mais prestígio, mas também iria alterar a imagem há tanto tempo cultivada de Kelley como psiquiatra clínico. "Seria um cargo exclusivo para lecionar e pesquisar", Kelley disse enquanto pensava na proposta. "Se eu aceitar, vou me afastar da psiquiatria clínica e me dedicar em tempo integral ao trabalho de pesquisa." Ele não foi capaz de resistir. Entregou seu pedido de demissão aos seus supervisores em Bowman-Gray, a contar de 31 de julho de 1949, somente dois anos depois de Graylyn ter começado com ele como seu diretor. Durante sua permanência lá, ele havia supervisionado os cuidados de mais de 560 pacientes internos e tratara de mais 1.600 veteranos como pacientes externos.

22 cells in Nuremberg se esgotara alguns meses antes, e Greenberg vendeu de volta os direitos de publicação para Kelley por 250 dólares. Cansados da guerra, de suas consequências e do julgamento, os leitores não tinham muito apetite para mais informações a respeito de Hitler e companhia. O livro deixou de ser o centro das atenções, embora continuasse a dar prestígio a Kelley. Esse prestígio levou-o a ter muito sucesso em Berkeley, até o dia em que esse sucesso se transformou em notoriedade.

9

CIANURETO

Kelley nunca perdeu seu amor por ser o centro das atenções. Contador de histórias inato e com a capacidade de entreter as pessoas, ele adorava lecionar. Sua mudança para a Faculdade de Criminologia na UC-Berkeley em 1949 lhe deu a chance de mergulhar no campo de estudos que atraíra sua atenção em Nuremberg. Viu-se assim perante estudantes de Direito, futuros policiais e futuros juízes, todos aqueles de cujo mundo ele havia participado de forma progressiva como consultor do departamento de polícia e de advogados em Winston-Salem. Das delegacias repletas de cigarros e dos escritórios de advogados com cheiro de café da Carolina do Norte, ele se mudou para os campanários e os gramados bem-cuidados da maior universidade da Califórnia (e para um principesco salário anual de cerca de 9 mil dólares). Ele rapidamente abriu seu caminho nos encardidos antros da Justiça de que tanto gostava. Sua mudança para a criminologia intrigou muitos de seus colegas psiquiatras. "Você aceita detetives de poltrona em seus cursos?", escreveu um médico. "Se qualquer hora você tiver uma oportunidade, eu gostaria muito de ouvir a respeito dessa sua aventura, assim como qualquer seguidor ávido de Ellery Queen, Nero Wolf etc. não gostaria?"

Em seu primeiro semestre em Berkeley, Kelley deu aulas de psiquiatria forense e detecção de fraude. Os alunos podiam ver que o médico-professor não se encaixava na imagem comum de um psiquiatra. Ele brincava na sala, fazia pausas dramáticas durante as palestras para deixar que sua autoridade e sua boa aparência causassem efeito, e enchia quadros-negros com diagramas repletos de balões que se pareciam com obras de arte abstrata. Ele estava desenvolvendo uma nova coleção de parafernália criminal, que incluía colheres afiadas e outras armas confeccionadas por criminosos que ele havia conseguido do guarda no Presídio de San Quentin.

Na disciplina "A detecção de fraude", Kelley ensinou o conceito de que diferentes perspectivas e pontos de vista, de modo racional, poderiam levar a conclusões diferentes. E se sentiu feliz ao recorrer à prestidigitação para dar essas lições. Ele usava com frequência na sala de aula o que chamava de "truque da água". Kelley colocava vasilhas com água quente, em temperatura ambiente e fria e pedia a voluntários que colocassem as mãos nelas. Então, depois de eles terem se acostumado com a temperatura, pedia-lhes que tirassem as mãos e as mergulhassem em um balde com água fria. Os alunos sempre se espantavam ao ouvir como a água fria parecia gelada, um pouco fria e morna para diferentes alunos. A proposição de Kelley era a de que a percepção do que era legal ou criminoso – sem mencionar o que nós consideramos justo – varia de acordo com a perspectiva que nossos sentidos nos proporcionam.

Ele ainda gostava de fazer papel de mágico, segredando que, "ao aprender as técnicas de ilusionismo do mágico a pessoa sempre tem capacidade de reconhecer a mesma manobra na mentira deliberada do criminoso". E, assim como ele havia desconcertado a população de Berkeley duas décadas antes dirigindo um carro estando vendado e escapando de caixas fechadas, ele então fazia truques mais simples, mas não menos eficazes. Ele às vezes pegava um maço de cartas na sala, sub-repticiamente tirava a mesma carta do fim do maço uma vez depois da outra e convencia seus alunos de que todas as cartas eram idênticas. Ele então permitia que eles examinassem o maço e descobrissem que ele continha cinquenta e duas cartas diferentes. Os sentidos, ele mostrava aos alunos, podem nos enganar. "Todos os alunos vêm para as aulas", ele dizia, um motivo de orgulho para um professor que esperava nunca cansá-los. Ele logo começou a planejar escrever um livro sobre fraude que iria combinar com muita força suas experiências com os nazistas, os trapaceiros comuns e as mágicas.

Então em seus quarenta anos, Kelley se tornara um tipo de homem corado, sólido, fornido, com uma barriga de cerveja e coxas carnudas que sustentavam seus 75 quilos. Muitas manhãs, antes de ir para o *campus*, ele se olhava no espelho do banheiro e pronunciava as vogais a-e-i-o-u, exercitando a voz que era uma parte tão dominante de sua presença. Antes de qualquer pessoa (a não ser Kelley) perceber isso, o recém-chegado era um líder internacional em sua área, uma disciplina que antes era pouco considerada, restrita a acadêmicos que não chamavam a atenção, e sobre a qual um criminologista observou que "não continha ninguém além de nós, os medrosos". Kelley sentia prazer em tornar o estudo da criminologia uma coisa prática, e dava aos alunos textos comuns como *McSorley's wonderful saloon* [O incrível *saloon* de McSorley], de Joseph Mitchell, e *The big con* [O grande trapaceiro], de David Maurer. "Ele também ganha um bom dinheiro como especialista médico-legal, como palestrante etc.", escreveu a um colega o amigo e criminologista Howard Fabing, cheio de admiração.

Grande parte dessa renda provinha do Departamento de Polícia de Berkeley, que contratou Kelley como consultor psiquiátrico em novembro de 1949, quase na mesma época em que ele chegou à cidade. Os policiais locais tiravam vantagem da proximidade de especialistas acadêmicos há muitos anos, e um lendário chefe de polícia, August Vollmer, havia lecionado justiça criminal na universidade. Outra estrela da Faculdade de Criminologia, o professor Paul L. Kirk, frequentemente se oferecia voluntariamente como consultor de polícia. Ex-químico do Projeto Manhattan que direcionou seus talentos científicos para o exame microscópico de evidências físicas em casos criminais, Kirk posteriormente fez análises de sangue para a defesa no notório caso de assassinato de Sam Sheppard em Ohio, auxiliando a revogar a condenação do réu.

Durante a década de 1950, Kelley trabalhou junto com o superintendente de polícia John Holstrom, que realizou o juramento policial de Kelley, deu-lhe o título de chefe psiquiátrico de polícia e entregou-lhe um distintivo de chefe de polícia do condado de Alameda, que, se necessário, Kelley poderia mostrar com a mesma destreza com que era capaz de tirar uma carta de baralho da ponta do maço. Certa vez, enquanto estava em alta velocidade em uma autoestrada no norte da Califórnia com seu filho, Kelley foi parado por um policial estadual. "O Velho pegou sua carteira e mostrou o distintivo", lembra Doug. "O policial disse, 'Oh, entendo. Peço desculpas'. Eu pensei, 'Mas que hipócrita! Como *eu* consigo um distintivo?'"

Em grande parte, Kelley recebeu seu distintivo por avaliar psicologicamente os recrutas da polícia de Berkeley. Entre suas primeiras tarefas para a força policial constava examinar treze candidatos para postos de patrulheiro e escriturário-patrulheiro, e ele considerou três deles "suficientemente instáveis para que fossem considerados um perigo em potencial nessa posição". Essa grande porcentagem de recrutas que o psiquiatra rejeitou levou Holstrom a permitir que Kelley agendasse avaliações psiquiátricas regulares de todos os recrutas, e, à medida que a proficiência do médico em eliminar os candidatos ruins aumentava, ele conquistou fama em todo o país como um expoente da rigorosa avaliação de futuros oficiais de polícia.

Estranhamente, Kelley também se responsabilizou pela avaliação da saúde psiquiátrica de certos cidadãos de Berkeley que denunciavam crimes. Apenas em 1950, ele examinou sete moradores que haviam feito denúncias frequentes e mais as famílias de duas dessas pessoas. Ele concluiu que várias dessas pessoas eram mentalmente perturbadas e deveriam "ser ou internadas ou indicadas para tratamento psiquiátrico". Como resultado, ele previu, "pedidos estranhos de ajuda" iriam cair drasticamente. "Não acredito mesmo que Berkeley seja mais louca que qualquer outra cidade", ele disse em uma conferência de imprensa, "mas Berkeley tem uma alta taxa de psicóticos e de lunáticos vagando pelas ruas. Nós encontramos cerca de dois novos a cada semana". Kelley lançou uma campanha semelhante contra maus motoristas crônicos em 1953, e declarou que pessoas que cometiam habitualmente infrações no trânsito poderiam ser classificadas como mentalmente incapazes.

Ele se aproveitou de sua experiência no departamento de polícia escrevendo com frequência e falando sobre temas ligados à aplicação das leis. Um de seus tópicos eram "tiras burros". "Entre um terço e metade dos policiais neste país é totalmente despreparado para proteger vocês ou para solucionar um crime", ele declarou generalizadamente em um artigo. "Eles são emocionalmente instáveis, pouco desenvolvidos mentalmente e psicologicamente doentes." E até mesmo pior, ele alegou que muitos tiras em serviço eram paranoicos, sádicos e realmente desequilibrados. "Eles são tão perigosos quanto o bandido que sai de trás dos arbustos na entrada da sua garagem e coloca um revólver nas suas costas." A solução dele para essa situação perigosa era que mais departamentos de polícia submetessem candidatos a policial a testes de seleção como os que ele advogava em Berkeley, incluindo testes de QI e Rorschach. Em palestras, às vezes contava a história de um recruta da polícia que ele examinara e que havia olhado para um borrão de tinta do Rorschach e dissera ter visto "um coelho dividido em dois e pisoteado". Esse candidato, observou Kelley, não seguiu adiante em sua busca por um emprego na polícia. Kelley com frequência repreendia chefes de polícia cujos departamentos não dispunham de barreiras com base científica para admissão. "Isso é horrível", ele censurou. Com o passar do tempo, à medida que se envolvia cada vez mais no mundo do crime e da detecção, Kelley pareceu desenvolver uma visão progressivamente mais sombria da criminalidade da sociedade em geral e uma visão mais turva da competência dos detetives.

Às vezes, seus alvos revidavam. No verão de 1954, membros da Associação Estadual de Chefes de Polícia de Nova Jersey colocaram na ordem do dia de seu encontro uma discussão de um dos recentes artigos de Kelley sobre "tiras burros" e reclamaram dele no FBI. Um agente julgou os pontos de vista de Kelley "muito desfavoráveis para a polícia de modo geral", e acrescentou de modo irrelevante que o livro de Kelley, *22 cells in Nuremberg*, havia tido uma boa resenha em uma publicação da Washington Cooperative Book Shop Association, uma organização identificada como politicamente subversiva. Quando Kelley participou de uma conferência da Associação

Internacional dos Chefes de Polícia algumas semanas depois, agentes do FBI monitoraram sua fala sobre pessoas que cometiam infrações no trânsito, descobriram que ele não disse nada sobre membros da polícia desqualificados e arquivaram um memorando sobre o incidente.

As plateias das palestras não podiam contar com Kelley para se ater a um número limitado de tópicos. Em Los Angeles, ele disse para uma multidão que os russos eram tão perigosos quanto os nazistas, e que os Estados Unidos deveriam usar de firmeza, não a política de apaziguamento, ao lidar com o envolvimento soviético na Coreia. Em 1951, ele informou a uma plateia em San Francisco que muitos de seus colegas na psiquiatria estavam em uma situação complicada, e que usavam palavras compridas "para disfarçar o fato de que eles não sabem do que estão falando". Ele discutia frequentemente sobre os psicopatas, declarando que o tipo de personalidade, assim como o elefante, era difícil de definir, mas "você pode dizer com certeza quando vê um". Uma lista de suas palestras em uma brochura promocional lançada por seu agente incluía "Fatos e lendas na psiquiatria", "Temor: seus fatos e ficções", "Caprichos, cambalachos e crédulos", "Como se manter mentalmente jovem" e "Nada além da verdade". Ele falava com animação sobre delinquência juvenil, e dizia que os culpados pelo aumento na taxa de criminalidade entre os jovens eram os modos modernos de criação, que com muita frequência não ensinavam as crianças a limitar seus impulsos para fazer coisas erradas e a sentir remorso quando se afastavam do caminho do bem. Kelley achava que havia muita coisa errada na condição humana.

******

Kelley aplicou sua experiência em psiquiatria em muitos casos criminais de destaque. Trabalhando às vezes para a promotoria e às vezes para a defesa, ele fazia consultoria e testemunhava em casos de réus famosos da Bay Area como Ray Cullen, julgado por matar a esposa e o sogro em 1949; Mary Edna Glenn, acusada em 1952 de assassinar seus dois filhos; Hildegard Pelton, que matou o marido depois de ele a ter maltratado repetidamente; Rodney Sheran, condenado pelo assassinato de sua esposa em 1955, e Saul Sidney Klass, um joalheiro condenado em 1957 por balear um médico para vingar sua esposa, que havia morrido sob os cuidados do médico. Com o auxílio dos promotores, Kelley examinou Stephen A. Nash, que havia cometido uma série de "assassinatos arrepiantes" em Los Angeles, sem revelar que era um psiquiatra. Kelley então testemunhou que Nash era legalmente são. Em muitos casos como esse, ele fez um bom uso de sua experiência com o Rorschach, e fez do teste psicológico, durante o resto de sua carreira, uma peça central de seu arsenal de consultoria. O livro que ele havia escrito em 1942 com Bruno Klopfer, *The Rorschach technique* [A técnica de Rorschach], tinha lugar de destaque em uma prateleira de seu escritório em casa. Kelley insistiu publicamente que o teste era um instrumento valioso, apesar do mistério que continuava a rodeá-lo – embora, ocasionalmente, ele deixasse escapar uma dúvida sobre exatamente por que razão o teste de Rorschach funcionava. "O método de Rorschach se propagou em seus vinte e nove anos de existência", ele escreveu em 1951. "Se ele avançou, é mais difícil de dizer. Nós ainda temos poucas ideias quanto aos motivos de ele parecer funcionar – teorias, sim, aos montes, mas [poucos] fatos avaliados minuciosamente e com precisão."

Igualmente, Kelley se manteve firme em sua convicção de que várias formas de soro da verdade e de detecção da verdade eram eficazes. Ele continuava a defender o Somnoform como um tratamento para obter confissões criminais e para superar a amnésia. Mentirosos patológicos, ele admitia, continuariam a fingir sob a influência do Somnoform, mas essas pessoas eram raras. Ele continuava a esperar por um remédio da verdade que fosse ainda melhor. "Estou procurando um remédio que possa caber em um recipiente tão pequeno quanto, digamos, um lápis", ele disse a um repórter. "Quando eu o obtiver, então ficarei muito feliz mesmo."

O assassinato de uma menina de catorze anos chamada Stephanie Bryan em 1955 levou Kelley ao caso mais conhecido de sua carreira. Filha de um médico local, ao voltar para casa, vindo da escola a apenas alguns quarteirões do *campus* da UC-Berkeley, ela havia desaparecido enquanto tomava um atalho através de uma área arborizada. O corpo da menina acabou aparecendo em um túmulo cavado às pressas no Condado de Trinity, no extremo norte da Califórnia. Um antigo estudante de Berkeley, de vinte e sete anos, chamado Burton Abbott, era o principal suspeito. Abbott era algo como uma nulidade, um homem magro, esperto, bem-vestido e de óculos, com um bigodinho ralo e dedos muito bem cuidados, a quem um repórter comparou a "um lápis colocado em pé". A polícia levou Kelley e o especialista em polígrafo Albert Riedel para interrogar Abbott com firmeza, e o trabalho deles lentamente penetrou através da fachada loquaz e despreocupada do suspeito. Depois dos insistentes interrogatórios com o detector de mentiras de Riedel, Kelley assumiu e empregou sua técnica de fazer perguntas e de ouvir. No meio de muitas outras perguntas, Kelley perguntou a Abbott se ele fora a uma convenção de colecionadores de moedas no Hotel Claremont, um edifício perto do atalho fatal de Bryan. "Você coleciona moedas?", provocou Kelley. "Não", disse o suspeito, que então mencionou que sua esposa colecionava. "De que tipo?", perguntou Kelley. "Do tipo que se gasta!", brincou Abbott. Kelley não riu, mas observou a hilaridade despropositada de Abbott. Em outra entrevista, Kelley submeteu Abbott a uma detalhada descrição do cenário do túmulo de Bryan e do estado do corpo, decomposto e mutilado por animais, quando seus restos mortais foram encontrados. Abbott ouviu tudo isso sem nenhum sinal de emoção. "O'Meara, seu infeliz", disse Abbott a outra pessoa no cômodo, "onde está o sanduíche de presunto que você me prometeu?". Mais tarde, Kelley observou que "Hermann Göring e Burton Abbott eram as mais egocêntricas" de todas as pessoas que ele havia entrevistado profissionalmente durante sua carreira.

Abbot começou a temer o psiquiatra e a não gostar dele, dizendo que ele fazia lavagem cerebral e reclamando que Kelley "me faz passar por um inferno". Ele respondeu desdenhosamente às sugestões de Kelley de que ele não tinha consciência e era emocionalmente imaturo. "Ele está completamente enganado", disse Abbott. "Minha consciência é muito bem desenvolvida. Quando nada, eu estou rapidamente desenvolvendo um complexo de perseguição.

O dr. Kelley parece estar impressionado com sua própria importância." Tais observações podem ter convencido Kelley de que suas perguntas estavam se aproximando da verdade. Negando sua culpa até o fim – mesmo depois de as roupas e a bolsa da menina assassinada terem aparecido em seu porão –, Abbott foi considerado culpado e condenado à morte em 1956, e morreu na câmara de gás de San Quentin no ano seguinte.

Tais casos colocaram Kelley em destaque como consultor, e ele obteve cargos aconselhando autoridades sobre seleção de pessoal e questões criminais na Base da Força Aérea Travis, no Presídio de San Quentin, no Hospital Geral do Exército Letterman, no Gabinete do Procurador-Geral da Califórnia, na Comissão de Energia Atômica e no Departamento de Polícia de Oakland. Nas poucas horas livres que concedia a si mesmo, ele aceitava trabalhos de consultoria *freelancer* nas Américas Central e do Sul, no Paquistão, na Tailândia e em outras partes do mundo. Ele deixou sua agenda ainda mais lotada assumindo as responsabilidades da presidência da East Bay Psychiatric Association. Durante meados da década de 1950, Kelley aumentou ainda mais sua carga de trabalho começando um novo negócio como consultor psiquiátrico em gestão empresarial.

Com seu retorno à Califórnia, talvez o chamado de Hollywood fosse inevitável. Em 1954, antes da produção do filme *Juventude Transviada*, o diretor Nicholas Ray entrou em contato com Kelley para o consultar a respeito da coerência criminológica do roteiro de Stewart Stern (que Ray e Irving Shulman haviam adaptado do romance de Robert Lindner). Ray queria que Kelley se concentrasse no retrato feito pelo roteiro das gangues e da delinquência juvenis. Kelley apontou para Ray somente algumas inexatidões no roteiro, incluindo diálogos da polícia e técnicas de entrevista que lhe pareceram erradas, um encontro pouco real entre as personagens de James Dean e Sal Mineo, e a pouca atenção dada à psiquiatria juvenil, embora ele reconhecesse que dar o devido peso à psiquiatria "poderia deixar a ação mais lenta".

Também em 1954, Kelley foi consultor de um programa de televisão sobre mágica de palco para a NBC. Ele não conteve os gastos com o dinheiro recebido por esse trabalho e comprou uma TV em cores – um eletrodoméstico caro e poucas vezes visto naquela época. Durante muito tempo, as técnicas de contar histórias e a audiência potencialmente grande da televisão haviam atraído o interesse dele, e ao longo dos anos ele havia esboçado diversas propostas para programas de televisão sobre crime e psiquiatria. Um programa incipiente que ele discutiu com amigos, *Fakes, Frauds and Fools* [Caprichos, cambalachos e crédulos], iria a cada semana apresentar um notório trapaceiro, charlatão ou embusteiro, junto com as fraudes por eles cometidas. A inspiração de Kelley para a série foi uma carta que seu pai havia recebido do tipo do "prisioneiro espanhol" – um ancestral dos golpes do Nigerian 419 que, mais tarde, invadiram as caixas de entrada de e-mails. Virando o jogo, Kelley convenceu os vigaristas mexicanos que haviam escolhido seu pai como alvo a enviar-lhe 50 dólares para viajar para o sul com o intuito de completar uma transação. "Ele pensa que tem ideias suficientes para roteiros", um dos amigos de Kelley falou a respeito da ideia do programa sobre trapaceiros, "para passar cinco ou dez anos sem se forçar a pensar ou a ler... Com seu título e tudo mais, Kelley iria acabar como professor de criminologia, cientista, médico, psiquiatra, mágico etc., que sabe todas as respostas para tudo que se refere à ganância humana, incluindo a psicologia básica que motiva tanto a vítima quanto o trapaceiro." Por si só, isso soa um pouco como uma trapaça, mas a Universidade da Califórnia parece ter dado um apoio entusiasmado. A Faculdade de Criminologia ganharia credibilidade e publicidade por seus programas e corpo docente, bem como crédito por promover a ideia "de que o crime não compensa, por causa da noção de que os pastores de Berkeley estão vigiando as ovelhinhas dos Estados Unidos", o amigo de Kelley relatou a um colega.

A série no entanto nunca saiu do papel. Kelley apareceu em alguns outros programas, incluindo dez episódios de uma série intitulada *Science in Action* [Ciência em ação] e em outra, patrocinada pela Associação Médica da Califórnia, chamada *Why, Doctor?* [Por quê, doutor?]. Ele recebeu quase 50 mil dólares para o financiamento de outro programa, intitulado *Criminal Man* [Homem criminoso], da Educational Television and Radio Center of Ann Harbor, de Michigan. Seu colega de equipe na produção era um escritor local e produtor chamado Gordon Waldear, um ex-piloto de testes que se tornara jornalista depois de sofrer um acidente. Os dois haviam colaborado previamente, com Waldear como *ghostwriter*, em um manuscrito de um livro que reuniria grande parte da experiência e do conhecimento de Kelley sobre a interseção de psiquiatria e criminologia. Kelley passou a ver Waldear como "um psicopata", como Dukie contou depois. Enquanto trabalhava no livro, "Doug teve muitos problemas com ele", disse ela. "Seria difícil para vocês imaginarem o grau de frustração e de pressão que ele sofreu por causa da falta de capacidade de Waldear para trabalhar com qualquer grau de velocidade, sua falta de habilidade e, às vezes, o fracasso total para chegar a trabalhar, o fato de ele não aparecer para encontros, as suas mentiras constantes e a sua completa irresponsabilidade, tanto em seus acordos contratuais como em suas finanças." O julgamento de Kelley era excessivo: Waldear pode não ter sido tão rigorosamente produtivo quanto Kelley esperava, mas estava longe de ser psicopata. Em décadas posteriores, Waldear passou a ser uma figura amada e respeitada entre os documentaristas e produtores de Bay Area.

Os inegáveis talentos de Waldear como produtor de televisão garantiram que *Criminal Man* prosseguisse sem problemas e alcançasse um sucesso surpreendente. Em vinte episódios, a série cobria a história do crime, suas causas, as várias categorias de atos criminosos, as estratégias para combate ao crime e as soluções para a criminalidade. A série se empenhou em "proporcionar uma compreensão melhor, por parte do público, da pessoa que comete um crime, de modo que a atenção no futuro possa ser transferida daquilo que o dr. Kelley chama de 'simples vingança' para a verdadeira reabilitação do criminoso", explicava a proposta original do programa.

Kelley acreditava que a programação de TV, mesmo os programas sobre tópicos acadêmicos, poderia interessar à massa de telespectadores. "Por que todos os programas educativos não poderiam ser tão dramaticamente interessantes quanto uma peça de teatro?", ele se perguntava. Diante das câmeras, ele se esforçava para não parecer com um professor esnobe ou soar como um. Ele empregou seus consideráveis poderes de persuasão, modulando a voz, às vezes aumentando o tom, fazendo caretas e sorrindo, e erguendo as espessas sobrancelhas. "Não!", exclamou ele para uma plateia em um episódio que investigava se os criminosos têm características físicas em comum. "Não existe algo como o tipo criminoso. Isso é simples folclore. É como dizer que o mundo é plano. Você não pode dizer só de olhar. Não se nasce criminoso." Em outro episódio sobre as causas da violência, o filho de Kelley, Doug, pareceu como uma criança que toca incessantemente um tambor e leva o pai ao frenesi. Kelley fez o papel do pai exasperado.

Gravado nos estúdios do KQED em San Francisco, *Criminal Man* só foi terminado no fim de 1957, e foi agendado para transmissão nacional em redes de televisão educativas, as precursoras da atual rede PBS, durante o verão e o outono de 1958. Kelley nunca viu seus programas transmitidos na tela de sua amada TV em cores ou qualquer outra. O show foi o projeto profissional final de sua carreira.

******

As crianças Kelleys sabiam que, quando o Velho estava no andar de cima trabalhando em um delicado projeto da polícia ou legal, ele estava mergulhado na escuridão, perdido em um estado de espírito inacessível. Ele não queria ser interrompido, e com frequência nessas ocasiões, quando se enfurnava em seu escritório, tocava música tribal ou clássica em alto volume. "Para nós, música era sinônimo dos casos mais importantes de papai", recorda Doug. Com frequência, policiais, suspeitos de crimes e promotores ou advogados de defesa visitavam a casa para se encontrar com Kelley. O psiquiatra havia equipado sua escrivaninha com uma gaveta secreta que continha um gravador e um cinzeiro com um microfone disfarçado, e os usava para gravar suas conversas de modo sub-reptício. Certa vez um homem foi à casa para uma avaliação psiquiátrica, um criminoso "que havia atirado nas pessoas com um revólver escondido sob o casaco", recorda Doug. O menino brincou com o visitante na sala de estar por alguns minutos até Kelley descer de seu escritório. Os dois homens foram para o andar de cima, fecharam a porta do escritório, e a música em alto volume começou.

Mesmo quando criança, Doug percebeu o duplo encanto que atraía seu pai para a criminologia psiquiátrica. O quebra-cabeça intelectual desses casos se misturava à necessidade de Kelley de se sentir "o cara importante no *campus*". A combinação tornava a consultoria policial e criminal irresistível. Mas o trabalho com a polícia também despertava o temor em Kelley, quase uma paranoia. Os crimes dos outros o perturbavam, atiçando a raiva que sentia das emoções reprimidas e da visão do mundo que ele jamais poderia reconhecer ou confrontar. Manifestava suas ansiedades no temor de que os criminosos fossem invadir sua casa para fazer mal a ele e a sua família. Ele tinha dois revólveres da polícia de Berkeley que mantinha carregados ao alcance, e instalou travas de alta qualidade nas janelas do térreo.

Sua fama como psiquiatra de Nuremberg persistia, e suas interações com os nazistas às vezes tornavam a surgir de modo pouco agradável. Em 1952, ele recebeu uma carta irada de Christa Schroeder, ex-secretária de Hitler, a quem Kelley havia entrevistado durante o encarceramento dela no presídio de Nuremberg. Schroeder objetou as caracterizações dela feitas por Kelley, que haviam aparecido em jornais quatro anos antes e em *22 cells in Nuremberg*. No livro, Kelley a chamara de "uma mulher maternal, solteirona, perto dos cinquenta anos, de estatura média, atarracada, desleixada, de aparência pouco nórdica". Ele também refletira a respeito da lealdade dela para com Hitler. "Mesmo quando as evidências da brutalidade dele se tornaram inegáveis, ele permaneceu um herói. Os comentários dela, consequentemente, embora francos, são os de uma pessoa que se recusa a ver qualquer coisa além de grandeza em Adolf Hitler."

Schroeder acusou Kelley de quebrar a promessa de não usar a entrevista dela em qualquer trabalho publicado, e ela o censurou por falta de precisão e de gentileza em suas observações. De todas as pessoas, ela escreveu, ele deveria ter entendido que as duras condições do presídio tornavam impossível para as mulheres manter a aparência. Ela observou que, quando eles se encontraram, ela já estava presa havia seis meses, tinha sido traumatizada pelo colapso da Alemanha e não tinha artigos pessoais como "pentes e grampos de cabelo, cadarços para os sapatos, sem mencionar cremes e produtos de manicure". Na época, ela afirmou, tinha trinta e oito anos. "Minha aparência não é, absolutamente, '*unnordisch* [não nórdica].'" Ela tinha 1,70 metro de altura. Exigiu de Kelley um pedido de desculpas e "um acordo e uma indenização pelo insulto" se ele quisesse evitar uma cobertura de imprensa pouco favorável na Europa. A resposta de Kelley, se é que ele chegou a responder, não é conhecida, e ele jamais enfrentou uma campanha contra ele em jornais europeus. Schroeder trabalhou para várias empresas alemãs e morreu em 1984.

Os rendimentos de consultoria de Kelley, mais seu salário de professor, permitiam grandes gastos. E Kelley gastou dinheiro. Ele comprou espécimes e equipamentos para seu laboratório doméstico, objetos típicos e artesanato em suas viagens, livros e utensílios de cozinha. Ele ganhava o dinheiro, pensava e devia gastá-lo. Poupar para o futuro não costumava passar pela sua cabeça, embora Dukie pensasse de modo diferente.

Enquanto isso, Kelley e Dukie se instalaram em uma bela casa na Highgate Road em Kensington, uma próspera comunidade de professores universitários, médicos e advogados ao norte de Berkeley. Era uma casa em estilo espanhol, de telhas vermelhas, estuque nas paredes externas e um grande pátio de tijolos entre as alas da construção em forma de U. Um portão verde se abria para os eucaliptos e sequoias do jardim, e mais um arvoredo no qual cresciam amendoeiras, cerejeiras, pessegueiros e caquizeiros. A propriedade cascateava em terraços até um gramado, uma estrada e, finalmente, até o cemitério vizinho. Caminhos de pedra serpenteavam por entre as plantas. Um jardineiro contratado cuidava do jardim, embora Dukie às vezes fosse aos jardins por causa do sol e para trabalhar com a terra.

Dentro da casa, áreas comuns e quartos de dormir se ramificavam a partir de longos e extensos corredores banhados pela luz do sol vinda das janelas altas. Não obstante, os quartos davam a impressão de escuridão, talvez por causa do chamativo amontoado dos artefatos, fósseis, plantas e espécimes animais do Grupo de Donner, e outros estranhos itens de coleção que enchiam todos os cantos. Frascos de vidro com lascas das cabanas de Donner, rotulados e certificados por Charles McGlashan, eram relíquias sagradas naquele ambiente doméstico. O *closet* do segundo andar continha uma misteriosa mistura de objetos, incluindo camisas de força, cartas de baralho com marcas sutis de pequenos círculos e outros símbolos, e Oscar, o cômico pato de madeira montado em um pequeno pedestal, cuja cabeça e bico Kelley era capaz de manipular mecanicamente para pegar cartas de maços de baralho nas mãos de membros da plateia. Kelley não fazia mais seus truques de mágica profissionalmente, mas não era capaz de deixar passar oportunidades de assombrar outras pessoas como artista, e continuava a mostrar seus talentos em prestidigitação para amigos e vizinhos, em reuniões de classe e em suas palestras.

No andar de cima, Kelley montou um escritório que tinha uma vista magnífica. O nevoeiro muitas vezes flutuava entre as colinas que circundavam a baía de Golden Gate e envolvia a ilha de Alcatraz. Crepúsculos róseos incendiavam o escritório com suas cores. Esse era o recanto privativo de Kelley, um cômodo em que as crianças – Doug, Alicia e Allen – sabiam que não poderiam entrar sem permissão. A mesa de Kelley, imaculada e arrumada, ficava na frente das janelas. Do outro lado do cômodo, atrás de uma porta, ficava o laboratório do médico – um incrível quarto das maravilhas que continha ossos, espécimes de plantas, serras de crânio, vidros arrolhados com produtos químicos, minerais e pedras, e uma coleção de equipamentos para investigações científicas. A biblioteca de Kelley só aumentara desde que ele se mudara da Carolina do Norte, e ele então se vangloriava de uma impressionante coleção de livros sobre tópicos como arte do Sudoeste, mitologia e bruxaria, além de textos sobre biologia, zoologia, química e astronomia. Kelley também mantinha à mão os livros autografados pelos líderes nazistas que ele coletara em Nuremberg.

Uma escada de madeira escura levava para baixo, sua descida interrompida por um patamar grande e com corrimãos brancos seis degraus acima do piso da sala e que era visível de qualquer parte dela. Kelley relaxava nessa sala quando conseguia afastar da mente as preocupações profissionais. Recantos sob a escada abrigavam uma bem-provida coleção de discos e um aparelho de som de alta-fidelidade contendo toca-discos, rádio e alto-falantes, todos mantidos em um gabinete personalizado que havia sido trazido da Carolina do Norte para Berkeley. A música tinha a capacidade de arrebatar Kelley, e ele gostava de gravações de músicas havaiana, africana e clássica. Do outro lado da sala havia um piano. Um sapo-de-chifre e um lagarto ficavam imóveis como estátuas em um terrário encostado a uma das paredes.

Usando shorts e uma camiseta branca, Kelley gostava de relaxar em uma poltrona de couro verde que ficava na frente da televisão. Ele mandara fazer especialmente essa peça para que pudesse sentar-se com Doug e Alice nos braços da poltrona, e o pequeno Allen em seu colo. Em outras ocasiões, ele ocupava a poltrona por longos períodos enquanto assistia a lutas de boxe na televisão; uma lata de cerveja Pabst Blue Ribbon invariavelmente ficava na mesa ao seu lado. Quanto mais ele bebia, mais afastado das crianças ficava. Ele com frequência terminava o dia em um estado "entre ligeiramente bêbado e completamente bêbado", segundo Doug.

As crianças olhavam a pilha de latas de cerveja se acumulando, e ficavam pensando se Kelley estaria investigando um novo problema científico: quanta cerveja Pabst Blue Ribbon um homem poderia beber em um dia e continuar a pensar e a funcionar? O pai deles, entretanto, lutava contra uma preocupação diferente. Como ele conseguiria fugir da turbulência que sentia por causa dos tormentos da criminologia, a disciplina que o angustiava e atraía? Pabst oferecia a solução simples.

A sala de visitas e a sala de jantar ao lado do hall, com sua larga mesa de cerejeira e cadeiras com braços de couro, eram o cenário de todos os tipos de jogos, de partidas de xadrez e de brincadeiras mentais espontâneas. Kelley e Dukie estavam sempre prontos para dar risada, e seus trocadilhos e jogos de palavras ligeiramente exaltados e competitivos enchiam a casa. As crianças tinham de acompanhar o ritmo. "Se você não sabia o significado de uma palavra, tinha de procurar", diz Doug. Só de meias, as crianças podiam pegar impulso correndo e deslizar por todo o piso de madeira encerada da sala de visitas. Lá fora, fardos de feno empilhados contra a parede externa da despensa da cozinha serviam como alvo de tiro com arco e flecha, pelo menos até que uma flecha sem rumo certa vez entrou voando pela janela.

A cozinha, do outro lado do hall na frente da sala de visitas, era o domínio de Kelley – o lugar onde ele exercia um controle irrestrito. "Papai era como um escoteiro, sempre preparado para qualquer coisa", recorda Doug. Kelley mantinha a cozinha e a despensa contígua providas com sacos de 22,5 quilos de feijão e de arroz e um estoque de água. Usando um moedor com manivela, ele pulverizava quantidades prodigiosas de carne. Suas provisões enchiam duas geladeiras e três freezers, e ele mantinha um grande estoque de especiarias. Kelley acreditava que preparar comida exigia modificações contínuas e testes frequentes, e ele gostava de proclamar: "Tomem cuidado com o cozinheiro esbelto e faminto". Ele adorava fazer sua receita especial, *curry* indiano, mas também oferecia pato prensado, sopa de ninho de andorinha, grandes fatias de bacon, e até mesmo patas de urso recheadas, que ele preparava com dois fogões com oito queimadores de gás e equipados com uma grelha que queimava a 230 graus centígrados.

Kelley frequentemente preparava refeições ambiciosas quando ele e Dukie eram anfitriões de jantares para vizinhos e amigos. Dukie realmente nunca aprendera a cozinhar, e Kelley insistia em se responsabilizar pelo preparo. O psiquiatra não conseguia deixar de se tornar o centro das atenções nessas reuniões. Ele costumava preparar nessas refeições uma receita de pato muito apreciada, e a pompa com que ele apresentava a prensa para a ave, colocava nela o pato e começava a mover a grande manivela para extrair o sumo era uma parte importante de sua encenação e de seu desempenho. Ele despejava o molho em uma tigela especial e orgulhosamente punha uma porção em cada prato. Ele descobria outros modos de atrair a atenção, também. Em uma reunião ao ar livre no pátio da casa dos Kelleys, os visitantes viram um animal grande – um texugo ou um gambá – se esgueirando pelo jardim. Kelley, sempre o mestre de cerimônias, assombrou os convidados levantando-se da mesa e encurralando o animal, o que atiçou os instintos dele de se fingir de morto. Não contente em deixar a criatura em paz, Kelley agarrou-a pela cauda e ergueu-a bem alto para que todos a admirassem. Ou talvez para que pudessem admirar a ele. Kelley foi um artista até o fim, sempre ansioso por se colocar no centro do palco, no centro da ação – não importando quão estranha fosse.

Nessas e em outras ocasiões, os Kelleys jamais discutiam política, e as crianças jamais souberam quais candidatos políticos eles apoiavam, a não ser durante as eleições presidenciais de 1952, quando Kelley e Dukie usaram *buttons* de Ike. Era o período McCarthy de intimidação acadêmica, e Dukie alertou Kelley para jamais assinar quaisquer petições; elas iriam reaparecer para macular-lhe a reputação. Seu nome era sua posse mais valiosa, eles acreditavam, e era preciso preservá-lo. Era um período tenso e vigilante.

******

O nativo da costa Oeste e menino da Bay Area surgia nas frequentes viagens que Kelley fazia durante os verões e os sabáticos acadêmicos com seus filhos. Repentinamente, ele declarava quatro meses de férias e empilhava as crianças e uma quantidade de material para acampamento em um velho DeSoto que ele havia modificado retirando o banco dobrável na parte traseira, transformando-o em algo parecido com um jipe com tração nas quatro rodas. Visitando o Arizona e o Novo México, a família percorria a área dos nativos da América do Norte; juntava artigos arqueológicos e artesanato, e mergulhava em qualquer coisa que a cozinha, cultura e religião locais colocassem no seu caminho. Essas eram buscas sérias por conhecimento que Kelley concebia para seus filhos, com o objetivo de atiçar o tipo de curiosidade voraz que o atormentava.

Ele tentava fazer com que as crianças comessem qualquer comida exótica que encontrassem, incluindo, em certa ocasião, abalone. Alicia estabeleceu os limites nesse ponto, e nenhuma das tentativas feitas pelo pai para que ela engolisse a criatura marinha foi bem-sucedida. Ele tentava fazer de cada excursão uma oportunidade de aprendizado para as crianças. Eles nunca estavam relaxados. Quando a família voltava para casa, traziam tantos artefatos quanto conseguiam colocar dentro do DeSoto, objetos que Kelley iria acrescentar à sua coleção de suvenires que abria portas para a ciência, a antropologia e a história. "Ele era como uma aranha juntando um monte de coisas diferentes", o filho Doug relembra, e o colecionismo predatório do psiquiatra logo começou a encher a casa em Highgate Road. Kelley disse a um amigo que ele ambicionava um feto de baleia para acrescentar a seus artefatos, e que "atravessaria a Baía a nado" para colocar as mãos em um.

Kelley se sentia com energias renovadas depois dessas viagens. Ele era como seu avô, que, décadas antes, com frequência fazia longas caminhadas ao local onde se encontravam as cabanas em ruínas do Grupo de Donner perto de Truckee, em busca de tranquilidade interior. De modo semelhante, Kelley acreditava nos benefícios de fugir dos cenários familiares, e sentia-se mais forte depois de se embrenhar em outro lugar, novos locais para caçar artefatos, novos mundos físicos e culturais em que pensar. E, assim como seu avô advogado, Kelley se valia do poder de ouvir com atenção: a técnica de mostrar claramente que se concentrava em tudo que um entrevistado, paciente ou cliente diz, de cravar o olhar de seus olhos verdes na alma das pessoas ao seu redor, de estimular a lisonja e destroçar segredos.

A família era com frequência arrastada para Truckee e o Lago Donner. Esse era o local que ele identificava como suas origens. Assim como durante toda sua vida, ele considerava sua família materna, os McGlashans, seus ancestrais dignos e heroicos. Ele nunca procurou suas raízes do lado paterno. Em uma dessas excursões às montanhas, ele bebeu uma lata de cerveja enquanto dirigia e ficou bêbado. Seu modo de dirigir agressivo assustou as crianças. "Ele era um excelente motorista, mas corria riscos", diz Doug. Dukie com frequência sentava-se ao lado dele, soturnamente quieta, com os nós dos dedos ficando brancos. Os riscos que Kelley corria como motorista e a raiva que extravasava quando passava um tempo com a família revelavam uma centelha dolorosa em sua alma. Lecionar, fazer consultoria para a polícia, escrever uma infinidade de artigos sobre psiquiatria e criminologia, casamento e paternidade, tudo isso pesava sobre ele. Jovial mas teimoso, ele entrava em choque com alguns de seus colegas na universidade, e a política acadêmica o deixava estressado. Ele podia ser irritadiço e mesquinho, transformando briguinhas em discussões. Certa ocasião, ele se sentiu insultado por uma taxa de 17,50 dólares que um hospital cobrou para fazer raios-X de Dukie. Ele escreveu para ninguém menos que o administrador-chefe do hospital, em termos desdenhosos, que a taxa parecia "um pouco alta, segundo o que eu considero ética da cortesia profissional. Entretanto, suponho que vocês tenham seus próprios parâmetros particulares".

* * * * * *

A raiva interior de Kelley, contudo, envolvia mais do que o estresse do Tipo A. O ambiente doméstico em que ele crescera era barulhento e repleto de tumultos cheios de insatisfação. June Kelley, a brilhante e precoce advogada que havia se dedicado à reputação e ao bem-estar de seu pai, tornara-se endurecida e amargurada em seus últimos anos de vida. Ela havia criado Kelley para jamais se sentir satisfeito com o que tinha, sempre ansioso por saber, obter, alcançar e merecer mais. As origens do tumulto mental de June não são conhecidas, mas ela vivia na escuridão, na raiva e no temor. O perigo estava à espreita em todos os cantos, e June ensinou o filho a pensar rapidamente e a descobrir as ameaças. O papel filial de Kelley era o de dar apoio emocional a June e mantê-la seguindo em frente.

Desde a infância, parte de Kelley apreciava a diversão, era inteligente, jovial e gostava de trapacear e de brincar – essa alegria vinha de seu pai, Doc, o dentista de quem ele nunca se sentiu próximo. Doc não era um homem talentoso, e atendeu no mesmo consultório na Irving Street em San Francisco durante quase cinquenta anos. Sua casa, congelada no tempo, com sua mobília coberta por lençóis e cortinas pesadas nas janelas, ficava no andar de cima. A outra parte de Kelley era um empreendedor voraz para quem o elogio era essencial, um homem que não conseguiria se sentir satisfeito não importando quão alto pudesse chegar. June era a responsável por essa parte. "Ele não sabia como deixar o pequeno Douglas Kelley Sr. sair e brincar com o grande Douglas Kelley Sr.", observa o filho Doug. Aprender e adquirir conhecimento o animavam, mas nunca para chegar a um resultado que o deixasse satisfeito. Ele realmente necessitava de uma explicação para suas explosões emocionais e sua ânsia por reconhecimento vindas da criminologia. Mas sua pesquisa e suas aulas deixavam-no perdido. Ele prosseguia em uma disparada louca em seu trabalho e exalava frustração. "Ele era um cruzamento entre uma esponja e um touro desenfreado", diz Doug. "Ele era um homem do Renascimento em alta velocidade."

A descoberta que se tornara evidente para ele em Nuremberg – a de que o comportamento de alguns dos piores criminosos dos tempos modernos não poderia ser atribuído a um tipo psiquiátrico ou a qualquer doença mental específica – continuava a deixá-lo nervoso e a dar vida a sua imensa produção de pesquisa e de trabalho. E, incentivado pelo álcool, ele se voltava de modo imprevisível contra sua família. As crianças o temiam.

Dukie deu o melhor de si para amar e dar apoio ao seu impetuoso marido. Ela era forte, e Kelley sabia que tinha nela uma boa parceira. Eles compartilhavam de uma verdadeira melodia familiar, uma frase musical agudo-grave-grave que Kelley assobiava quando estava à procura dela dentro ou fora da casa. Quando Dukie respondia, isso significava uma conexão que transcendia as palavras. Dukie sabia que o marido a amava, mas lamentava em silêncio a falta de capacidade dele de dar atenção que fosse doce e gentilmente afetuosa, também. A maior parte do tempo ela era capaz de lidar com os estados de espírito dele e evitar que ele desabasse ao peso de suas tarefas, embora se ressentisse do laço entre Kelley e sua mãe, que ainda era muito forte. Dukie reclamava que ele era mais apegado à mãe do que a ela. Muitas vezes, contudo, as brigas entre os Kelleys se intensificavam sem lógica ou razão aparente. Eles poderiam brigar a respeito de qualquer coisa, do sentido de uma dica no programa *What's My Line?* ao motivo que levara o entregador de jornais a colocar o jornal em lugar errado. A voz de Kelley ficava mais possante durante as discussões deles. A voz de Dukie era aguda, mas de modo algum fraca, mas as explosões vocais dele sobrepujavam qualquer coisa que ela dissesse.

Qualquer coisa poderia acontecer entre os dois. Uma discussão na hora do jantar acabou em um copo quebrado, e Dukie, que não tinha percebido que estava machucada, serviu para Doug um prato manchado com o sangue dela. Quando o menino observou o fato, ela cuidadosamente limpou o sangue com um pano e calmamente devolveu-lhe o prato. As crianças ficaram olhando petrificadas um dia enquanto Kelley e Dukie gritavam um com o outro no corredor banhado de sol no andar de cima, que terminava no escritório do psiquiatra. Eles olhavam um para o outro na frente do *closet* com os adereços de mágica. As crianças viviam em um estado quase constante de apreensão, mas não esperavam que Kelley apontasse um revólver para Dukie. O dedo dele se firmou no gatilho e um tiro ecoou por toda a casa. Ele havia abaixado o revólver no último milésimo de segundo antes de atirar, e a bala deixou um buraco no piso de madeira aos pés de Dukie. Mais tarde, ela cobriu o local com um tapete. Tinha sido um tremendo ato de exibicionismo, não era mesmo? Mas a mente das crianças estava em disparada: "Se tivesse atirado nela, ele teria atirado em nós?", Doug se lembra de ter pensado. "Esse era o segredo que nossa família guardava: periodicamente, o Velho ficava maluco." Ele com frequência ia para o piso superior "para olhar o buraco de bala no piso do corredor".

Dukie acreditava ter suas próprias razões para a raiva que nutria pelo marido. Em 1950, logo depois de os Kelleys se mudarem para Berkeley, o pai de Dukie testemunhou uma das raivas do psiquiatra, uma explosão na qual o potencial de violência ficou óbvio. Um homem quieto e plácido, o Sr. Hill ficou indignado com o tratamento que viu sua filha receber. Ele ficou perturbado por um bom tempo, logo em seguida sofreu um derrame e morreu. Dukie culpava Kelley não somente pela morte do pai, mas por destruir o ideal de família dela, uma imagem de amor, carinho e devoção crescentes, originária em parte dos alegres romances de Clarence Day. Ela queria esse tipo de ambiente emocional para sua família com Kelley, mas as explosões e a fúria reprimida dele tornavam isso impossível. Quando a raiva dela se tornava perigosa e ficava muito deprimida, pegava algumas roupas, agarrava a bolsa e as crianças menores e passava um ou dois dias com parentes na Bay Area. "Uma vez eu disse para papai que sentia mesmo muitas saudades deles", recorda Doug. "Ele disse: 'Eu também – vamos, vamos buscá-los'. Nós os buscamos e trouxemos de volta para casa."

Talvez de modo inevitável, Kelley – o colecionador, analista, perseguidor de conhecimento dos recônditos sombrios da mente humana e ex-mágico – teve como objetivo educar um filho mais velho brilhante. O pequeno Doug seria a cobaia para técnicas agressivas de incentivo ao desenvolvimento mental desde o momento em que saiu da maternidade. O filho substituiu Göring, Hess e Rosenberg como objeto de experiências de seu pai. Em casa, o menino recebia uma avalanche de lições, informações e exercícios insistentes para o desenvolvimento do cérebro. Até os dias de hoje, ele ainda sente a dor e a pressão dos exercícios de observação de Kelley, que eram estabelecidos como uma competição para o filho. Sentado na sala de estar, ele pedia a Doug que examinasse o ambiente em que se encontravam, tomando nota da maior quantidade de detalhes de que fosse capaz. Depois de dizer para o menino sair da sala, Kelley faria uma ligeira alteração no arranjo da sala – até algo tão sutil quanto empurrar um lápis pela mesinha de centro. "O que está diferente?", Kelley perguntava quando o filho voltava. O exercício inspirava temor e pânico em Doug, bem como excitação e satisfação quando ele identificava a diferença. Era uma estranha mistura de sentimentos.

"Eu fazia testes de QI o tempo todo", diz Doug. Kelley relatava a pontuação do QI de Doug – geralmente na casa dos 150 – para pessoas ligadas a escolas e ao seu velho conhecido Louis Terman, que ainda supervisionava seu influente estudo de crianças superdotadas em Stanford. Em 1952, quando Doug tinha quatro anos, o *Saturday Evening Post* retratou a família em um artigo sobre pessoas com QI alto e o estudo de Terman. A foto que ilustrava o artigo mostrava Dukie reclinada sobre Doug, que agarrava uma boneca, sentado no sofá, e olhava cheio de expectativa. A irmã Alicia estava sentada ao lado dele. Kelley pairava acima deles todos, a única figura em pé e o que tinha aparência mais inteligente do grupo todo. Usando uma gravata de seda que brilhava sob a luz, os olhos de Kelley se cravavam no alto da cabeça de Doug.

Kelley colocou o filho para treinar a memória, e Doug visitava regularmente os *campi* de Stanford e UC-Berkeley para se submeter a testes psicológicos e de inteligência com os melhores do ramo: Bruno Klopfer, Alfred Korzybski e S. I. Hayakawa. Se ele decidisse de repente que Doug precisava aprender astronomia, Kelley traria um astrônomo que dirigia o planetário mais próximo para dar aulas ao menino. Ele fez Doug saltar três anos e meio de escola. Apesar de sua própria autoridade imperiosa, que não admitia contestações, Kelley ensinou o filho a questionar a autoridade alheia. A cada dia o pequeno Doug era submetido a algum aspecto do regime de seu pai: "Quando eu me levantava, papai me dava um *shake* de proteínas, ficava perto do aquecedor e segurava o papel com palavras para que eu as memorizasse para aquele dia". Kelley desempenhava suas tarefas paternais com severidade, raiva e uma inflexibilidade absoluta. Ele ambicionava criar um menino que fosse um grande pensador, o mais arguto observador e intelectual que alguém pudesse fazer de uma criança. Como guia e especialista em pensamento racional, Kelley exsudava a certeza de que sabia tudo. Seu objetivo final era o de ensinar a Doug como chegar a conclusões racionais "e então se distanciar e ver como os outros estavam vendo você", relembra Doug.

Por um lado, as reações das demais pessoas eram importantes para Kelley, porque somente dos outros poderiam vir os elogios – e, por conseguinte, um pouquinho de algo que se aproximava da gratificação. Porém, ele tinha em mente princípios mais altos quando inculcava em Doug os benefícios de observar atentamente outras pessoas. Examinar minuciosamente o comportamento dos outros, prestar muita atenção no que eles diziam e em como eles se moviam, levava a prever o comportamento deles, Kelley acreditava. O psiquiatra dizia ao filho que prever os comportamentos das pessoas depois de examiná-las cuidadosamente poderia resultar em algo chamado tele-empatia, a capacidade de sentir o que os outros estão sentindo e pensando. O próprio Kelley era mestre nessa habilidade, capaz de atrair a atenção de todos em uma reunião, falar de modo persuasivo, projetar total competência e entender a multidão em uma apresentação de mágica. Quando nada, a orientação dominadora de Kelley transmitiu para o filho essa capacidade de interpretar os sentimentos dos outros. Ele absorveu como aferir a atmosfera de um local, o estado de espírito de seus habitantes, e modos de lograr as pessoas que se interpunham entre ele e seus objetivos.

"Eu consigo ter uma boa ideia a respeito do ambiente de um local... O valor disso é impressionante, mas o peso e o ônus são terríveis", diz Doug. Ele usou o talento que Kelley fez surgir nele para cheirar o ar de sua própria casa para prever se aquele seria ou não um dos dias das explosões de seu pai. Mas uma criança já tem o suficiente com que se preocupar com seus próprios pensamentos e sentimentos sem tentar entender o mundo de complexos e de impulsos dos adultos. Como resultado, quando Doug se aproximou da adolescência, começou a rejeitar as premissas básicas dos ensinamentos de seu pai. "Eu não queria alcançar algo, liderar ou assumir controle", diz. Ele se recusou a crescer para se transformar na pessoa que Kelley imaginava que ele seria, e continuou "a amar uma parte de mim", diz ele. Doug, que se ressentia com a recusa do pai em aceitar quaisquer pontos de vista contrários, começou a beber e a fumar maconha quando tinha onze anos. Em segredo, ele se treinou para *não* se concentrar em prever o que estava acontecendo ao seu redor. Aos poucos, Doug aprendeu a valorizar algo que seu pai nunca compreendeu, a individualidade dos outros. A tentativa fracassada de Kelley de criar um filho brilhante e perfeito – um legítimo herdeiro dos McGlashans – foi o projeto contínuo que o ocupou desde logo depois de seu retorno da Alemanha até o fim da vida. Era como se, tendo penetrado nas sombrias mentes nazistas e não descoberto nelas nada que as separasse dele ou de qualquer outra pessoa de modo absoluto, Kelley estivesse determinado a tentar criar em seu filho uma criatura melhor, mais forte e mais ideal, alguém que não fosse vulnerável a quaisquer fraquezas na condição humana que haviam permitido as assombrosas atrocidades do período de guerra. Talvez, também, Kelley investisse tanta esperança no futuro de seu filho porque havia começado a perceber seus próprios fracassos. Ele era claramente um homem atormentado; talvez Doug fosse poupado se seu pai pudesse prepará-lo para um mundo de criminalidade, ignorância, mesquinharia e – evidentemente – maldade, e fortalecê-lo contra ele.

* * * * * *

"O Velho sempre nos dava presentes em nosso aniversário. Ele nos levava aonde quiséssemos ir, e na maior parte das vezes era brincalhão", diz Doug. Mas as próprias frustrações de Kelley deixavam-no com poucas ferramentas para ser um bom pai. "Ele nunca entendeu que éramos diferentes dele e não apenas os filhos dele." Doug, aos sete anos, percebeu que estava friamente planejando modos de escapar de seu pai. "Se eu subir na geladeira com uma machadinha, eu vou ter sorte suficiente para dar um golpe na cabeça dele antes que ele perceba o que está acontecendo?", ele se lembra de ter pensado. Mas ele não era uma criança violenta, e, em vez disso, "aprendi a me calar e a ter uma vontade muito forte e a sobreviver, mas eu precisava ser deixado em paz e ser livre".

Ter Douglas Kelley como pai provou ser tanto uma bênção quanto uma maldição. O menino teve contato com a alegria do conhecimento e a aventura da curiosidade. Ele conquistou o talento de entender as pessoas e passou horas prazerosas cultivando a própria mente. Ao mesmo tempo, defrontava-se com toda a força de um guia em conflito profundo, um grande psiquiatra especializado em diagnóstico que estava sofrendo e se recusava a procurar um psiquiatra. Como pai, Kelley era capaz de amar, mas tinha pouca noção de como se abrir com os filhos. Quando se aproximava deles, a raiva não resolvida que trazia em si os afastava. Ele passou pela vida deles como um trem descarrilado.

Esse tipo de criação pesava sobre Doug enquanto ele refletia sobre seu destino em seu quarto no porão. "Eu tinha crises de raiva e ficava enlouquecido e destruía meu quarto, e então arrumava tudo de novo. Eu tinha sono leve, porque não sabia se o Velho iria ficar bêbado e descer para me bater." Doug tinha certeza de que a violência de seu pai não fugiria do controle, mas mesmo assim a temia: "Eu sabia que ela era meio perigosa". Kelley podia perder a calma por qualquer motivo ou sem motivo algum. Mas, às vezes, o psiquiatra simplesmente descia para dar um beijo na testa do menino. Doug nunca sabia qual versão de seu pai estava se aproximando a cada vez que ouvia os passos pesados na escada.

Doug se engajava em diálogos imaginários e cheios de raiva com seu pai. "No fim [eu dizia mentalmente para o Velho], você pode achar que sabe tudo, mas você não consegue chegar até minha essência. Você não pode me destruir ou chegar até aqui", ele afirma, apontando para seu coração. "Essa coisa boa você não pode conseguir – você vai ter de me matar." Às vezes, Doug saía por uma janela do andar de cima e se sentava no telhado para ficar pensando no enigma que era seu pai. "Era difícil compreender como alguém com toda aquela capacidade, que podia ajudar os outros, não podia ajudar a si mesmo. Ainda é algo um tanto perturbador", ele admite. Os conhecidos e colegas de Kelley tinham pouca ideia de até que ponto ele era psicologicamente perturbado.

Um *closet* que se abria para o corredor ficava pegado ao quarto dos Kelleys, e quando gritos eram trocados entre os pais as crianças se fechavam nele e ficavam escutando as vozes altas à medida que elas atravessavam a parede. "Eu ia lá e me enrolava no casaco de peles dela e ficava escutando", diz Doug. "Eu achava que eles eram malucos. Papai ficava bravo, uma raiva fria e intelectual, mas a dela era uma raiva mais tranquila. Ele era tão dominador. Eu me lembro de uma briga imensa por causa de alguma coisa que Bennett Cerf havia dito na televisão. Eu sabia que mamãe tinha razão." Mas era o pai que prevalecia. "Eu tinha medo de que um deles fosse morrer. O medo de mamãe era o de que ele fosse acabar destruindo a família ou a si próprio. Um homem tão importante não poderia dizer: 'Há alguma coisa de errado comigo.'"

Procurar ajuda com um colega psiquiatra, na mente de Kelley, teria maculado sua autoridade. Quem ele poderia procurar que não saberia que ele era uma autoridade mundialmente reconhecida em Rorschach, um consultor de polícia que afastava tiras não qualificados, um especialista em violência e em comportamento criminoso? Pelo amor de Deus, ele pode ter lamentado em seus momentos de maior depressão e de mais raiva, quem poderia entender uma criatura que tratara dos nazistas, os mais conhecidos criminosos do século, e não era capaz de encontrar uma explicação para suas próprias crises de confusão? Quem manteria isso em silêncio? Ele construíra uma *persona* pública magnífica, baseada em sua competência, autoridade, racionalidade e controle – embora em casa se despisse dessa indumentária para beber usando shorts e camiseta e ameaçasse constantemente entrar em erupção. Muito depois, Dukie reconheceu para seu filho que seu pai "tinha prestígio demais" para ser flagrado consultando um psiquiatra.

Então, a frustração e a raiva de Kelley ficavam reprimidas. As emoções se alternavam em ciclos de trabalho e de violência, entre as contínuas exigências das responsabilidades que ele havia assumido para desviar a atenção de sua turbulência íntima. Ele transitava entre aulas, consultas criminais, aparições na televisão, palestras, avaliações para a polícia, seus próprios escritos, e o casamento e a paternidade. Ele fazia o jantar todas as noites; encontrava-se com psicopatas e os dissecava; tentava conduzir crianças que ainda não haviam entrado na adolescência para grandes feitos intelectuais; e divertia plateias – enquanto isso, deixava sua própria volatilidade e psique sem serem examinadas. O peso dele aumentou gradualmente junto com seu estresse. Com o passar do tempo, ele percebeu as pontadas de uma úlcera de duodeno – não era o tipo de coisa que fosse diminuir seu apetite por comida muito temperada – e engolia Tums tanto quanto Göring engolia paracodeína. Seu médico pessoal, Harry Borson, avisou Kelley que a úlcera provavelmente era o resultado da tensão pelo excesso de trabalho. Mas Kelley nunca perdeu tempo pensando em cuidar de si mesmo.

Outras pessoas conseguiam ver os riscos do percurso rápido e brutal de Kelley. Lewis Terman avisou-o do perigo de tentar fazer muitas coisas ao mesmo tempo. "Eu fico impressionado com a quantidade de atividades em que você está envolvido, e não posso deixar de me perguntar se não é demais para seu bem profissional no longo prazo", Terman escreveu para Kelley em 1955. Terman, um homem mais velho que conhecia Kelley desde a infância do psiquiatra, reconhecia ter as mesmas tendências de *workaholic*, um hábito que lamentava. Em resposta, Kelley, na defensiva, descreveu como ele havia aumentado sua eficiência no trabalho acelerando o ritmo de suas atividades para conseguir que tudo fosse feito. "Por exemplo", escreveu Kelley, "a preparação para um discurso ou uma apresentação normalmente [me] toma de 20 a 30 minutos, a não ser, claro, que um projeto maior de pesquisa esteja envolvido." Ele admitiu, contudo, que não poderia continuar a equilibrar de modo eficiente as tarefas de ser pai, professor e pesquisador, e prometeu dar ouvidos aos avisos de Terman. Mas nunca o fez – seus demônios interiores mostraram ser muito implacáveis. Naquele mesmo ano, a mãe de Kelley, June, morreu, o que – embora ele não tenha deixado relatos de seus sentimentos – deve tê-lo arrasado.

George Dreher, um amigo da família, percebeu o fardo que Kelley parecia carregar. Perto do outono de 1957, ele observou que Kelley "estava sentindo o peso de sua excepcional quantidade de trabalho", escreveu para Dukie muitos meses mais tarde, "mas somente agora estou percebendo quanta tensão interior isso significava. É provável que não apenas eu mas muitos outros que deveriam ter entendido e ter reagido tenham sido impedidos pela impressão da óbvia competência e vitalidade dele". Na época em que Dreher escreveu essa carta, no entanto, era tarde demais.

* * * * * *

Quando ele estava com quarenta e cinco anos, as pressões profissionais, as mágoas e as decepções internas e a infelicidade conjugal de Douglas M. Kelley se incendiaram em uma combustão violenta. Doug consegue projetar uma vacilante reprodução da cena de pesadelo em sua mente. É dia de Ano Novo, 1958, no fim da tarde, vinte e quatro horas depois de seu décimo aniversário. A árvore de Natal ainda está colocada no canto da sala, e os irmãos mais novos de Doug, Alicia, então com oito anos, e Allen, com quatro, estão brincando juntos no chão perto da lareira. Um jogo de futebol ocupa a tela da televisão colorida; Doug e seu avô, Doc, estão assistindo. Kelley e Dukie estão fazendo o jantar na cozinha.

Há um tumulto na cozinha. Algo aconteceu. As vozes ficam mais altas. Não dá para entender as palavras, mas elas se avolumam em tom. Doc ergue o olhar e fica escutando. Kelley e Dukie estão se revezando gritando um com o outro. Eles estão brigando – não há dúvidas. Isso continua até o Velho abrir a porta e atravessar a passos largos a sala de jantar. Ele está falando coisas sem sentido, expelindo palavras cheias de raiva. "Não vou mais suportar isso", ele berra. Ele se volta e sobe às pressas para o andar de cima e vai para o escritório e fecha a porta com estrondo. Um segurador de porta de porcelana azul treme, se desequilibra, cai aos pedaços na sala de estar vindo lá do piso superior. Dukie entra na sala e olha para Doc. "Essa é das bravas", diz ela.

Doc se levanta e começa a levar as crianças para fora da sala. Alicia e Allen saem, mas Doug se posicionou atrás do sofá, aconchegado no canto do piano. Ele se sente impelido a testemunhar o que está acontecendo. Então, depois de alguns segundos, acontece mesmo. O Velho marcha para fora de seu escritório e aparece no topo da escada. Ele está segurando algo na palma da mão. Com passos silenciosos, Dukie vai para o pé da escada. Kelley desce até o patamar e encara sua esposa, seu pai e seu filho, como um orador. "Eu não sou mais obrigado a aguentar isso!", berra. "Eu vou ingerir este cianureto de potássio e vou morrer em trinta segundos. Eu vou ingerir isto, e ninguém vai se importar!"

Dukie diz: "Não, Doug". Doc grita: "Não faça isso!".

Em um momento interminável de movimento silencioso e lento, um monstro – uma onda turva de raiva, estresse, frustração e temor dentro dele – abre caminho à força do íntimo de Kelley, e fica tão visível para a família quanto uma nuvem de tempestade que cruza os céus. Essa criatura, que jamais ousara se mostrar de modo tão descarado, está então terrivelmente presente. Ela se apossou da alma de Kelley. Ela compreende o poderoso drama da situação e o controle em que mantém sua plateia impotente. Sob seu controle, o Velho abre a palma da mão e coloca algo na boca. Ele engole.

"Não, Doug, não", diz Dukie.

Kelley cai como uma marionete frouxa e atinge os degraus abaixo. O monstro surgiu e se foi. Dukie sobe correndo e estende a mão para tocar o marido. Ela o puxa para o pé da escada. Ele ainda está vivo, respirando com dificuldade e olhando fixamente, incrédulo. Ela segura a cabeça dele; eles falam, trocam algumas palavras. Algo na performance deu errado. O número de mágica não deveria ter ido até esse ponto. Juntos, Dukie e Doc arrastam Kelley pelo corredor até o banheiro perto da entrada. Enquanto Dukie sai correndo para pedir ajuda, Doc derrama água na boca de Kelley, tentando extrair o veneno à força.

Ainda atrás do sofá, Doug está atordoado. Alguém logo tira as crianças da casa pela porta da frente, e enquanto ele passa por seu pai, que jaz no chão, a parte superior do corpo sob a pia do banheiro e as pernas no corredor, Doug tem um vislumbre do rosto dele. Sofrendo com as convulsões, os olhos saltados e vermelhos, a espuma saindo pela boca. O menino pensa: "Eu nunca vou querer morrer desse jeito". Então ele é arrastado para longe do corpo do homem, e as crianças passam horas na casa de um vizinho. "Jamais me passou pela cabeça que ele iria morrer até mamãe voltar para casa e me dizer... Eu achei que ele iria escapar", diz Doug. Os médicos disseram que Kelley estava morto ao chegar ao Herrick Memorial Hospital, em Berkeley, às 16h56.

O superintendente de polícia Holstrom foi à casa naquela noite. Ele ficou olhando para Doug, levou-o para o quarto dele e ficou procurando as palavras. "Isso é terrível", ele disse para o menino. "Não fique pensando nisso. Ele pode ficar vivo no seu pobre coração, mas siga em frente e conserve-o com você." Siga em frente – isso não vai definir quem você é. Doug nunca se esqueceu da gentileza do policial.

Mais tarde, Dukie tentou acalmar Doug com uma explicação infantil do que havia acontecido. "Nós estávamos brigando, querido", disse ela. "Seu pai se queimou com a panela." As palavras dela não chegavam nem perto de descrever o que Doug havia testemunhado. Seu pai não morrera por causa de algo que espirrara na cozinha, e ele sabia disso. Dukie permaneceu leal a Kelley em sua incompreensão. Para ela, o suicídio permaneceu para sempre inexplicável. Kelley não deixou um bilhete. "Eu nunca soube o motivo. Ele não estava infeliz", ela insistiu, quando um repórter de San Francisco a entrevistou mais de quarenta anos depois. "Eu simplesmente tirei isso da minha cabeça. Não quero tentar me lembrar... Não é algo em que eu queira pensar. É apenas um mistério."

Doug jamais parou de pensar no suicídio. Ele é filho de seu pai – queria saber mais. Ele poderia ter escapado da tragédia, Doug acredita. Kelley poderia tê-la detido até o ponto em que ele agarrou o cianureto e criou a possibilidade de uma ação sem retorno. Um homem verdadeiramente grande teria contido sua raiva, poderia ter apagado o fogo, mas Kelley, na verdade, não era maior que nenhuma outra pessoa. Doug acabou concluindo que seu pai estivera tentando impressioná-los no patamar daquela escada e que a força acumulada de suas emoções e a dor interior haviam feito com que ele perdesse o controle. O filho acredita que o pensamento racional que Kelley defendeu por meio da semântica geral o abandonara subitamente.

Como a morte de Kelley não havia sido natural, os médicos do condado fizeram uma autópsia, que não revelou doenças que pudessem ter levado o psiquiatra ao desespero. (Correram boatos de que Kelley estava perturbado por causa da progressão de uma doença estomacal séria ou de um problema intestinal.) Os restos cremados de Kelley encontraram seu local de descanso final dois dias depois de seu suicídio em Truckee, no jazigo da família McGlashan no cemitério. Lá, o memorial de Charles McGlashan domina a lápide de Kelley e a de todos os demais. Poucas pessoas compareceram ao velório, e Dukie, com medo de traumatizar as crianças, não permitiu que elas fossem. A casa em Highgate Road ficou mais sombria.

O suicídio de Kelley encheu as páginas dos jornais de Bay Area por muitos dias. Quase todos os artigos descreviam o choque com que amigos e colegas souberam de sua morte e a luta deles para encontrar uma explicação. Eles mencionaram a possibilidade de que Kelley se sentisse sobrecarregado pelo peso do trabalho, uma doença fatal, ou a súbita percepção da perfídia do comportamento criminoso. Alguns sugeriram uma inevitabilidade para a morte dele. Um redator da *Berkeley Gazette* recordou de modo soturno que "O dr. Kelley havia certa vez dito que a vida profissional de um psiquiatra era de aproximadamente quinze anos – e que depois disso ou ele ficava louco ou cometia suicídio. Ele estava atendendo desde 1940". Todos os artigos deixaram de mencionar a briga que precedera o ato final de Kelley, e muitos até mesmo descreveram que ele havia abraçado Dukie e lhe desejado um feliz Ano-Novo momentos antes de engolir o cianureto. O *San Francisco Examiner* observou, sem o menor sentido, que, "pelo todos soubessem, a vida dele não tinha nenhum segredo sombrio".

As especulações a respeito da origem e do significado do cianureto logo se multiplicaram. Teria Kelley dado o veneno ao Marechal do Reich? Os jornalistas que cobriam o suicídio relataram ou que a dose fatal de Kelley era uma recordação de Nuremberg ou que havia sido um presente de Göring. Sob determinados aspectos, talvez fosse, embora com certeza não de modo literal. Mas o exemplo de Göring demonstrara que um homem que receia precisar de uma cápsula de veneno vai manter uma ao alcance da mão.

Todos, com muito tato, mas de modo um tanto negligente, pouparam Dukie de quaisquer perguntas. Embora ela tenha dado um depoimento para a polícia, investigadores ou repórteres jamais continuaram as entrevistas com ela. Qualquer conexão direta entre as mortes de Göring e de Kelley "é absurdamente ridícula e parece sugerir o tipo de associação [irracional] – certamente não um conhecimento baseado em fatos – com algum motivo oculto que decorre dos próprios problemas do autor", ela declarou. Observando que teria sido falta de ética e ilegal, da parte de seu marido, ter auxiliado Göring em seu suicídio, ela ficava pensando "se é o tipo de coisa que esses acusadores teriam feito". E ela rejeitou a ideia de que Göring tivesse dado uma cápsula de cianureto para Kelley como simplesmente "loucura!".

Dukie até mesmo duvidava de que Kelley tivesse ingerido o cianureto sob a forma de cápsula. Ele segurava "o que me pareceu, do outro lado da sala, ser um pó", ela escreveu em 1985. "Eu não cheguei a ver o receptáculo, mas, do jeito como ele o segurava, eu diria que provavelmente era redondo e grande o suficiente para que ele pegasse rapidamente um pouco de 'pó' com sua outra mão, o colocasse na boca e o engolisse." Ela também acreditava que Kelley havia morrido quase instantaneamente, enquanto Doc derramava água na boca dele, porque "eu ouvi um som surdo enquanto estava falando [ao telefone] e acho que ele deve ter caído morto naquele momento – de modo muito rápido e sem dor". Havia muita fantasia no relato dela. A morte de Kelley, como Doug pôde ver, não foi indolor. O médico de Kelley disse aos repórteres que ninguém planejaria de antemão engolir cianureto porque o produto "queima dolorosamente" na garganta. Além do mais, a pergunta que Dukie jamais fez era a mais óbvia: por que o médico usou cianureto?

Havia revólveres em seu escritório – um tiro em si mesmo teria sido mais rápido, menos penoso para a vítima, pelo menos, e mais viril. Se Kelley queria melodrama naquele dia de Ano-Novo, por que não mostrar uma arma ou uma faca para causar um arrepio em sua plateia angustiada, em vez de segurar uma substância qualquer, que os observadores não sabiam o que era, escondida em sua mão como uma moeda? Como médico que conhecia muito bem as práticas criminais, Kelley sabia que ingerir cianureto levava a pessoa a uma das mortes mais dolorosas e desagradáveis que podemos infligir ao corpo humano.

Havia mais por trás da escolha de Kelley daquele veneno específico e essa forma extremamente rara de suicídio, uma linha de pensamento mais complicada do que tentar impressionar e permitir que o demoníaco drama daquele momento o fizesse perder o controle. O cianureto era uma evocação deliberada do desafiador suicídio de Göring e da pose do Marechal do Reich de um herói encurralado em um canto. Quando pegou o cianureto, Kelley indicou a aproximação de sua luta final contra um destino pior do que a morte que se encontrava à sua frente. A morte proporcionou, para o psiquiatra oprimido, a escapatória mais rápida e nobre de um futuro ignominioso – um movimento descendente rumo à incompetência como resultado de suas inseguranças, responsabilidades e pressões. Assim como o alto conceito que Göring tinha de si mesmo não lhe permitiria sofrer a indignidade do enforcamento, Kelley não poderia permitir que aparecesse como uma pessoa incapaz, indigna de louvor ou de reconhecimento. A dor da morte iria acabar com a dor ainda mais intensa de ficar vivo.

Em seu livro de 1950, *The psychology of dictatorship*, Gustave Gilbert explicou o envolvimento de Göring no nazismo observando: "Era o prazer de uma vida de luxo e cheia de movimento, de se apresentar como herói, que o atraiu". Kelley amava esse mesmo tipo de vida cheia de emoções e em ritmo rápido perante uma plateia embasbacada – e as semelhanças entre eles provavelmente explicam o vínculo profundo que ele e Göring formaram. Mas nos dois casos, quando suas jornadas heroicas se aproximaram de seus fins amargos e aflitivos, eles optaram por pular fora. Não é coincidência que o cianureto, um agente venenoso com um efeito dramático único sobre o organismo, tenha sido o modo escolhido por eles para a fuga.

Obituários e louvores públicos enalteceram as melhores qualidades de Kelley, ao mesmo tempo que, sem saber, demonstravam como o psiquiatra escondera sua vida particular de seus amigos de modo eficiente. "Durante quase trinta anos fomos amigos muito próximos", escreveu Dariel Fitzkee, um mágico. "Eu nunca soube que ele tivesse cometido um ato impulsivo em todos aqueles anos... Doug me havia dito, assim como suponho que tenha dito para outras pessoas, que ninguém conhece seu próprio ponto de ruptura." Kelley acabara com a própria vida, Fitzkee especulava, porque trabalhava em excesso e desabou sob a pressão. "Até mesmo para um homem tão complexo, a resposta é assim tão simples."

Finalmente, a imprensa parou de fazer reportagens sobre o suicídio; os cartões de condolência pararam de chegar em grandes quantidades, e o que sobrou da família Kelley foi deixado em paz.

10

POST-MORTEM

Depois de a polícia ir embora, depois de seu marido ter sido cremado e de suas cinzas terem sido enterradas, quando os Kelleys restantes voltaram para a casa de Highgate Road, Dukie lutou para assumir o controle de sua família. Era como se o cocheiro da carruagem tivesse levado um tiro e ela tivesse de assumir as rédeas dos cavalos desenfreados. Ela se viu rodeada pelo aparato do laboratório, pelos livros, artefatos e engenhocas de Kelley, sem a presença do próprio colecionador para dar-lhes sentido ou vida. Embora sempre tivesse sido uma presença amorosa na vida dos filhos, ela não sabia como ser uma genitora ativa. O marido se encarregara da disciplina, do transporte, de ganhar dinheiro e de ter ideias. Cozinhar também havia sido tarefa de Kelley. Dukie não tinha a menor ideia de como preparar uma refeição.

Ela colocou muitos dos objetos de Kelley à venda um ano depois da morte dele, incluindo cristais, almofarizes, provetas, pipetas, bicos de Bunsen, uma autoclave, um microscópio, *slides* de espécimes botânicos, uma coleção de algas, uma porção de plantas venenosas, um sextante de bolha, dois crânios humanos, um mapa em relevo da Califórnia, uma máquina fotográfica Polaroid com *flash*, o gravador da escrivaninha dele, uma maquete de uma refinaria de petróleo e a miniatura de uma locomotiva a vapor. Mas ela guardou muito mais, incluindo a grande coleção de relatos médicos do psiquiatra, papéis, anotações, testes de Rorschach e lembranças dos meses que ele passara em Nuremberg.

Dukie também tentou manter as ideias e opiniões do marido em circulação. Ela autorizou uma reimpressão de *22 cells in Nuremberg* em 1961. Relatos do Holocausto, tais como *O diário de Anne Frank*, estavam começando a atrair a atenção dos leitores, mas para muitas pessoas criminosos de guerra nazistas ainda tinham cara de notícias velhas. O livro de Kelley vendeu mal. Críticas melhores recebeu sua série de TV *Criminal Man*, que foi transmitida por redes de televisão educativas em todo o país durante o ano depois de sua morte e deu à KQED um Prêmio Sylvania de excelência na produção televisiva. Dukie esperava tirar partido desse sucesso promovendo o manuscrito que Kelley havia iniciado com Gordon Waldear e há tanto tempo deixado de lado. Waldear passou meses finalizando esse volume e tentando atrair o interesse de editores, mas o livro nunca se concretizou. Os editores observaram que ele tinha poucas chances de chamar a atenção sem o dinâmico Douglas M. Kelley por perto para promovê-lo e apresentá-lo em suas fascinantes palestras que eram sua marca registrada.

Depois de fracassar em suscitar interesse entre os editores para o livro de Kelley-Waldear, Dukie foi mais além. Ela não queria ver as ideias e o trabalho do marido desaparecendo. Achou que a carreira de Kelley poderia servir de base para uma série dramática de televisão; e então contatou o roteirista de televisão Frank L. Moss – cujos créditos incluíam episódios de *Route 66* e *U. S. Marshal* – e tentou atrair um produtor de televisão. A premissa da série se reduziu a "um psiquiatra consultor e suas aventuras no mundo do crime e da criminologia" antes de desaparecer por completo.

* * * * * *

No verão de 1961, a família saiu da casa da Highgate Road e se mudou para outra na parte ainda mais alta das colinas, com janelas que iam do chão até o teto e proporcionavam uma vista de toda a baía, deixando entrar luz, luz, luz.

De vez em quando, à medida que o suicídio de Kelley se transformava em coisa do passado, os amigos tentavam arrumar um relacionamento para Dukie. Ela levou os filhos em um encontro memorável com um homem que propôs um passeio em seu barco. As coisas deram errado desde o começo – o filho Allen perdeu o equilíbrio na prancha de desembarque e caiu na água. "Estou muito bem sozinha", ela resmungava com frequência para os filhos. "Por que eles estão me arrumando alguém?" À medida que ia seguindo em frente, ela percebeu que não precisava de um homem em sua vida para "importuná-la". Acreditava que já havia sido casada com o melhor que ela pudera encontrar. Uma sulista estoica e leal, ela se lembrava de tudo que havia sido excitante e satisfatório em seu casamento, e enterrou as coisas ruins. Resolveu que ela e Doug, como sempre chamara o marido, tinham feito o melhor possível de seus destinos.

A memória seletiva não iria ajudar toda a família a se recuperar da morte devastadora de Kelley. Seus membros "se desestruturaram, todos afetados de diferentes formas pelo suicídio", diz Doug. Allen, o mais novo, ficou para sempre sendo o bebê de Dukie, e ela cuidava dele o tempo todo. Alicia ficou muito apegada à mãe e tomava conta dela.

Por outro lado, Doug rejeitou vigorosamente o que seu pai lhe havia ensinado. "Eu sentia repulsa pelo poder e pela ideia de liderar as outras pessoas", diz ele. Seus pais haviam acelerado demais o progresso dele na escola, e ele tinha nove anos quando começou o sétimo ano. Depois de uma breve permanência em um internato militar no Tennessee, ele voltou para a El Cerrito High School para se formar. Doug transitou pelo movimento *hippie*, pela faculdade, por empregos e casamentos por muitos anos, sempre evitando se destacar, brilhar ou ser o tipo de empreendedor que seu pai desejara. Ele finalmente se fixou em um emprego de separador de correspondência nos correios dos Estados Unidos – um homem com a reputação, entre os colegas de trabalho, de saber tudo o que estava acontecendo no edifício. Era a sua tele-empatia ainda ativa, sempre alerta. Durante certo tempo, uma de suas colegas nos correios era Georgia Abbott, esposa de Burton Abbott, e que descobrira os pertences de Stephanie Bryan no porão dos Abbott. O pai de Doug havia ajudado a mandar o marido dela para a câmara de gás.

George "Doc" Kelley continuou a atender em seu consultório de dentista em San Francisco até os noventa e um anos, e sobreviveu ao filho quase catorze anos. Ele se juntou a Kelley no cemitério de Truckee em 1971.

* * * * * *

Nessa época, apenas três dos homens que haviam ocupado as vinte e duas celas em Nuremberg ainda estavam vivos. Do outro lado do oceano, Rudolf Hess ainda vivia atrás das grades na prisão de Spandau em Berlim. Em 1948, Maurice N. Walsh, um psiquiatra da clínica Mayo que trabalhava como consultor para o Exército norte-americano, havia avaliado Hess. Alguns anos antes, Walsh havia se interessado pela mente dos tiranos políticos quando encontrara o ditador da República Dominicana, Rafael Trujillo, como paciente na clínica. Trujillo supostamente estava lá para fazer um *check-up* geral, mas na verdade precisava de tratamento para sífilis. Em conversas com Trujillo, Walsh o considerou "esquizofrênico e... sem qualquer acesso a sentimentos normais de culpa e emoções normais de amor e de ternura". Walsh ficou se perguntando como tal homem poderia governar um país e atrair seguidores leais. Ele passou a ter interesse pela indiferença com a qual acreditava que muitos déspotas consideravam a vida humana e os direitos humanos.

Em Spandau, uma multidão de representantes Aliados ocupava a sala de visitas com Walsh, tornando difícil uma consulta psiquiátrica normal. Hess, aparentando magreza e ainda sofrendo de frequentes dores de estômago, "foi afável e agradável durante a entrevista, que durou duas horas e foi em grande parte feita pelo intérprete norte-americano", Walsh escreveu. Sua amnésia parecia ter desaparecido, e Hess recordou nitidamente a maior parte dos acontecimentos do seu passado. Ele apenas sentia dificuldades para se lembrar de seus episódios de esquecimento na Inglaterra, e repetiu a alegação de que sua amnésia em Nuremberg havia sido fingida. "Hess então pediu licença para fazer uma declaração", recordou Walsh. "Com considerável dignidade e grande ênfase, ele afirmou de modo muito formal que considerava seu atual encarceramento desonroso e injusto. Disse que ele e seus companheiros às vezes não recebiam alimentação suficiente na prisão e eram obrigados a fazer serviços pesados, o que era contrário às sentenças do Tribunal de Nuremberg... Ele disse que desejava solicitar que fosse posto em liberdade." Walsh relatou para o Exército logo depois da entrevista que Hess não sofria de alucinações ou delírios, que seu estado de espírito era normal e que ele não era psicótico. Ele disse que a profundidade das emoções de Hess era maior do que ele esperava encontrar. Chamou Hess de "uma criatura com inteligência superior e traços de personalidade esquizofrênica" que havia tido amnésia histérica no passado por causa do estresse emocional.

Escrevendo a respeito do exame décadas mais tarde, no entanto, Walsh caracterizou Hess de modo muito diferente. Hess, ele recordou, "era portador de uma esquizofrenia latente. Não havia dúvidas quanto à natureza basicamente psicótica de sua doença psiquiátrica ou de que ele havia sofrido episódios psicóticos recorrentes durante muitos anos passados. Essa era, realmente, uma situação assombrosa", e Walsh se manifestou contra o encarceramento contínuo de Hess. O psiquiatra revelou que antes ele havia sido "proibido pelas autoridades militares norte-americanas de tornar público meu diagnóstico de Hess porque, fui informado, isso iria irritar os russos, e na época de minha visita durante a ponte aérea de Berlim os russos se irritavam com facilidade".

Os soviéticos se recusaram definitivamente a conceder qualquer clemência a Hess, e seu encarceramento continuou. Sob circunstâncias normais, em uma corte norte-americana ou britânica, Hess poderia nem ter sido julgado, mas os russos insistiram que a sentença dele não era sujeita a alteração. Na década de 1970 – quando os últimos de seus companheiros de julgamento que ainda estavam na prisão, Baldur von Schirach e Albert Speer, haviam sido libertados e Hess era o único habitante de Spandau –, foram formados na Grã-Bretanha comitês de cidadãos preocupados para exigir uma revisão do caso do antigo adjunto do Führer, e então a esposa e o filho de Hess se juntaram nesses esforços para acabar com o tratamento dele como criminoso. Entre as antigas potências Aliadas, contudo, somente a União Soviética resistiu em fazer alterações nos termos da punição de Hess. Os russos nunca livraram Hess de sua sentença.

John Dolibois, o primeiro tradutor de Kelley em Nuremberg, teve um vislumbre final de Hess em 1984. Ele e a esposa estavam visitando a brigada do Exército norte-americano em Berlim e fizeram um passeio de helicóptero na cidade. Voando em baixa altitude, a aeronave pairou sobre a prisão de Spandau. "Em um ângulo oblíquo, vislumbrei uma figura solitária andando lentamente por um caminho no jardim da prisão", recordou Dolibois. Hess estava frágil e se retraindo em si mesmo, recusando-se a falar com qualquer pessoa ou a ver sua família. O homem teimosamente obstinado de que Dolibois se recordava havia desaparecido. "Encurvado, ele arrastava lentamente os pés." Três anos mais tarde, aos noventa e três anos, Hess conseguiu cometer um suicídio improvável se estrangulando com um fio de extensão elétrica. A prisão de Spandau logo foi demolida para evitar que neonazistas a transformassem em um local de culto.

* * * * * *

Enquanto Hess deteriorava na prisão, desenrolava-se uma controvérsia sobre a melhor interpretação dos testes de Rorschach que Kelley e Gustave Gilbert haviam feito com ele e com os outros réus de Nuremberg. Muitos psicólogos apontaram problemas com os relatos: os nazistas – havia pouco derrubados de postos de poder – estavam estressados por causa da captura e do tempo passado na prisão, eles provavelmente não eram representantes dos nazistas em geral, e como prisioneiros ocupavam posições subservientes em relação a seus examinadores. Mesmo assim, os fascinantes *insights* que esses relatos ofereciam sobre a mente dos mais importantes líderes nazistas fizeram com que eles fossem os Rorschachs mais violentamente contestados da história.

Os debatedores têm se enquadrado em duas categorias. De um lado estão aqueles que concordam com Kelley que os testes de Rorschach dos réus nazistas não revelam uma "mente nazista" peculiar. Alguns deles também afirmam que muitas pessoas consideradas mentalmente saudáveis são capazes de se comportar de modo semelhante ao dos nazistas nas condições adequadas – a linha de pensamento que tanto oprimiu Kelley quando ele chegou a essa mesma conclusão sombria. Do outro lado estão os investigadores que apontam dados nos testes de Rorschach que eles acreditam serem indicadores de que os líderes nazistas compartilhavam sinais de desordem mental.

Gustave Gilbert foi o primeiro defensor do último grupo. Em 1961, Gilbert, nessa época um membro de meia-idade do corpo docente da faculdade de psicologia na Universidade de Long Island, alimentou o debate na qualidade de especialista no julgamento do responsável pelo Holocausto e fugitivo nazista Adolf Eichmann em Jerusalém. A corte desejava entender a mentalidade dos criminosos nazistas. Pronunciando-se do banco de testemunhas na presença de Eichmann, Gilbert, usando óculos, cuidadosa e formalmente afirmou que seu estudo dos Rorschachs dos prisioneiros de Nuremberg mostrava que eles tinham se enquadrado em um perfil de personalidade comum e limitado que incluía qualidades antissociais e uma falta de interesse pelo sofrimento alheio, contrário à interpretação de Kelley. (Gilbert, significativamente, intitulou dois de seus artigos acadêmicos sobre a psicologia nazista *The Mentality of SS Murderous Robots* [A mentalidade dos robôs assassinos da SS] e *Göring, Amiable Psychopat* [Göring, amável psicopata].)

Apoio para a interpretação de Kelley das características psicológicas dos nazistas como corriqueiras surgiu da famosa experiência de 1963 de Stanley Milgram a respeito da boa vontade de voluntários em seguir ordens para administrar níveis de eletricidade perigosos e fatais em outras pessoas. A personalidade, ele demonstrou, não era importante. As consequências da Segunda Guerra Mundial haviam inspirado a pesquisa de Milgram, segundo seu colega Philip Zimbardo, que concebeu pessoalmente uma famosa experiência sobre a capacidade de brutalidade dos indivíduos, o Experimento do

Aprisionamento de Stanford. Milgram "se preocupava, vocês sabem, será que o Holocausto poderia acontecer nos Estados Unidos?", diz Zimbardo. "Se Hitler dissesse, deem um choque elétrico em alguém, vocês fariam isso?... E todos disseram, não, Stanley, nós não somos esse tipo de pessoa. O que ele dizia [até mesmo] quando aluno de escola era: como vocês sabem, a não ser que estejam nesse tipo de situação?"

Uma década se passou depois do trabalho inicial de Milgram, e os relatos dos Rorschachs nazistas somente acumulavam poeira. A maior parte dos relatos de Kelley, na verdade, que Dukie mantinha em caixas em sua casa, havia desaparecido das vistas de pesquisadores. Molly Harrower, a mesma pesquisadora do Rorschach que havia tentado chegar a um consenso da opinião sobre os testes de Nuremberg durante o fim da década de 1940, fez outro esforço, com mais sucesso, cerca de trinta anos depois. Então professora na Universidade da Flórida, com um olhar objetivo e remorsos por ter interrompido sua investigação anterior, ela deu a um grupo de quinze especialistas em Rorschach interpretações dos relatos que Gilbert coletara de Göring, Hess, Ribbentrop e outros cinco nazistas – não identificados, para evitar ideias preconcebidas – junto com oito Rorschachs de pacientes de hospital e membros do clero para servirem como controles. Até mesmo na década de 1970, não havia um método padronizado para interpretar as pontuações do Rorschach, e Harrower não disse aos seus especialistas como avaliar os relatos. Embora conseguissem apontar corretamente distúrbios mentais entre alguns dos participantes dos testes de Rorschach, os especialistas não conseguiram encontrar quaisquer semelhanças em suas interpretações dos resultados dos nazistas. "O fato de eles não conseguirem torna insustentável a ideia de que os crimes de guerra foram devidos a transtornos mentais", concluiu Harrower. Na verdade, eles consideraram todos os nazistas, com exceção de Ribbentrop, ou normalmente ajustados ou excepcionalmente bem ajustados. Usando os relatos do Rorschach, não havia como diferenciar os nazistas das pessoas comuns. De qualquer modo, Harrower acreditava, os traços de personalidade tinham pouco que ver com a brutalidade do regime nazista e as atrocidades por ele perpetradas. Mais decisiva na ascensão do fascismo alemão foi a suscetibilidade das pessoas normais a mitos, manipulações da propaganda, fraudes e temor. E essa suscetibilidade era uma parte da constituição de nossa espécie. "Isso pode acontecer aqui", declarou ela, fazendo eco a Kelley.

Mais ou menos na mesma época, a equipe de pesquisa de Michael Selzer e Florence Miale, uma aluna de Bruno Klopfer que havia trabalhado com testes de Rorschach durante décadas e tinha sido um dos especialistas que Harrower contatara logo depois da guerra, começou suas próprias investigações sobre os relatos dos Rorschachs nazistas. Selzer, que lecionava no departamento de ciências políticas no Brooklyn College da Universidade da Cidade de Nova York, escreveu para Dukie em 1975 buscando acesso aos resultados de Kelley. Dukie negou a solicitação com desculpas: os papéis de Kelley eram volumosos demais para que ela os examinasse, a escrita taquigráfica dele era impossível de ler, e ele mantinha grande parte da informação na cabeça. A verdadeira razão dela para manter os relatos longe de Selzer, como ela contou mais tarde para uma amiga, era o fato de que Kelley não teria aprovado o tipo de elaborada análise psicológica dos líderes nazistas que ela acreditava que Selzer concebesse. Lá no fundo, Dukie pode ter tido medo de deixar os relatos fora de seu controle. Ela igualmente recusou um pedido feito pelo Instituto Rorschach na Suíça.

Selzer e Miale tiveram acesso aos relatos de Gilbert, e, em todo caso, escreveram seu livro, e as conclusões de *The Nuremberg mind: the psychology of the nazi leaders* [A mente de Nuremberg: a psicologia dos líderes nazistas], publicado em 1975, colocou-os do lado de Gilbert – com tanta força, na verdade, que Gilbert escreveu o prefácio do livro. Gilbert aproveitou essa oportunidade para fazer umas críticas a Kelley. O psiquiatra, Gilbert escreveu, havia "estragado" quaisquer esforços para obter bons relatos dos Rorschachs dos nazistas administrando "alguns dos testes por meio de um intérprete, antes que ele soubesse que um psicólogo falante de alemão estava indo para lá. Isso tornou tanto a totalidade quanto a exatidão desses testes um tanto duvidosas, e também interferiu com as imagens".

(O prefácio de Gilbert foi um de seus últimos trabalhos publicados antes de sua morte, em 1977.)

Os autores então tomaram a dianteira, em primeiro lugar proclamando que pessoas como Arendt, Milgram e Kelley "não nos persuadiram de que os principais criminosos de guerra nazistas eram pessoas normais e comuns, fundamentalmente parecidas com vocês e conosco". Pelo contrário, eles acreditavam, os réus de Nuremberg compartilhavam de um perfil de personalidade de transtorno mental. Baseados em suas interpretações dos Rorschachs, eles rotularam muitos dos nazistas psicopatas com uma capacidade limitada de sentir culpa ou de se apegar a outras pessoas ou mesmo a padrões de comportamento políticos ou filosóficos. O virulento interesse pessoal dos nazistas era da maior importância para determinar o comportamento deles, separá-los da maior parte das pessoas, e fazia com que eles fossem anormais e psicologicamente instáveis.

Embora essa conclusão pareça se opor à de Kelley em todos os aspectos – e Kelley teria condenado furiosamente Selzer e Miale caso tivesse vivido para ver o livro deles –, a separação não é tão grande quanto possa parecer. O cientista político e historiador israelense José Brunner salientou que Selzer e Miale deixaram aberta uma porta para a possibilidade de que certos grandes e destacados grupos de pessoas – políticos, homens de negócios, artistas e outros – poderiam compartilhar das características dos nazistas. Kelley teria concordado.

Harrower considerou as conclusões de Selzer e Miale fatalmente preconcebidas pelo conhecimento prévio das carreiras e dos crimes dos nazistas testados, e disse que eles falharam ao não analisar os relatos às cegas ou compará-los com um grupo de controle. Ela acreditava que "as interpretações deles dos resultados dos Rorschachs refletiam suas expectativas a respeito da mentalidade nazista". Em outras palavras, Selzer e Miale haviam organizado o livro deles com um objetivo predefinido.

Em 1978, um pesquisador recém-chegado ao debate, o psicólogo Barry Ritzler, da Universidade de Long Island, aplicou um critério quantitativo e com base em estatísticas aos Rorschachs dos nazistas para evitar interpretações arbitrárias, e padronizou as respostas para comparação com um banco de dados de milhares de outros resultados que haviam sido avaliados de modo parecido em anos anteriores. Ritzler ficou entre Harrower e Selzer-Miale em suas interpretações: ele determinou que as respostas dos nazistas indicavam uma diferença em relação à norma, mas não suficiente para rotulá-los de psiquiatricamente transtornados. Os réus de Nuremberg, ele disse, se pareciam com "psicopatas *bem-sucedidos*" que, de modo egoísta, tiravam vantagem das oportunidades de promover a si mesmos e ao seu *status* sem se importar com os efeitos sobre as pessoas ao redor deles, mas não mostravam os sintomas graves dos psicopatas que causavam dano a outras pessoas ativamente.

A avaliação do método Rorschach usada por Ritzler havia sido concebida por Samuel J. Beck, um psicólogo de Chicago a quem Kelley enviou alguns de seus Rorschachs dos nazistas em 1947. Anos depois da morte de Beck, em 1992, o pesquisador Reneau Kennedy descobriu esses relatos entre os papéis arquivados de Beck no Instituto de Psicanálise de Chicago. Como consequência, apesar dos grandes esforços de Dukie para mantê-los sob seu controle, muitos dos relatos dos nazistas de Kelley vieram à tona pela primeira vez.

O surgimento dos relatos de Kelley forneceu as bases para o mais detalhado exame dos resultados dos Rorschachs dos nazistas, com uma colaboração de Ritzler, Harrower, avaliação psicológica do especialista Robert P. Archer e de Eric Zillmer, psicólogo da Universidade de Drexel, outra pessoa que contribuíra por muito tempo para a controvérsia. Em 1995, a equipe publicou *The quest for the nazi personality: a psychological investigation of nazi war criminals* [Em busca da personalidade nazista: uma investigação psicológica dos criminosos de guerra nazistas], que se baseou nos resultados de Kelley, bem como nos de Gilbert. Eles concluíram que era impossível usar os relatos dos Rorschachs para juntar os nazistas em uma categoria psiquiátrica única. Göring, Hess e seus compatriotas podem ter compartilhado de alguns traços de personalidade – tais como a tendência a vacilar ao tentar resolver problemas, assim como faz 20% do público norte-americano –, mas esses traços não os transformavam em anormais ou psicopatas, e provavelmente pertenciam a muitos líderes políticos e outros grupos. "Na verdade", o grupo de pesquisa escreveu, "as diferenças entre os membros desse grupo eram muito mais significativas que quaisquer semelhanças." Eles concluíram que "muitos indivíduos [...] participaram de atrocidades sem terem transtornos diagnosticáveis que justificassem suas ações". Sadismo psicótico pode ter aberto um caminho para o mais alto escalão dos nazistas, mas homens de muitas outras personalidades sentaram-se no banco dos réus em Nuremberg. Correntes de pensamento reconhecidamente se alternam na psiquiatria e na psicologia, e a visão de Gilbert a respeito dos relatos dos nazistas pode vir à tona novamente um dia. Mas Ritzler, Harrower, Archer e Zillmer decididamente ficaram do lado de Kelley no debate. Até que alguma outra pessoa refute a ideia, o mais recente estudo sugere que a personalidade nazista que escapou do entendimento de Kelley, seduziu Gilbert e tentou tantos outros pesquisadores é um mito.

* * * * * *

Foram precisos vinte e oito anos depois da morte do pai para que Doug Kelley sentisse que poderia se reconciliar com Dukie. Por tanto tempo ele a culpara pelo papel que ela desempenhara em sua criação, pela incapacidade dela de protegê-los das turbulências emocionais de Kelley. Então, na metade da década de 1980, ele percebeu que seu desejo de justiça em relação a Dukie só iria acontecer a um grande custo para ela. Ela não queria se lembrar dos dolorosos episódios de sua vida com o marido. Doug decidiu parar de esperar que ela reconhecesse as falhas e erros de seu pai. Em 1987, ele a visitou em Santa Barbara, Califórnia, onde ela vivia em uma casa com uma bela vista do oceano. Para todos os efeitos, Doug foi para ajudá-la a aprender a lidar com um computador novo. O relacionamento deles começou a melhorar. "Foi um jeito de dizer, 'Eu te amo. Nós somos uma família'", recorda Doug. "A partir de então, eu era Doug para ela, não Douglas, não somente seu filho, mas uma pessoa em pé de igualdade, com quem ela poderia ser mais sincera."

Nessa época, as lembranças que ela tinha de Kelley haviam se congelado em imagens do brilho e da curiosidade ilimitada dele. Doug pensava nele como um pai com seu jeito próprio de amar, como um homem que o conduzira por um caminho que ele não conseguira suportar, como alguém atormentado por demônios permanentes que haviam fugido ao seu controle. Quando Dukie morreu, em 2007, Doug herdou as rasgadas caixas de papéis, registros médicos e anotações que seu pai trouxera para casa, lá da Europa, sessenta anos antes.

A irmã de Doug, Alicia, morreu em um acidente de carro em 2006, e seu irmão Allen está muito doente e inválido. Então, Doug é o único guardião desse arquivo escondido – mais uma coleção McGlashan com uma história tempestuosa para contar. Doug ainda tem muitos dos itens de coleção de seu pai: um meteorito, velhas folhas incrustadas em vidro, esculturas de madeira africanas e cristais polidos. Se lhe for solicitado, ele mostrará um dos fragmentos de uma cabana do Grupo de Donner. Flutuando em óleo em um minúsculo frasco de vidro, uma partícula das intempéries do passado em suspensão, ele não é muito maior do que um cílio, e você tem de piscar para garantir que o viu.

Agora com mais de sessenta anos, rijo e forte, com um rosto enrugado e o cabelo começando a ficar ralo, Doug organizou os papéis misturados de seu pai e os arquivou em pastas identificadas com os nomes dos réus de Nuremberg. A coleção exala o cheiro de fumaça de cigarro, de papel ressecado e de fotos que se desbotam. Estão incluídas três caixas pequenas, do tamanho de caixas de gravata. Elas contêm joias peculiares. Uma guarda um conjunto de lâminas de vidro que mostram imagens do cérebro de Robert Ley. Em outra há seis pacotes de papel, ainda selados com borrões de cera vermelha, contendo o açúcar, o chocolate e outros alimentos que Rudolf Hess achava que estavam envenenados. A última caixinha abriga um ninho de tecido de algodão sobre o qual repousa um tubo de vidro que contém cerca de cem tabletes brancos de paracodeína, uma amostra da farmácia pessoal de Hermann Göring.

Toda essa coleção deveria estar em um museu ou em um arquivo, mas Doug não a entregou. Ele é curioso, e ainda quer saber mais.

AGRADECIMENTOS

Sem o auxílio de Doug Kelley – o filho mais velho de meu tema, Douglas M. Kelley – eu não teria tentado escrever este livro. Procurei Doug em 2008 na esperança de que ele fosse ter lembranças da carreira de seu pai, por mais vagas que pudessem ser. Fiquei assombrado ao descobrir que ele possuía a grande coleção de papéis e de fotos do dr. Kelley, registrando o período que ele passou em Nuremberg, bem como os anos anteriores e posteriores. Doug me recebeu em sua vida e acolheu minhas perguntas. Perspicaz e divertido, ele generosamente explorou suas lembranças de ser filho de Douglas M. Kelley, uma jornada às vezes dolorosa e desconcertante. Sou grato a Doug e a sua parceira, Christine Straub, pelo entusiasmo e hospitalidade enquanto eu tentava entender a história do dr. Kelley.

Quão feliz eu fui por entrevistar os homens que podem ser as últimas pessoas vivas que trabalharam em Mondorf e em Nuremberg com Douglas M. Kelley. Meus agradecimentos a John Dolibois e Howard Triest por seu tempo, ideias e paciência. Também sou grato pela minha entrevista com Steven Miles, da Universidade de Minnesota, e com Michael Gelles.

Diversas instituições e arquivos auxiliaram minha pesquisa. Agradeço a Luisa Haddad e aos seus prestativos colegas do Departamento de Arquivos e Coleções Especiais da Universidade da Califórnia, Santa Cruz; Hilary Lane, da Biblioteca de História da Medicina da Clínica Mayo; à equipe dos Arquivos Nacionais dos Estados Unidos em Silver Spring, Maryland; e aos arquivistas da Coleção dos Julgamentos de Nuremberg William Donovan, da Biblioteca de Direito da Universidade de Cornell.

Muitas outras pessoas contribuíram para meu livro de diversos modos. Agradeço a elas todas: Fred Appell, dr. Arnold E. Aronson, Maisy e Bert Aronson, Ann Bauer, Laurie Brickley, Katherine Eban, Karla Ekdahl, Cornelia Elsaesser, Nancy Gardner, Elizabeth Giorgi, Anne Hodgson, Eugene Hoffman, Peter Hutchinson, Jon Klaverkamp, Bill Magdalene, Mary Meehan, Brad Schultz e Marx Swanholm, e Laura Weber.

Escrevi pela primeira vez a respeito de Douglas M. Kelley e Hermann Göring em um artigo publicado em 2011 na revista *Scientific American Mind.* Meus agradecimentos à minha editora lá, Karen Schrock, por seu aconselhamento hábil e por manter a mente aberta em relação a um tema pouco usual.

A equipe de Mythology Entertainment – Brad Fischer, Laeta Kalogridis e Jamie Vanderbilt – tem meu reconhecimento pelo interesse deles por meu trabalho e por sua ajuda.

Como sempre, sou beneficiado pela confiança, pela experiência e pelas sugestões de minha agente literária, Laura Langlie, cujo bom senso e calma sempre prevalecem. Também agradeço a meu agente de direitos de execução, Bill Contardi, por seu trabalho maravilhoso. O conhecimento legal de Kenneth Weinrib foi essencial.

Clive Priddle da PublicAffairs apoiou este projeto desde seus estágios iniciais, e me sinto afortunado por escrever sob a proteção dessa incrível editora.

Às vezes, você precisa de alguém que vai lhe oferecer um lugar para escrever sem fazer perguntas. Para isso eu tenho contado com as cafeterias locais Caribou, Dunn Brothers, Quixotic e Sebastian Joe's. Agora eles já aprenderam que eu bebo chá.

Finalmente, agradeço a minha esposa, Ann Aronson, por aceitar minhas ideias loucas, estudar meu manuscrito e me dar tanta coisa com que contar fora do meu covil de escritor. Ela e minhas filhas, Natalie e Sasha, aguentam muita coisa enquanto minhas obsessões tomam conta de mim. Elas têm todo o meu amor.

NOTAS

Capítulo 2: MONDORF-LES-BAINS

13 *Ele havia abandonado* Manvell and Fraenkel, *Goering*, 310.

13 *Menos de quarenta e oito horas* Ibid., 325; Stack, "Capture of Goering".

14 *Emmy se desfazia em lágrimas* Emmy Göring, *My life with Goering*, 131.

14 *considerava o mais carismático* Manvell and Fraenkel, *Goering*, 324.

14 *Soldados norte-americanos escoltaram Göring* Ibid., 325.

14 *"Não se preocupe se eu ficar fora por um ou dois dias"* Göring, *My life with Goering*, 132.

14 *Göring passou a noite* Andrus, *I was the Nuremberg jailer*.

14 *No entanto, Stack e sua equipe* Manvell and Fraenkel, *Goering*, 326.

15 *Alguém achou um avião um pouco maior* Volz, "Montana pilot, 99, recalls flying Goering".

16 *Emmy e Edda Göring* Lebert and Lebert, *My father's keeper*, 202.

16 *talvez para fazer com que ele fosse mais cooperativo* Andrus, *I was the Nuremberg jailer*, 30.

16 *gozava da atenção da imprensa internacional* Manvell and Fraenkel, *Goering*, 327.

16 *"Você logo vai ser libertado"* Gunkel, "How a top nazi's brother saved lives".

16 *Göring escolheu Robert Kropp, seu ajudante pessoal havia muito tempo* Manvell and Fraenkel, *Goering*, 327.

17 *os soldados norte-americanos que faziam os preparativos para os transportes* Andrus, *I was the Nuremberg jailer*, 22–23; Dolibois, *Pattern of circles*, 84.

17 *solicitava com urgência companhia feminina* Tusa and Tusa, *Nuremberg trial*, 45.

17 *passado seus últimos dias de liberdade* Sprecher, *Inside the Nuremberg trial*.

17 *Andrus acabou se encarregando de cinquenta e dois* Tusa and Tusa, *Nuremberg trial*, 42.

17 *"por nazistas fanáticos tentando resgatar"* Andrus, *I was the Nuremberg jailer*, 23.

18 *Um grupo de 176 luxemburgueses* Dolibois, *Pattern of circles*, 98.

18 *"uma figurinha rechonchuda"* Andrus, *I was the Nuremberg jailer*, 14.

18 *o coronel era um apaixonado por polo aquático* Ibid., 15–17.

18 *desrespeito mostrado pelos guardas norte-americanos mascadores de chiclete* Manvell And Fraenkel, *Goering*, 328.

19 *itens tais como medalhas militares incrustadas de pedras preciosas* Dolibois, *Pattern of circles*, 88; Teich, "Inventory: Hermann Goering."

19 *Ele se vangloriou de que um dos anéis* Kelley, *22 cells in Nuremberg*, 68.

19 *agora estava vazio, a não ser por uma mesa frágil* Andrus, *I was the Nuremberg jailer,* 29–30.

20 *"Se ele tivesse sentado sobre a mesa"* Ibid., 40.

20 *A preocupação com tentativas de suicídio também levou* Dolibois, *Pattern of circles,* 94.

20 *"em condições físicas muito precárias"* Andrus, *I was the Nuremberg jailer,* 31.

20 *ele frequentemente imbuía de sarcasmo o ato de se levantar* Dolibois, *Pattern of circles,* 85.

20 *Antes de Kropp partir de Mondorf* Manvell and Fraenkel, *Goering,* 329.

20 *Göring pediu a Eisenhower que o levasse de avião* Andrus, *I was the Nuremberg jailer,* 46–47.

21 *"Embora não deseje me intrometer"* Dolibois, *Pattern of circles,* 95.

21 *"Esta comida não é tão boa"* Andrus, *I was the Nuremberg jailer,* 40.

22 *"o homem gordo em incontáveis filmes"* Neave, *On trial at Nuremberg,* 71.

22 *que certa vez foi abatido e levou o crédito da destruição* Tusa and Tusa, *Nuremberg trial,* 496.

22 *"Vocês têm de ter baionetas"* Gilbert, *Psychology of dictatorship,* 92.

23 *"isso significava que eu logo poderia ser um homem importante"* Kelley, *22 cells in Nuremberg,* 56.

23 *"Hermann ou vai ser um grande homem"* Gilbert, *Psychology of dictatorship,* 88.

23 *"Para Hitler, Göring era um combatente"* Davidson, *Trial of the germans,* 67.

24 *Göring caiu na gargalhada* Neave, *On trial at Nuremberg,* 66.

24 *ele mantinha leões domesticados* Davidson, *Trial of the germans,* 63.

25 *Somente a relutância do chefe da Gestapo, Ernst Kaltenbrunner* Kelley, *22 cells in Nuremberg,* 66–67.

25 *"Achei que o senhor deveria ver isto"* Andrus, *I was the Nuremberg jailer,* 30.

25 Göring havia acumulado uma quantidade de remédios muito maior Davidson, *Trial of the germans,* 66.

26 *"um narcótico relativamente raro"* Andrus, *I was the Nuremberg jailer,* 31.

26 *Hoover solicitou que fosse informado* Hoover, "Hermann Goering".

26 *"Pensem só, eu aparecer"* Dolibois, *Pattern of circles,* 102.

26 *"A paracodeína preenche um vazio"* "Therapeutic progress".

28 *"de um vilão maquiavélico"* Kelley, *22 cells in Nuremberg,* 51.

28 *Quando menino, ele havia visitado o Grand Hotel* Curnutte, "Interrogator recalls talks".

28 *"Não precisávamos usar de estratagemas"* Dolibois, *Pattern of circles,* 104.

29 *"5 kg ao nascer"* Kelley, Bound notebook of interview notes.

29 *A coleção de artigos de higiene pessoal e de acessórios do prisioneiro* Kelley, *22 cells in Nuremberg,* 58–59.

29 *"brinquedinhos realmente grandes"* Ibid., 68.

32 *"Quando foi capturado"* Kelley, "Clinical summary".

33 *"não era uma dose anormalmente grande"* Kelley, *22 cells in Nuremberg,* 57.

33 *"Era a necessidade de fazer alguma coisa"* Ibid., 57–58.

33 *"ele havia choramingado e reclamado"* Andrus, *I was the Nuremberg jailer,* 34–36.

34 *"Ele imaginava se parecer com o herói"* Dolibois, *Pattern of circles,* 88.

34 *"Essa concessão foi feita"* Kelley, *22 cells in Nuremberg,* 59.

35 *Um médico disse que era somente palpitação* Andrus, *I was the Nuremberg jailer,* 34.

Capítulo 3: O PSIQUIATRA

36 *"Você deve entrar em contato com o capitão Miller"* Executive Command, "Carrier sheet".

36 *"Alguns chegaram ao ponto de propor"* Pick, *Pursuit of the nazi mind,* 126.

38 *"Nossa casa se destacava na colina"* McGlashan, *Give me a mountain meadow,* 4–6, 95.

39 *"Deem-me um prado nas montanhas"* Ibid., 70.

40 *McGlashan rastreou Keseberg* Ibid., 105–107.

40 *Nas décadas seguintes* Ibid., 96.

40 *Esse projeto obsessivo causou seus efeitos negativos* Ibid., 109–113, 141.

41 *Ele coletava lascas de madeira* Ibid., 159.

41 *Os interesses do polímata McGlashan* Ibid., 141–145, 152.

41 *Eles trabalharam juntos* Ibid., 183.

42 *Quando era desafiado publicamente* Ibid., 217.

42 *Antes de fazer a arguição de um caso* Ibid., 182.

42 *"O soar dos metais"* Ibid., 182.

42 *"Supervitalidade, coragem"* Kelley, "Personal file, to 1937".

43 *Quando medido, o QI de Douglas* Sears to Mandel.

43 *Terman observou cuidadosamente* Friedman and Martin, *Longevity project,* 53.

43 *das 1.444 crianças* Shurkin, *Terman's kids,* 36.

43 *ele havia feito coleções* Kelley "Personal file to 1937".

44 *Esses feitos incluíam dirigir um carro* "Faculty will not examine float entries".

44 *Kelley imitava Harry Houdini* "They can't tie him".

44 *presidente da Sociedade dos Mágicos de San Francisco* "Former local boy given major scholarship in east".

44 *trabalhar como mágico fortalece* "Magic helps treat insane".

45 *Guardiões da propriedade* McGlashan, *Give me a mountain meadow,* 247.

46 *ele colaborou com colegas* Kaempffert, "New test for drunks".

46 *o efeito da lua cheia* Kelley, "Mania and the moon".

46 *"O indivíduo médio dá"* Whitman, "Blots on your character".

47 *"O método deve ser sempre considerado"* Kelley, "Rorschach technique".

47 *"E como qualquer pessoa que come tortas sabe"* Whitman, "Blots on your character".

48 *dois macacos de estimação sentados em seu colo* Kodish, *Korzybski,* 349.

48 *"Essa comunicação deve ser livre"* "Experts on semantics deliver SF lecture".

48 *ele havia se tornado membro* Alice Kelley a Starr.

49 *"Muito antes de a palavra psicologia"* Kelley, "Conjuring as na asset to occupational therapy".

50 *"Nenhum outro tipo de entretenimento"* Ibid.

50 *"A mágica confere ao paciente"* "Psychiatrists using shell game to treat insane".

51 *até mesmo para pacientes suicidas* "Magic helps treat insane".

51 *"Depois de dominar três truques"* "Magic and Mickey Mouse".

51 *Era citado em tópicos* University of California, "U.S. neglects mental disease research".

51 *Em tal estado* "UC doctors use drug to aid psychiatric test".

52 *ela era oriunda da Escola Preparatória para Moças* "Miss Alice Hill weds".

52 *"A vida não é assim tão séria"* Kelley, "Personal file to 1937".

52 *em um conjunto azul-turquesa debruado de peles de lince* "Miss Alice Hill weds".

53 *Dukie ofereceu-lhe uma ordem militar, com caligrafia elaborada* Kelley, "Faux invitation".

53 *mais de 1,6 milhão de soldados* Hale, *Rise and crisis of psychoanalysis,* 15.

54 *1,1 milhão de traumas psiquiátricos incapacitantes* Ibid., 192.

54 *O temor e o estresse eram, na maior parte das vezes, os responsáveis* Hastings and Hastings, *Psychiatric experiences of the eighth air force,* 206.

54 *Ele treinou outros médicos* "Kelley teaches battle psychiatry".

54 *Ele colocou Oscar para trabalhar* Walker, "Lessons of war will help now".

54 *Lá, Kelley e seus colegas* Kelley, "Use of general semantics", 189–195, 217.

55 *Depois de fazê-los descansar com um banho quente* Case, "Army doctors' new system".

56 *Ao longo de toda a campanha no Norte da África* Barnes and Kelley, "Combat neurosis".

56 *mais de noventa e cinco dos soldados* Davis, "How Graylyn is reviving some of our sick minds".

56 *"havia tanta fraude"* Fabing a Byron.

56 *A bordo de um voo que decolara de Ridgewell* Gaillard, Certificate.

57 *"Suspeito que em um futuro não muito distante"* Everts a Kelley.

57 *"aos alemães de alto escalão serão dadas"* Andrus, *I was the Nuremberg jailer,* 49.

58 *Repórteres chegaram e escreveram* Tusa and Tusa, *Nuremberg trial,* 44–45.

58 *"Levante-se, homem!"* Ibid., 46.

59 *sentiu medo quando os guardas o transferiram* Ibid., 48.

59 *visitava Mondorf com frequência* Dolibois, *Pattern of circles,* 104.

60 *"O paciente é são e responsável"* Kelley, "Clinical summary".

60 *privados de cintos, gravatas e cadarços de sapatos* Overy, *Interrogations,* 65.

60 *os pilotos observaram com espanto* Dolibois, *Pattern of circles,* 135.

60 *Dois guardas, um portando uma pistola calibre .45* Andrus, *I was the Nuremberg jailer,* 61–64.

Capítulo 4: EM MEIO ÀS RUÍNAS

62 *Um único ataque aéreo britânico* Sprecher, *Inside the Nuremberg trial,* 63.

62 *Mais da metade das casas de Nuremberg* Gregor, *Haunted city,* 25.

62 *Muitos dos que permaneceram* "Here and there with *Newsweek* correspondents".

62 *Escadas conduziam ao nada* Sprecher, *Inside the Nuremberg trial,* 64.

62 *Com a falta de dinheiro* West, *Train of powder,* 10.

63 *A água não era potável* Neave, *On trial at Nuremberg,* 42.

63 *Antes, a vizinhança* Urban, *Nuremberg trials,* 48.

63 *As mulheres viviam em outro hotel* "Here and there with *Newsweek* correspondents".

63 *"Para chegar ao meu quarto"* Sprecher, *Inside the Nuremberg trial,* 65.

63 *O bar tinha boas provisões* "Here and there with *Newsweek* correspondents".

63 *"de pouca qualidade e potente"* Neave, *On Trial at Nuremberg,* 43.

63 *Os ocupantes russos às vezes fugiam* West, *Train of powder,* 13.

64 *um ataque aéreo houvesse danificado o telhado* Urban, *Nuremberg trials,* 15.

64 *soldados Aliados haviam deixado a principal sala do tribunal do Palácio de Justiça* Neave, *On trial at Nuremberg,* 46.

64 *Lá, no tempo de guerra, um tribunal especial* Urban, *Nuremberg trials,* 14–15.

64 *a sala do tribunal desabou ruidosamente* Andrus, *I was the Nuremberg jailer,* 68.

64 *Enquanto isso, tanques, soldados armados* Neave, *On trial at Nuremberg,* 45.

64 *Kelley achou que o formato do presídio* Kelley, "Nuremberg trial".

64 *a área que Andrus dirigia* Tusa and Tusa, *Nuremberg trial,* 126.

65 *"Não havia nada que impedisse"* Andrus, *I was the Nuremberg jailer,* 66–67.

65 *O coronel logo começou a trabalhar fortificando* Ibid., 75, 144.

66 *"Eu assumi a responsabilidade"* Kelley, *22 cells in Nuremberg,* 12.

66 *"Naturalmente, não nos interessava"* Schurr, "Gods come down".

66 *Os altos dirigentes nazistas* Dolibois, *Pattern of circles,* 147.

66 *"As celas ficavam dos dois lados"* Kelley, *22 cells in Nuremberg,* 8.

67 *"instáveis construções de madeira"* Schacht, *Confessions,* 403.

67 *"A criatura poderia enlouquecer"* Tusa and Tusa, *Nuremberg trial,* 126.

67 *"O próprio ar parece aprisionado"* Andrus, *I was the Nuremberg jailer,* 84.

67 *"o travo amargo de suas próprias palavras arrogantes"* Kelley, *22 cells in Nuremberg,* 8.

68 *Os prisioneiros não tinham permissão de se virar* Tusa and Tusa, *Nuremberg trial,* 127.

68 *"essas buscas eram tão minuciosas"* Kelley, *22 cells in Nuremberg,* 10.

68 *"Se o tempo permitir, eles irão dizer 'PARE'"* Andrus, "Prison regulations".

69 *Ele dizia na cara deles* Schacht, *Confessions,* 402.

69 *"o coronel do corpo de bombeiros"* Neave, *On trial at Nuremberg,* 69.

69 *o hálito de Andrus cheirava a bebida* Schacht, *Confessions,* 403.

69 *Joachim von Ribbentrop era conhecido* Tusa and Tusa, *Nuremberg trial,* 127.

69 *o ex-ministro da propaganda Hans Fritzsche chegou* Ibid., 125.

69 *Andrus suspendeu a proibição do uso de cadarços nos sapatos* Overy, *Interrogations,* 71.

69 *às vezes repetindo suas piadas favoritas* Dolibois, *Pattern of circles,* 169.

69 *"um grupo de homens que provavelmente poderia ser incluído"* Andrus, *I was the Nuremberg jailer,* 17.

69 *O café da manhã, na maior parte das vezes cereal, biscoitos e café* Tusa and Tusa, *Nuremberg trial,* 131.

70 *os pés chatos do antigo marechal de campo Wilhelm Keitel* Ibid., 129.

70 *"ficavam muito felizes por conversar com qualquer pessoa"* Kelley, "Nuremberg trial".

70 *fossem das mais fáceis que Kelley jamais conduzira* Kelley, *22 cells in Nuremberg,* 12.

70 *"Se quisesse saber a respeito de A"* Schurr, "Gods come down".

71 *fazendo com todos eles os primeiros exames mentais* Kelley, *22 cells in Nuremberg,* viii.

71 *Göring, por exemplo, compreendia bem inglês* Overy, *Interrogations,* 82.

72 *"A mudança repentina de ambiente"* Kelley, *22 cells in Nuremberg,* 70.

72 *"Psicologicamente, eu sinto por causa do ambiente"* Göring a Kelley.

73 *"como a de um astro veterano de cinema"* Neave, *On trial at Nuremberg,* 69.

73 *"um ar de gravidez"* West, *Train of powder,* 5.

73 *"Todos os dias, quando eu chegava à cela dele"* Kelley, *22 cells in Nuremberg,* 51–52.

74 *"o alvorecer rosado de um futuro sempre melhor"* Ibid., 60.

74 *"não pelo que era dito, mas por quem dizia"* Ibid., 71.

74 *"Se você tem um alemão"* Ibid., 72.

74 *Ele também gostava de fazer citações de um caderno* Dolibois, *Pattern of Circles,* 103.

74 *Na mesa de sua cela* Kelley, *22 Cells in Nuremberg,* 59.

75 *"Quando a doença final dela se manifestou"* Ibid., 60.

75 *"Desse modo, Göring tentou acalmar"* Ibid., 60.

75 *"Eu tenho bastante certeza"* Ibid., 61.

76 *outro soldado, de modo maldoso ou por engano* Göring, *My life with Goering,* 135–136.

76 *Edda se parecia com o pai* Dolibois, *Pattern of circles,* 169.

76 *"A Alemanha tem mais casos de difteria"* Kelley, "Nuremberg trial".

76 *"Para [...] seus amigos, sua família"* Kelley, *22 cells in Nuremberg,* 62.

77 *"habilidade de executar medidas"* Ibid., 52.

77 *"completa ausência de valores morais"* "Goering was child in adult world".

78 *que o Marechal do Reich avaliava* Ibid.

78 *"não a ação de um homem que de repente percebe que é um mendigo"* Ibid.

78 *"Bem, aqui está algo igualmente bom"* Alice Kelley a Mandel, 1º de setembro de 1985.

78 *"um trabalho realmente lúgubre"* Schacht, *Confessions,* 409.

78 *depois de ter caído enquanto bebia* Tusa and Tusa, *Nuremberg trial,* 36.

79 *"versão intensamente paranoica da história"* Brickner, *Is Germany curable?* 221.

79 *uma versão nazista do Prêmio Nobel* Kelley, *22 cells in Nuremberg,* 42.

79 *um chapéu, um sobretudo, um lenço* Teich, "Inventory: Alfred Rosenberg".

80 *"uma criatura alta, esguia, flácida, afeminada"* Kelley, *22 cells in Nuremberg,* 38.

80 *"eu estava mais do que ligeiramente interessado"* Ibid., 46.

80 *frequentemente Rosenberg não conseguia completar suas frases* Dolibois, *Pattern of circles,* 171.

80 *"deitado em seu catre"* Ibid., 141.

81 *Os jornais descreveram seu estoque secreto pornográfico* "Streicher's Lewd sex library".

81 *"Ele era um homem velho e corrupto, do tipo"* West, *Train of powder,* 5.

81 *Streicher não era um novato no presídio de Nuremberg* Davidson, *Trial of the germans,* 44–45.

82 *"Vinte e quatro horas por dia"* Kelley, *22 cells in Nuremberg,* 142–143.

82 *Ley tentou se suicidar três vezes* Ibid., 168.

82 *"Caiu 2.900 metros, o piloto morreu"* Kelley, Bound notebook of interview notes.

82 *Ele sempre alegava que umas duas doses* Dolibois, *Pattern of circles,* 118.

82 *"Uma voz interior me levou adiante"* Kelley, *22 cells in Nuremberg,* 152–153.

83 *"Ele deu a impressão de ser intelectualmente capaz"* Dolibois, *Pattern of circles,* 118.

83 *"Com frequência, quando conversava com ele em sua cela"* Kelley, *22 cells in Nuremberg,* 154, 156.

83 *"que sempre via o mundo por lentes cor-de-rosa"* Ibid., 155–156.

84 *Ele disse aos interrogadores Aliados* Tusa and Tusa, *Nuremberg trial,* 47.

84 *Outro apelido, "o ator de cinema"* Kelley, *22 cells in Nuremberg,* 93–94, 98.

84 *"Doutor, o que eu vou fazer?"* Kelley and Whitman, "Squeal, Nazi, Squeal!"

84 *"Ele anda de um lado para outro de sua cela"* Schurr, "Gods come down".

84 *"Ele é como um menininho"* Schurr, "Gods come down".

84 *"um valentão típico, durão e arrogante"* Kelley, *22 cells in Nuremberg,* 133–134.

85 *a chegada a Nuremberg de mais de cem membros do judiciário norte-americano* Overy, *Interrogations,* 16.

85 *Eles faziam-no pensar em diretores de uma firma* Kelley, "Nuremberg trial".

86 *Esses primeiros investigadores haviam considerado* Halleck, *Psychiatric aspects of criminology,* 8.

87 *ao tentar medir os estados psicológicos* Abrahamsen, *Crime and the human mind,* 8.

87 *Na década de 1930, um imenso estudo* Bromberg, *Crime and the mind,* 82–84.

88 *Brickner tentava encarar os crimes* Brickner, *Is Germany curable?* 29, 151, 271.

88 *a nação alemã, incluindo o regime nazista* Ibid., 32, 42.

89 *Brickner se esforçou para não considerar* Ibid., 264–265.

Capítulo 5: BORRÕES DE TINTA

92 *"Eu tinha muita história pessoal"* Triest, Entrevista por telefone.

93 *Göring possuía o mais puro egocentrismo* Ross, "Dr. Douglas Kelley".

93 *"Ele alcançou seu objetivo"* Kelley, *22 cells in Nuremberg,* 71.

93 *"Isso bem que pode ser"* Ibid., 72.

94 *"Na verdade, quando queria, Göring"* Dolibois, Entrevista por e-mail.

94 *Durante uma conversa* Kelley, *22 cells in Nuremberg,* 65.

95 *Quando o Marechal do Reich declarou certa vez* Gilbert, "Goering".

95 *informando Kelley de que se sentia relativamente bem* Göring a Kelley.

96 *O prisioneiro Fritz Sauckel, que passou três anos* Sauckel a Kelley.

97 *"Há três meses eu tenho escrito"* Göring a Emmy Göring, 10 de outubro de 1945.

97 *"um homem honesto e muito humano"* Göring, *My life with Goering,* 136.

98 *"Finalmente, finalmente uma carta sua"* Emmy Göring, a Hermann Göring, 19 de outubro de 1945.

98 *"Você bem pode imaginar quão indizivelmente feliz"* Göring a Emmy Göring, 28/10/1945.

99 *"Ver a amada letra [de Edda]"* Göring a Emmy Goring, 28 de outubro de 1945.

99 *"É minha opinião que Frau Göring"* Kelley, *22 cells in Nuremberg,* 62.

100 *davam-lhe um porte militar característico* Kelley, *22 cells in Nuremberg,* 27.

100 *de acordo com uma sugestão feita por seu astrólogo* Dolibois, *Pattern of circles,* 175.

100 *"Eu nunca tinha pilotado aquele tipo de avião"* Kelley, *22 cells in Nuremberg,* 24.

101 *chamando mesmo Hess de insano* Gilbert, *Psychology of dictatorship,* 123.

101 *Churchill, que assistia a um filme dos Irmãos Marx* Andrus, *I was the Nuremberg jailer,* 72.

101 *"Eu neguei ter qualquer conhecimento de assuntos militares"* Kelley, *22 cells in Nuremberg,* 25.

102 *desaprovava o gosto medíocre de Hess* Davidson, *Trial of the germans,* 111.

102 *que diziam que Hitler havia até mesmo escolhido a esposa de Hess* Neave, *On trial at Nuremberg,* 77.

102 *Hess se recusou a se submeter a tratamentos semelhantes no futuro* Gilbert, *Psychology of dictatorship,* 126.

102 *"tais alegações falaciosas são típicas"* Kelley, *22 cells in Nuremberg,* 26.

102 *Hess mudou de atitude novamente* Andrus, *I was the Nuremberg jailer,* 121.

103 *os judeus estavam controlando hipnoticamente as pessoas* Gilbert, *Psychology of dictatorship,*126.

103 *Hess tentou se matar* "Rudolf Hess: Report of british observations and findings".

103 *A arma rombuda* Neave, *On trial at Nuremberg,* 79; Gilbert, *Psychology of dictatorship,* 126–127.

103 *Os russos, porém, insistiram* Davidson, *Trial of the germans,* 119.

103 *"Hess reconheceu Göring imediatamente"* Andrus, *I was the Nuremberg jailer,* 72.

104 *seus artigos pessoais incluíam um relógio de bolso* Teich, "Inventory: Rudolf Hess".

104 *"Ele era... como eu manifestei"* Andrus, *I was the Nuremberg jailer,* 73.

104 *"onde o único requisito"* Ross, "Dr. Douglas Kelley".

104 *durante um de seus primeiros encontros* Kelley, *22 cells in Nuremberg,* 27.

104 *"Ainda que seu comportamento fosse estritamente formal"* Dolibois, *Pattern of circles,* 172, 174.

105 *"Hess sorriu, concordou em assinar"* Kelley, "Rudolf Hess".

105 *"um neurótico profundo do tipo histérico"* Kelley, "Statement on Hess".

105 *"Durante toda a minha vida achei que as pessoas poderiam me matar"* Kelley, Bound notebook of interview notes.

105 *"e é bastante provável que ele vá"* Kelley, "Statement on Hess".

105 *O psiquiatra escreveu que era possível* Kelley ao Oficial no comando.

105 *"se considerarmos a rua como a sanidade"* Kelley, *22 cells in Nuremberg,* 35.

105 *"Nós poderíamos ter descoberto em dois dias"* Davis, "Hitler gang just ordinary thugs, psychiatrist says".

106 *"embora em mais de mil casos como esses"* Kelley ao Oficial no comando.

106 *"Hess acredita ou finge acreditar"* Ibid.

106 *rejeitou o uso no caso de Hess* Kelley, *22 cells in Nuremberg,* 31.

106 *"Não se lembra de mim, Rudolf?"* Andrus, *I was the Nuremberg jailer,* 118.

107 *"Você não sabe quem eu sou? Não me reconhece?"* Overy, *Interrogations,* 406.

107 *"desejasse preservar a história"* Kelley, *22 cells in Nuremberg,* 35.

107 *"completamente maluco"* Overy, *Interrogations,* 121.

108 *"Nós sabíamos o tempo todo que Hess não era mesmo normal"* Dolibois, *Pattern of circles,* 166.

108 *"Eu consigo sentir o cheiro de um judeu a um quilômetro"* Fry, *Inside Nuremberg prison,* loc. 833.

109 *"inacreditavelmente obscuro e impreciso"* Kelley, *22 cells in Nuremberg,* 44.

109 *Ele disse para Kelley que seu plano para elevar o povo nórdico* Anspacher, "Psychiatrist says Hitler was neurotic".

109 *"Este jovem oficial está trabalhando para o país dele"* Dolibois, *Pattern of circles,* 171.

109 *Ele parecia decrépito para um homem de cinquenta e dois anos* Andrus, *I was the Nuremberg jailer,* 99.

110 *"extraordinária estupidez"* Schacht, *Confessions,* 406.

110 *"uma boa possibilidade, contudo, de que quando ele seja sentenciado"* Kelley, "Psychiatric profiles of nazi defendants".

110 *"Teus olhos negros tantas vezes vi"* Schirach, "*Dem Tod*".

110 *Visitantes da cela de Schirach* Neave, *On trial at Nuremberg,* 97.

110 *"Ele havia interferido para salvar diversos judeus"* "Entrevista com Baldur von Schirach".

111 *quase todos os prisioneiros nazistas sofriam* Kelley, *22 cells in Nuremberg,* ix.

111 *"Eu era para eles um símbolo"* Andrus, *I was the Nuremberg jailer,* 173.

111 *o que não incluía* Schacht, *Confessions,* 406.

111 *"Pelo menos nós, católicos, somos responsáveis"* Sprecher, *Inside the Nuremberg trial,* 76.

112 *Ele agora fazia questão de agradecer aos membros da equipe do presídio* Andrus, *I was the Nuremberg jailer,* 94.

112 *Frank havia abandonado a Igreja* Kelley, *22 cells in Nuremberg,* 175.

112 *"Ele se sente essencialmente culpado"* Kelley, "Psychiatric profiles of nazi defendants".

112 *"Era óbvio que Frank"* Kelley, *22 cells in Nuremberg,* 178–182.

113 *"uma das personalidades mais integradas de todo o conjunto"* Kelley, "Psychiatric profiles of nazi defendants".

113 *"Sou da opinião de que Hitler usou de bom senso"* Kelley, *22 cells in Nuremberg,* 128–129.

113 *Muitos queriam obras de Goethe* Andrus, *I was the Nuremberg jailer,* 131.

113 *"Autorizar a morte daquelas pessoas"* Kelley, bound notebook of interview notes.

114 *"a técnica mais útil"* Kelley, *22 cells in Nuremberg,* 28.

115 *"uma das vantagens de ter seu sujeito sempre à mão"* Kelley, "Preliminary studies of the Rorschach records".

115 *"Talvez se os nazistas não tivessem cerceado tão completamente"* Ibid.

115 *A interpretação feita por Kelley dos resultados de Göring* Kelley, "Rorschach report on Hermann Göring".

116 *"a imagem de uma pessoa de considerável capacidade intelectual"* Ibid.

116 *"sem saber quão reveladora"* Kelley, "Hess Rorschach".

116 *"Ele está ansioso para ser considerado"* Schurr, "Gods come down".

117 *"embora muitos [dos prisioneiros]"* Kelley, "Preliminary studies of the Rorschach records".

117 *O psiquiatra propôs um diagnóstico de lesão cerebral* Ibid.

117 *"para produzir a imagem mais clara possível"* Ibid.

118 *"Tem um homem, um fazendeiro"* Kelley, "TAT test results: Goering".

118 *"Esses são homens que descansam deitados no mato"* Ibid.

119 *"homenzinho tímido"* Kelley, Bound notebook of interview notes.

119 *havia se asfixiado* "Dr. Conti dead in Nuremberg".

119 *Kelley correu para a cena* Klam and Kelley, "Clinical lab report".

119 *"Nunca fui um covarde"* Andrus, *I was the Nuremberg jailer,* 87–88.

119 *ordenou que todas as cadeiras fossem retiradas das celas dos prisioneiros* Dolibois, *Pattern of circles,* 180.

120 *"era um verdadeiro fardo ficar sentado ouvindo-o falar"* Roth, "Dr. Kelley was not fooled".

120 *"não sabiam que os centros inibidores"* Kelley, *22 cells in Nuremberg,* 156-157.

120 *Levá-lo, e aos seus colegas, a julgamento* Ley, Declaração.

121 *Kelley anotou as respostas deles* Neave, *On trial at Nuremberg,* 65.

121 *Göring foi o primeiro* Ibid., 69–70.

121 *Informado de que ele poderia escolher seu próprio advogado* Ibid., 71–73.

122 *Hess recebeu o grupo* Ibid., 79–81.

123 *"Seja homem, Funk!"* Kelley, *22 cells in Nuremberg,* 170.

123 *Somente Dönitz parecia esperar a acusação formal* Tusa and Tusa, *Nuremberg trial,* 121.

123 *"Eu poderia me dar um chute"* Dolibois, *Pattern of circles,* 119.

Capítulo 6: O INTRUSO

124 *tratando do que ele chamava de "soldados desajustados"* "Trial of Adolf Eichmann (Part 1)".

124 *"Eu tinha ficado naturalmente interessado"* Gilbert, *Nuremberg Diary,* 3.

125 *"A psicologia, acima de tudo"* "Trial of Adolf Eichmann (Part 9)".

125 *ele pouco sabia das aplicações clínicas da área* Zillmer et al., *Quest for the Nazi personality,* 40.

125 *"com todo o respeito, Andrus não teria diferenciado"* Ibid., 40.

125 *uma nomeação que jamais foi tornada oficial* Ibid., 39.

125 *"Desde o começo, ele não escondeu o fato"* Dolibois, Entrevista por e-mail.

126 *que não tinha uma descrição ou uma classificação oficial* Dolibois, *Pattern of circles,* 187.

126 *"Suponho que eu pudesse ter me identificado"* Dolibois, Entrevista por e-mail.

126 *"Havia apenas uma limitação nisso"* "Trial of Adolf Eichmann (Part 1)".

126 *"nem sob o comando do conselho de defesa"* Ibid.

127 *"o próprio julgamento como um veículo"* Gilbert, *Nuremberg Diary,* 3–4.

127 *"porque uma parte delas era tão incrível"* "Trial of Adolf Eichmann (Part 1)".

127 *"eles nunca tinham tido nada pessoal contra os judeus"* "Trial of Adolf Eichmann (Part 1)".

128 *"um homem jovem cuja carreira poderia ser beneficiada"* Alice Kelley a Mandel, 1º de setembro de 1985.

128 *Kelley escreveu uma atualização da condição psiquiátrica de Ley* Kelley, "Mental examination of Robert Ley"; Kelley a Donovan, 26 de outubro de 1945.

129 *"O corpo sem vida do outrora líder"* Dolibois, *Pattern of circles,* 188.

129 *"Tal morte é ao mesmo tempo lenta e dolorosa"* Kelley, *22 cells in Nuremberg,* 171.

129 *"Eles estavam tentando cantar baixinho uma marcha fúnebre"* Sprecher, *Inside the Nuremberg trial,* 121.

129 *"Que modo de morrer"* Dodd and Bloom, *Letters from Nuremberg,* 181.

129 *"não poderia acontecer de novo"* Andrus, *I was the Nuremberg jailer,* 91.

129 *depois de ter chegado para uma das testemunhas do julgamento um pacote* Ibid., 127.

130 *"Foi muito bom"* Kelley, *22 cells in Nuremberg,* 73–74.

130 *"jamais poderia ter sido julgado de modo adequado"* Kelley, "Nuremberg trial".

130 *"com muita gentileza... deixado disponível para um exame* post-mortem*"* Kelley, "Preliminary studies of the Rorschach records".

130 *"prolongado processo degenerativo"* Zillmer et al., *Quest for the nazi personality,* 31.

131 *uma descoberta que o estudo microscópico confirmou* Kelley, "Preliminary studies of the Rorschach records".

131 *"eram de escopo menor"* Zillmer et al., *Quest for the nazi personality,* 32.

132 *"Tudo isso sugere impotência"* Gilbert, *Psychology of dictatorship,* 128–129.

132 *"muito melhores do que as coisas"* Tusa and Tusa, *Nuremberg trial,* 130.

132 *Keitel também reclamou* Gilbert, "Keitel interview".

133 *"Não sei dizer* Gilbert, "Hess Thematic Apperception Test".

133 *"Qualquer mago das finanças que seja bom em aritmética"* Tusa and Tusa, *Nuremberg trial,* 130.

133 *"o QI não significa nada além da mera eficiência intelectual"* Gilbert, *Nuremberg Diary,* 32.

133 *"A partir do que tenho visto deles"* Tusa, *Nuremberg trial,* 130.

134 *"Não seria tão ruim"* "Interview with Hans Fritzsche".

134 *"cavalheiros que se diziam psiquiatras"* Tusa and Tusa, *Nuremberg trial,* 129.

134 *ele expressava sua insatisfação com a legalidade* Neave, *On trial at Nuremberg,* 220.

135 *que declarava estar certo de que Göring era completamente inocente* Tusa and Tusa, *Nuremberg trial,* 122.

135 *Cinco dias depois da última missão de Kelley como portador de cartas* Göring, *My life with Goering,* 136.

135 *a esposa de Göring havia sido presa em sua residência* Dolibois, *Pattern of circles,* 169.

135 *Sua filha Edda foi separada* Lebert and Lebert, *My father's keeper,* 202.

135 *"um dos dias mais sombrios de minha vida"* Göring, *My life with Goering,* 137.

135 *A separação de mãe e filha não foi um bom cuidado* Kelley a Donovan, 9 de novembro 1945.

135 *sete semanas se passaram* Göring, *My life with Goering,* 139.

135 *"sua saúde física e mental"* Andrus ao general no comando.

135 *Um ex-oficial da Força Aérea surrupiou um colchão de palha* Göring, *My life with Goering,* 139.

135 *entregue a ela em segredo* Lebert and Lebert, *My father's keeper,* 204.

136 *"Eu fiquei satisfeito"* Kelley, *22 cells in Nuremberg,* 35–36.

136 *"O senhor vê que eu tinha razão"* Ibid., 56.

137 *"O senhor sabe que eu posso ser enforcado"* Ibid., 71.

137 *"Eu não reconheço a jurisdição legal desse julgamento"* Ibid., 75.

138 *"Não foi covardia de Hitler"* Ibid., 73.

138 *"Ele naturalmente negava quaisquer perversões"* Ibid., 61.

138 *Göring falou para Kelley e o tradutor Triest a respeito* Fry, *Inside Nuremberg prison,* loc. 635–643.

139 *"Göring não mudou nem um pouquinho"* Schurr, "Gods come down".

139 *"Ele admitiu prontamente que a escrita"* Kelley, "Rudolf Hess".

139 *mostrando-lhe noticiários a respeito dele* Andrus, *I was the Nuremberg jailer,* 118; Tucker, "Hess gloomily views newsreels of himself".

140 *"fechando as mãos com força"* Kelley, *22 cells in Nuremberg,* 33.

141 *"uma parte da perda de memória é simulada"* Andrus, *I was the Nuremberg jailer,* 120.

141 *"ele obviamente desejava conservar a amnésia"* Ibid., 119–120.

141 *"dos canais corretos"* Stringer, "Hess's aloofness fails".

142 *"um bloqueio grande e voluntário"* Ibid.

142 *Kelley acreditava que o melhor procedimento* Kelley a Donovan, 17 de novembro de 1945.

142 *"ele não tivesse a permissão de realizar exames"* Andrus, Memorandum: "Psychiatric consultation on Rudolf Hess".

142 *que desdenhosamente observou que Hess certa vez respondera com firmeza "Não"* Andrus, *I was the Nuremberg jailer,* 120.

142 *"Eu conseguia ver quem ele era"* Ibid., 121–122.

142 *"O senhor conhece os estudos sobre o tamanho da pupila dos olhos?"* Kelley, *22 cells in Nuremberg,* 21–22.

143 *Kelley se deparou com um enigma de tipo diferente* Ibid., 134; Kelley, "Psychiatric profiles of nazi defendants".

143 *que iria requerer a quarentena* Tusa and Tusa, *Nuremberg trial,* 145.

143 *uma punção na coluna lombar revelou* Kelley, *22 cells in Nuremberg,* 134; Kelley,"-Medical status of prisoner Ernst Kaltenbrunner".

144 *"Kaltenbrunner, o homem que aterrorizara milhões"* Andrus, *I was the Nuremberg jailer,* 116.

144 *"poderia muito bem ser fatal"* Kelley, "Psychiatric profiles of nazi defendants".

144 *Kelley e o tradutor Howard Triest viajaram juntos* Fry, *Inside Nuremberg prison,* loc. 498–500.

145 *"Ele afirma que Halifax recebeu essa carta"* Kelley a Donovan, 10 de novembro de 1945.

146 *"Quando o major Kelley ditou o relato dele"* J. E. S., Memorando.

147 *Göring alegou ter escrito* Fry, *Inside Nuremberg prison,* loc. 651–658.

147 *"demonstrariam ser penosos demais"* Kelley a Donovan, 13 de novembro de 1945.

148 *Donovan saiu da equipe* Waller, *Wild Bill Donovan,* 343–346.

148 "Às vezes, eles sabem o que você está pensando" Schaefer, "Virginia's reel".

Capítulo 7: O PALÁCIO DA JUSTIÇA

149 *Ele instituiu uma nova série de medidas de segurança* Andrus, *I was the Nuremberg jailer,* 125.

149 *"E mesmo assim estávamos encontrando contrabando"* Ibid., 125–127.

150 *Na bagunçada cela de Ribbentrop* Ibid., 125–127.

150 *"Há tanta coisa que eles não desejam que seja exposta"* Tusa and Tusa, *Nuremberg trial,* 145–146.

151 *Um conjunto de novas luzes de teto de alta luminosidade* Urban, *Nuremberg trial,* 25.

151 *"confusão óptica"* Schacht, *Confessions,* 411.

152 *cerca de mil e quinhentas refeições* Sprecher, *Inside the Nuremberg trial,* 143.

152 *"Nós não queremos que eles estejam em uma condição"* Tusa and Tusa, *Nuremberg trial,* 148.

152 *Ele garantiu que os uniformes e ternos deles* Andrus, *I was the Nuremberg jailer,* 38, 144.

152 *"material de muito pouca qualidade"* Tusa, *Nuremberg trial,* 148.

152 *A ordem correspondia à lista* Andrus, *I was the Nuremberg jailer,* 144.

152 *Göring desenvolveu um procedimento inteligente* Ibid., 59.

153 *Andrus temia a perspectiva* Ibid., 114.

153 *"a máscara profissional da cordialidade"* West, *Train of powder,* 6.

154 *"havia diminuído até ele não ser nada mais"* Dos Passos, "Report from Nurnberg".

154 *"claramente insano; tão claramente que parecia uma vergonha"* West, *Train of powder,* 5.

154 *"uma charge horrível de um Foxy Grandpa"* Dos Passos, "Report from Nurnberg".

154 *"como uma mulher, de um modo não muito comum"* West, *Train of powder,* 5.

154 *em seu paletó xadrez* Tusa and Tusa, *Nuremberg trial,* 148.

155 *oitenta e sete milhões de garrafas de champanhe* Neave, *On trial at Nuremberg,* 240–241.

156 *disse que não sabia nada a respeito delas* Gilbert, *Nuremberg diary,* 36.

157 *"Se Göring praguejasse contra uma testemunha com um murmúrio"* Andrus, *I was the Nuremberg jailer,* 128.

157 *"Droga, eu só gostaria"* Gilbert, *Psychology of dictatorship,* 110.

158 *"Quando o julgamento começou, ele demonstrou suas peculiares habilidades"* Kelley, *22 cells in Nuremberg,* 69.

158 *"Vocês conheciam o Führer"* Gilbert, *Nuremberg Diary,* 70.

158 *na cabeça deles, esses eram atos egoístas e criminosos* Tusa and Tusa, *Nuremberg trial,* 241.

159 *"Mas é claro que nós nos rearmamos"* Kelley, *22 cells in Nuremberg,* 63.

159 *"Ah, mas vocês terão. O senhor só espere e veja."* Gilbert, "Trial notes".

161 *Streicher parecia estar muito interessado* Tusa and Tusa, *Nuremberg trial,* 160.

161 *"permaneceram sentados, como se tivessem se transformado em pedra"* Neave, *On trial at Nuremberg,* 247.

161 *"Eu não acredito nisso"* Tusa and Tusa, *Nuremberg trial,* 160.

161 *"Não deixem que todos lhes digam que não tinham a menor ideia"* Gilbert, *Nuremberg Diary,* 47–49.

161 *"Estava uma tarde tão boa"* Gilbert, *Psychology of dictatorship,* 110.

161 *"O senhor está tendo muito trabalho para manter o seu grupo"* Gilbert, "Trial notes".

162 *O promotor Jackson acrescentou* Neave, *On trial at Nuremberg,* 248–249.

162 *"Ele se encontra na classe dos voluntários"* Tusa and Tusa, *Nuremberg trial,* 162.

163 *uma voz controlada, porém aguda, que indicava uma malcontida excitação* Long, "Hess tells court he faked".

163 *"Doravante, minha memória irá uma vez mais reagir"* Hess, "Statement before the IMT at Nuremberg".

163 *Rohrscheidt riu* Tusa and Tusa, *Nuremberg trial,* 162.

163 *"Estou feliz por ver que o senhor não vai fingir mais"* Tucker, "Hess gloomily views newsreels of himself".

164 *"Como foi que eu me saí? Bem, não foi?"* Kelley, *22 cells in Nuremberg,* 32–34.

164 *"Hess, o Hess que nós temos aqui?"* Gilbert, "Notes on Rudolf Hess".

164 *Göring ficou ressentido* Kelley, "Rudolf Hess".

165 *"quando ele olhou ao redor do tribunal"* Gilbert, *Nuremberg Diary,* 53.

165 *"mas é óbvio que ele tem usado a amnésia"* Long, "Hess Tells court he faked".

165 *"era desequilibrado demais para testemunhar"* Kelley, "Nuremberg trial".

165 *"já que sentia que lhe ser negado o julgamento"* Kelley, "Rudolf Hess".

166 *"Este homem é competente"* Kelley, "Psychiatric evaluations".

166 *"Ele ficou furioso por almoçar sozinho"* Gilbert, *Nuremberg Diary,* 141.

166 *"Hess e Ribbentrop foram colocados juntos"* Tusa and Tusa, *Nuremberg trial,* 242.

166 *"Gott im Himmel!"* Gilbert, *Nuremberg Diary,* 102; Andrus, *I was the Nuremberg jailer,* 136.

167 *"Por favor, permitam que eu converse com vocês"* Gilbert, "Keitel interview".

167 *"boa saúde mental"* "Nazis no longer swagger at trial".

168 *"Ele queria saber se uma pessoa"* Kelley, "Rudolf Hess".

168 *"Médico geral do Exército, major Kelley"* Rosenberg a Douglas Kelley.

169 *Göring descreveu uma conversa* Kelley, "Rudolf Hess".

169 *ele perdeu o controle e chorou* Zillmer et al., *Quest for the nazi personality,* 82.

169 *para substituir Kelley como psiquiatra do presídio de Nuremberg* Wyllie, *Warlord and the renegade,* 198.

170 *"praticamente vivido com Hess"* Davis, "Hitler gang just ordinary thugs".

171 *"Ele poderia estar se dirigindo"* Neave, *On trial at Nuremberg,* 255.

172 *"De algum modo ele me faz pensar em um leão em cativeiro"* Dodd and Bloom, *Letters from Nuremberg,* 263.

172 *"Seus companheiros de cárcere seguiam-no"* Neave, *On trial at Nuremberg,* 257.

172 *o óbvio desprezo de Göring* Ibid., 259.

172 *"Quando o antigo Marechal do Reich se encaminhou a passos largos"* Dodd and Bloom, *Letters from Nuremberg*, 267.

173 *perdeu o controle no banco das testemunhas* Neave, *On trial at Nuremberg*, 263.

173 *"agressão oral explícita e incipiente"* Gilbert, *Psychology of dictatorship*, 115.

173 *Göring se voltou rapidamente no banco dos réus* Neave, *On trial at Nuremberg*, 272.

173 *"ele não podia solicitar drogas então"* Gilbert, *Psychology of dictatorship*, 115.

173 *"não era mais notícia"* Manvell and Fraenkel, *Goering*, 334.

174 "É contra tais antecedentes" Ehrenfreund, *Nuremberg legacy*, 73.

174 *"Eu gostaria de declarar com clareza"* Andrus, *I was the Nuremberg jailer*, 174

174 *"Eu não lamento nada"* Ehrenfreund, *Nuremberg legacy*, 85.

175 *era tão longe de uma escola* Lebert and Lebert, *My father's keeper*, 204–205.

175 *"Por meio desta carta, apresento uma importante solicitação"* Andrus, *I was the Nuremberg jailer*, 161–162.

175 *Ele sempre se recusava a permitir que Emmy ou outros parentes* Neave, *On trial at Nuremberg*, 267.

175 *"O que quer que eu pensasse a respeito de Göring"* Andrus, *I was the Nuremberg jailer*, 162.

176 *"significava uma chance a mais de passar"* Ibid., 174.

176 *"Mas você cresceu"* Lebert and Lebert, *My father's keeper*, 205–206.

176 *"A sentença provavelmente não vai ser executada"*. Ibid., 206.

177 *"As sentenças de morte para as pessoas insanas"* Kelley, *22 cells in Nuremberg*, 36–37.

177 *"Um belo e longo período na prisão"* Anspacher, "SF psychiatrist for doomed nazi tells how they'll die".

177 *"O senhor não precisa mais se preocupar com a lenda de Hitler"* Bosch, *Judgment on Nuremberg*, 61.

178 *Gerecke, ao ouvir de Göring* Andrus, *I was the Nuremberg jailer*, 185.

178 *Andrus esteve entre os primeiros* Ibid., 191.

178 *"Para o comandante"* Ibid., 201.

179 *Recentemente, em 2005* Ehrenfreund, *Nuremberg legacy*, 90–91.

180 *"Ele jamais irá fraquejar"* "SF doctor predicts how 11 nazis will die".

180 *"demonstra quão engenhosamente esperto"* "S.F. psychiatrist is amazed at Goering suicide".

180 *"Göring, no entanto, deu um passo a mais"* Kelley, *22 cells in Nuremberg*, 76.

181 *"mostrou certa coragem no final"* Kelley, *22 cells in Nuremberg*, 113.

181 *iria "pender feliz"* "S.F. psychiatrist is amazed at Goering suicide".

182 *"uma solicitação macabra"* Andrus, *I was the Nuremberg jailer*, 168.

Capítulo 8: A MENTE NAZISTA

183 *"Nós não temos conhecimento sobre crimes de guerra"* Bosch, *Judgment on Nuremberg*, 203.

184 *"Nós temos grandes esperanças"* Ibid., 218.

184 *"estava ansioso para esquecer os anos de guerra"* Alice Kelley a Selzer.

184 *"muitas pessoas insistiram com ele"* Alice Kelley a Mandel, 1º de setembro de 1985.

185 *livros que seus autores nazistas haviam autografado* Ibid.

186 *"atrás de grandes mesas"* Kelley, *22 cells in Nuremberg,* 238–239.

186 *"porque nós olhamos com desgosto e com ódio"* Kelley, "Nuremberg trial".

186 *"Insanidade não é uma explicação"* Kelley, *22 cells in Nuremberg,* 4.

187 "É um fato cientificamente estabelecido" Ibid., 6–7.

187 *"Todos eles trabalhavam por períodos incríveis de tempo"* Schurr, "Gods come down".

188 *"Hitler tinha uma profunda convicção"* Kelley, *22 cells in Nuremberg,* 211.

188 *"Hitler era tão normal"* Ibid., 212.

188 *Joseph MacCurdy, o professor de Cambridge* "WWII Adolf Hitler profile suggests 'messiah complex'."

189 *"não mais do que uma dor de barriga nervosa"* Kelley, *22 cells in Nuremberg,* 201.

189 *Kelley soubera* Ibid., 217.

189 *Um dos médicos de Hitler, Karl Brandt* Ibid., 218.

189 *O temor que Hitler sentia da morte* Ibid., 215.

190 *Outro fator da atração do suicídio* Ibid., 202, 205.

191 *"Com a exceção do dr. Ley"* Zillmer et al., *Quest for the nazi personality,* 80.

191 *"não eram tipos especiais"* Kelley, *22 cells in Nuremberg,* 238.

191 *"Eles são pessoas que existem em cada país"* Kelley, "Nuremberg trial".

192 *"há pouca coisa nos Estados Unidos hoje"* Kelley, *22 cells in Nuremberg,* 238.

192 *Políticos norte-americanos, como os supremacistas brancos* Ibid., 242–243.

193 *"nossos pensamentos e nossa educação"* Ibid., 13.

193 *"Os norte-americanos estão somente [agora] aprendendo essa lição"* Kelley, "Nuremberg trial".

193 *Para combater essa ameaça* Kelley, *22 cells in Nuremberg,* 245.

194 *Embora professasse fé nas tradições e no potencial dos Estados Unidos* Brunner, "'Oh those crazy cards again'".

194 *Fazendo palestras em todo o estado* Lecturing contracts 1946.

194 *Ele acabou assinando um contrato* Greenberg a Kelley.

195 *"ofereceram-lhe um cargo de professor assistente"* Fabing a Byron.

195 *Visitantes entravam na propriedade de cinquenta acres* Forsyth county historic resources, "Graylyn".

196 *Os médicos podiam até mesmo fazer experiências com lobotomia* Davis, "Civilization now offers hope to victims".

196 *"Uma pessoa neurótica invariavelmente pensa"* Summers, "Graylyn ready for treatment".

197 *"irá lutar contra os efeitos"* McIlwain, "Liquor can curb its own problems".

198 *"Nós na verdade iremos tornar a treinar"* Summers, "Graylyn ready for treatment".

200 *"não iriam agir de modo tão insano"* "Semantics held key to clarity in thought".

201 *Ele viajou pelas Carolinas* Lecture contracts 1947.

201 *"A idade emocional média"* Anspacher, "Nuernberg psychiatrist fears nazism in U.S.".

201 *"não são muito inteligentes"* Rogers, "Faster mental cures found".

201 *"mito de que psiquiatras estão sempre tentando interpretar"* "Mental health held serious U.S. problem".

202 *Kelley respondia que não sabia com certeza* Alice Kelley a Mandel, 1º de setembro de 1985.

202 *todos os políticos e chefes de estado passariam por exame psiquiátrico* "Politicians should get mental exams".

202 *"A principal coisa a ser feita"* Blank, "Nuremberg psychiatrist has test for nazis".

203 *"não tinha de jeito nenhum simpatia"* Alice Kelley a Mandel, 1º de setembro de 1985.

203 *Assim como o livro de Kelley, o de Gilbert evitou fazer referências diretas* Brunner, "'Oh those crazy cards again'".

204 *Gilbert explicou a lealdade de Göring* Koehli, "Ponerology 101".

204 *O suicídio de Göring, Gilbert afirmava* Brunner, "'Oh those crazy cards again'".

205 *Em março de 1947, ele passou quatro dias* "Dr. Kelley broadcasts in New York".

207 *"Ninguém mais vai se interessar"* Loosli-Usteri a Kelley.

208 *Kelley concordou em ser consultor* Holstrom a Kelley.

209 *"Se ele é competente para determinar"* "Cherry answers Kelley comment".

209 *"Dê uma cheirada"* McEwen, "Somnoform promises magic aid".

209 *"Depois de umas cheiradas"* Barton, "How drug released inhibitions told".

210 *As drogas, Kelley e outros defensores afirmavam* Ibid.

210 *"considerando seriamente a oferta"* "Head of Graylyn offered University post".

211 *Seria um cargo exclusivo para lecionar e pesquisar"* Ibid.

211 *Ele havia supervisionado os cuidados* "Dr. Kelley resigns post on Medical School Faculty".

211 *22 cells in Nuremberg* se esgotara Greenberg a Kelley.

Capítulo 9: CIANURETO

212 *e para um principesco salário anual* Malloy a Kelley.

212 *"Você aceita detetives de poltrona"* Abramson a Kelley.

212 *Kelley deu aulas* Wilson a Kelley.

213 *"Todos os alunos vêm para as aulas"* Hansen, "Professor uses tricker in class".

214 *"não continha ninguém além de nós, os medrosos"* Fabing a Byron.

214 *Ex-químico do Projeto Manhattan* Farrell, *Shallow grave in Trinity county*, 107.

216 *"Entre um terço e metade dos policiais"* Kelley and Hansen, "Dumb cops are dangerous".

218 *"O método de Rorschach se propagou"* Kelley, "Clinical reality and projective technique".

218 *"Estou procurando um remédio"* "U.C. man develops new 'truth serum' method".

219 *"Você coleciona moedas?"* Walker, *A trail of corn*, 155.

219 *"Hermann Göring e Burton Abbott eram as mais egocêntricas"* Farrell, *Shallow grave in trinity county*, 83.

219 *Abbott começou a temer o psiquiatra e a não gostar dele* Walker, *A trail of corn*, 162, 106.

219 *"Ele está completamente enganado"* Farrell, *Shallow grave in trinity county,* 177.

220 *o diretor Nicholas Ray entrou em contato com Kelley* Rathgeb, Making of *Rebel Without a Cause,* 73.

221 *Um programa incipiente que ele discutiu com amigos* Fabing a Byron.

222 *"proporcionar uma compreensão melhor, por parte do público"* KQED, "Application for a Grant".

222 *"Por que todos os programas educativos"* Newton, "Criminal Man".

224 *"uma mulher maternal, solteirona"* Kelley, *22 cells in Nuremberg,* 226.

224 *Schroeder acusou Kelley* Schroeder a Kelley.

230 *"atravessaria a baía a nado"* Randebaugh, "Theories".

231 *"um pouco alta, segundo o que eu considero ética"* Kelley ao administrador-chefe.

239 *"Eu fico impressionado com a quantidade de atividades"* Terman a Kelley.

240 *"preparar-me para um discurso ou para escrever um artigo normalmente [me] toma"* Kelley a Terman.

240 *"estava sentindo o peso de sua excepcional quantidade de trabalho"* Dreher a Alice Kelley.

242 *estava morto ao chegar ao Herrick Memorial Hospital, em Berkeley, às 16h56* "UC criminologist dr. Douglas Kelley killed by poison".

242 *"Eu nunca soube o motivo"* Ryan, "Mysterious suicide".

243 *"O dr. Kelley havia certa vez dito"* "Private rites mark funeral for dr. Kelley".

244 *"pelo que todos soubessem"* "Mystery in UC suicide deepens".

244 *"se é o tipo de coisa que esses acusadores"* Alice Kelley a Mandel, 1º de setembro de 1985.

244 *"loucura!"* Mandel a Alice Kelley.

244 *"Eu não cheguei a ver o receptáculo"* Alice Kelley a Mandel, 1º de setembro de 1985.

245 *"queima dolorosamente"* Randebaugh, "Theories".

246 *"Durante quase trinta anos nós fomos amigos muito próximos"* Fitzkee, "Obituary".

Capítulo 10: *POST-MORTEM*

247 *incluindo cristais* Alice Kelley, "Inventory of items for sale".

250 *"esquizofrênico e... sem qualquer acesso"* Walsh, *War and the human race,* 77.

250 *"foi afável e agradável"* Walsh, Memorandum: "Interview with prisoner #7".

251 *"era portador de uma esquizofrenia latente"* Walsh, "Historical responsibility of the psychiatrist".

251 *"proibido pelas autoridades militares"* Walsh, *War and the human race,* 76–77.

252 *a União Soviética resistiu em fazer alterações* Neave, *On trial at Nuremberg,* 81.

252 *"Em um ângulo oblíquo"* Dolibois, *Pattern of circles,* 176.

252 *Muitos psicólogos apontaram problemas* Brunner, "'Oh those crazy cards again'", 234.

253 *Gustave Gilbert foi o primeiro defensor* Zillmer et al., *Quest for the nazi personality,* 178, 187.

254 *"se preocupava, vocês sabem, será que o Holocausto poderia acontecer"* Freakonomics,"-Fear thy nature".

254 *Até mesmo na década de 1970* Brunner, "'Oh those crazy cards again'", 249.

255 *"Isso pode acontecer aqui"* Harrower, "Were Hitler's henchmen mad?"

255 *Dukie negou a solicitação* Alice Kelley a Selzer.

255 *A verdadeira razão dela para manter os relatos* Alice Kelley a Mandel.

255 *"alguns dos testes por meio de um intérprete"* Miale and Selzer, *The Nuremberg mind*, xiii.

256 *O prefácio de Gilbert foi um de seus últimos trabalhos* Williams, "Dr. Gustave Gilbert dead at 65".

256 *"não nos persuadiram de que os principais criminosos de guerra nazistas"* Miale and Selzer, *The Nuremberg mind*, 14.

256 *certos grandes e destacados grupos* Brunner, "'Oh those crazy cards again'", 247.

256 *"as interpretações deles dos resultados dos Rorschachs"* Harrower, "Rorschach records of the nazi war criminals".

256 *aplicou um critério quantitativo e com bases em estatísticas* Brunner, "'Oh those crazy cards again'", 251–252.

257 *o pesquisador Reneau Kennedy descobriu esses relatos* Zillmer et al., *Quest for the nazi personality*, 87.

257 *assim como faz 20% do público norte-americano* Ibid., 98.

258 *"as diferenças entre os membros desse grupo"* Ibid., 99.

BIBLIOGRAFIA

"Abbreviated Clinical Record: Hermann Goering." 1945. MS. Documentos pessoais de Douglas M. Kelley.

Abrahamsen, David. *Crime and the human mind*. Montclair, CA: PattersonSmith, 1969.

Abramson, Paul D., a Douglas McGlashan Kelley, 6 de março, 1950. MS. Special Collections, University of California, Santa Cruz.

Alexander, Leo. "Medical Science under Dictatorship." *New England Journal of Medicine* 14 (julho, 1949): 39–47.

Andrus, Burton C. *I was the Nuremberg jailer*. Nova York: Coward-McCann, 1969.

———. *Memorandum* a William Donovan, 2 de novembro, 1945. MS. Donovan Nuremberg Trials Collection, Cornell University Law Library.

———. *Memorandum*: "Psychiatric Consultation on Rudolf Hess." 1945. MS MLR P 20, Box 4. National Archives and Records Administration.

———. "Prison Regulations." 1945. MS. Documentos pessoais de Douglas M. Kelley.

———. "SOP, for Reception of Visitors." 1945. MS. Documentos pessoais de Douglas M. Kelley.

———. "Statement on Ley's Suicide." 1945 MS MLR P 20. National Archives and Records Administration.

———, a Commanding General, Third Army, 3 de novembro, 1945. MS. Documentos pessoais de Douglas M. Kelley.

Anspacher, Carolyn. "Nazi Has Plan to Save Youth He Corrupted." *San Francisco Chronicle*, 17 de outubro, 1946.

———. "Nuernberg Psychiatrist Fears Nazism in U. S." *San Francisco Chronicle*, n.d. Documentos pessoais de Douglas M. Kelley.

———. "Psychiatrist Says Hitler Was Neurotic, Not Insane." *San Francisco Chronicle*, 12 de outubro, 1946.

———. "SF Psychiatrist for Doomed Nazi Tells How They'll Die." *San Francisco Chronicle*, 1946. Documentos pessoais de Douglas M. Kelley.

"Army Psychiatrist Gives Picture of Nuernberg Trials Principals." *Bakersfield Californian*, 2 de dezembro, 1946.

"Autopsy Shows Dr. Kelley Didn't Have Fatal Illness." *San Francisco Chronicle*, 3 de janeiro, 1958.

Barnes, John W., e Douglas McGlashan Kelley. "Combat Neurosis." n.d. MS 229, Box 3:2. Special Collections, University of California, Santa Cruz.

Barton, William S. "How Drug Released Inhibitions Told." *Los Angeles Times*, 21 de maio, 1950.

"Berkeley Zanies Drive Cops Crazy." 1951. Documentos pessoais de Douglas M. Kelley.

Blank, Gerald. "Nuremberg Psychiatrist Has Test for Nazis." *World*, 26 de março, 1947.

Bosch, William J. *Judgment on Nuremberg; american attitudes toward the major german war-crime trials*. Chapel Hill: University of North Carolina Press, 1970.

Brickner, Richard M. *Is Germany incurable?* Philadelphia: J. B. Lippincott, 1943.

"Bride of Dr. Douglas Kelley, of San Francisco." *Chattanooga Express*, 20 de outubro, 1940.

Bromberg, Walter. *Crime and the mind: a psychiatric analysis of crime and punishment*. Nova York: Macmillan, 1965.

Brunner, Jose. "'Oh Those Crazy Cards Again': A History of the Debate on the Nazi Rorschachs, 1946–2001." *Political Psychology* 22, n. 2 (2001): 233–261.

Case, Bill. "Army Doctors' New System Salvages 'Mentally Wounded'."

Chattanooga Free Press, 1945. Documentos pessoais de Douglas M. Kelley.

"Cherry Answers Kelley Comment." *Winston-Salem Journal*, 18 de novembro, 1947.

Crassweller, Robert D. *Trujillo: the life and times of a caribbean dictator*. Nova York: Macmillan, 1966.

Contrato de livro. MS File 1946. Documentos pessoais de Douglas M. Kelley.

Contratos de palestras, 1947. MS File "1947". Documentos pessoais de Douglas M. Kelley.

———. 1946. MS File "1946". Documentos pessoais de Douglas M. Kelley.

Convites para palestras, 1947–1949. TS File "1947". Documentos pessoais de Douglas M. Kelley

Curnutte, Mark. "Interrogator Recalls Talks with Hitler's Inner Circle." *Cincinnati Enquirer*, 15 de novembro, 2009.

"Daughter of Truckee Historian Is Dead." 11 de outubro, 1955. Documentos pessoais de Douglas M. Kelley.

Davidson, Eugene. *The trial of the germans: an account of the twenty-two defendants before the International Military Tribunal at Nuremburg*. Columbia: University of Missouri, 1966.

Davis, Chester S. "Civilization Now Offers Hope to Victims of 'Civilization'". *Winston--Salem Journal and Sentinel*, 26 de setembro, 1948.

———. "How Graylyn Is Reviving Some of Our Sick Minds." *Winston-Salem Journal and Sentinel*, 16 de setembro, 1948.

Davis, Louise. "Hitler Gang Just Ordinary Thugs, Psychiatrist Says." *Nashville Tennessean*, 29 de janeiro, 1946.

Dodd, Christopher J., e Lary Bloom. *Letters from Nuremberg*. Nova York: Crown Publishing, 2007.

Dolibois, John. Entrevista com o autor por e-mail, fevereiro de 2012.

———. *Pattern of circles: an ambassador's story*. Kent, OH: Kent State University Press, 1989.

Dos Passos, John. "Report from Nurnberg." *Life*, 10 de dezembro, 1945.

"Dr. Conti Dead in Nuremberg." n.d. Documentos pessoais de Douglas M. Kelley.

"Dr. Conti Suicide Revealed by Army." n.d. Documentos pessoais de Douglas M. Kelley.

"Dr. D. McG. Kelley Arrives to Take Post at Bowman Gray" [Winston-Salem]. 1947. Documentos pessoais de Douglas M. Kelley.

"Dr. George Frank Kelley Dies at 91." 19 de novembro, 1971. Documentos pessoais de Douglas M. Kelley.

"Dr. Kelley Broadcasts in New York." *Winston-Salem Journal*, 24 de março, 1947.

"Dr. Kelley Is Star Witness for the Defense." *Statesville Daily*, 28 de maio, 1947.

"Dr. Kelley Kills Self." n.d. Documentos pessoais de Douglas M. Kelley.

"Dr. Kelley Leaves Post at Graylyn" [Winston-Salem], 1949. Documentos pessoais de Douglas M. Kelley.

"Dr. Kelley Made News in Sensational Cases." *San Francisco Chronicle*, 2 de janeiro, 1958.

"Dr. Kelley Named Officer of Semantics Institute." *Winston-Salem Journal*, 28 de junho, 1947.

"Dr. Kelley Resigns Post on Medical School Faculty." *Winston-Salem Journal*, 1 de agosto, 1949.

"Dr. Kelley Suicide Laid to Overwork." 2 de janeiro, 1958. Documentos pessoais de Douglas M. Kelley.

Dreher, George E., a Alice Vivienne Kelley, 4 de janeiro, 1958. MS. Documentos pessoais de Douglas M. Kelley.

Early, Don, a Douglas McGlashan Kelley, 18 de fevereiro, 1947. MS. Documentos pessoais de Douglas M. Kelley.

Ehrenfreund, Norbert. *The Nuremberg legacy: how the nazi war crimes trials changed the course of history*. Nova York: Palgrave Macmillan, 2007.

Essig, E. O. "Charles Fayett e McGlashan." *Pan-Pacific Entomologist* (janeiro, 1931): 97–99.

Everts, William H., a Alice Vivienne Kelley, 19 de maio, 1945. MS. Documentos pessoais de Douglas M. Kelley.

Executive Command. "Carrier Sheet, HQ Com Z, to Senior Consultant in Neuropsychiatry." 1945. MS. Documentos pessoais de Douglas M. Kelley.

"Experts on Semantics Deliver SF Lecture." *San Francisco Examiner*, 11 de agosto,1952.

Fabing, Howard D., a Edward A. Byron, 9 de maio, 1953. MS. Special Collections, University of California, Santa Cruz.

"Faculty Will Not Examine Float Entries." *Daily Californian* [Berkeley], 26 de fevereiro, 1932.

Farrell, Harry. *Shallow grave in Trinity county*. Nova York: St. Martin's, 1997.

"File on Douglas McGlashan Kelley." n.d. MS. Federal Bureau of Investigation.

Fitzkee, Dariel. "Obituary, Douglas M. Kelley." n.d. Documentos pessoais de Douglas M. Kelley.

"Former Local Boy Given Major Scholarship in East." *Sierra Sun* [Truckee], 10 de agosto, 1939.

Forsyth County Historic Resources. "Graylyn", 15 de novembro, 2012. Disponível em: <http://www.cityofws.org/Assets/CityOfWS/Documents/Planning/HRC/Local_Landmarks/LHL_Sheets/72_Graylyn.pdf>.

Freakonomics Radio Podcast. "Fear Thy Nature." Transcript. 14 de setembro, 2012. Disponível em: <http://www.freakonomics.com/2012/09/14/fear-thy-nature-a-new-freakonomics-radio-podcast/>.

Freeman, Walter. *The psychiatrist; personalities and patterns*. Nova York: Grune & Stratton, 1968.

Friedman, Howard S., and Leslie R. Martin. *The longevity project: surpring discoveries for health and long life from the landmark eight-decade study*. Nova York: Hudson Street, 2011.

Fry, Helen. *Inside Nuremberg prison: a biography of Howard Triest*. n.p.: Kindle Ebook, 2011.

Gaillard, Ernest, Jr. Certificate. 1944. MS. Documentos pessoais de Douglas M. Kelley.

Gelles, Michael. Entrevista com o autor por telefone, outubro, 2009.

"General Semantics — Science of the Effect of Words." *San Francisco News*, 7 de agosto, 1952.

Gilbert, Gustave Mark. "Goering." 1945. MS. Documentos pessoais de Douglas M. Kelley.

———. "Hess Test Notes." 1945. MS. Documentos pessoais de Douglas M. Kelley.

———. "Hess Thematic Apperception Test." 1945. MS. Documentos pessoais de Douglas M. Kelley.

———. "Keitel Interview." 1945. MS. Documentos pessoais de Douglas M. Kelley.

———. "Ley's Final Psychiatric Interview." 1945. MS. Documentos pessoais de Douglas M. Kelley.

———. "Notes on Rudolf Hess." 1945. MS. Documentos pessoais de Douglas M. Kelley.

———. *Nuremberg diary*. Nova York: Da Capo, 1995.

———. *The psychology of dictatorship: based on an examination of the leaders of nazi Germany*. Westport, CT: Greenwood, 1979.

———. "Trial Notes." 1945. MS. Documentos pessoais de Douglas M. Kelley.

"Goering Interview Notes." 1945. MS. Documentos pessoais de Douglas M. Kelley.

"Goering Was Child in Adult World, Says Brain Expert." 1946. Documentos pessoais de Douglas M. Kelley.

Göring, Emmy. *My life with Goering*. Londres: David Bruce and Watson, 1972.

———, a Hermann Göring, 10 de outubro, 1945. MS. Documentos pessoais de Douglas M. Kelley.

Göring, Hermann. Autobiographical Statement, 1945. MS. Documentos pessoais de Douglas M. Kelley.

———, a Douglas McGlashan Kelley, 9 de setembro, 1945. MS. Documentos pessoais de Douglas M. Kelley.

———, a Emmy Göring, 10 de outubro, 1945. MS. Documentos pessoais de Douglas M. Kelley.

———, a Emmy Göring, 28 de outubro, 1945. MS. Documentos pessoais de Douglas M. Kelley.

Green, Edwin. "General Semantics and Human Affairs." *Los Angeles Daily News*, 16 de março, 1942.

Greenberg Publisher a Douglas McGlashan Kelley, 20 de janeiro, 1949. MS. File "1949". Documentos pessoais de Douglas M. Kelley.

Gregor, Neil. *Haunted city: Nuremberg and the nazi past*. New Haven, CT: Yale University Press, 2009.

Gunkel, Christoph. "How a Top Nazi's Brother Saved Lives." *Der Spiegel*, 2 de maio, 2012. Disponível em: <http://www.spiegel.de/international/germany/new-book-on--hermann-goering-good-brother-albert-goering-a-830893.html>.

Hale, Nathan G. *The rise and crisis of psychoanalysis in the United States: Freud and the americans, 1917–1985*. Nova York: Oxford University Press, 1995.

Halleck, Seymour L., ed. *Psychiatric aspects of criminology*. Springfield, IL: Charles C. Thomas, 1968.

Hansen, Ken. "Professor Uses Tricker in Class." *Daily Californian* [Berkeley], 5 de dezembro, 1950.

Harrower, Molly. "Rorschach Records of the Nazi War Criminals: An Experimental Study after Thirty Years." *Journal of Personality Assessment* 40, n. 4 (1976).

———. "Were Hitler's Henchmen Mad?" *Psychology Today* (julho, 1976): 76–78.

Hastings, Donald W., e David G. Hastings. *Psychiatric experiences of the eighth air force: first year of combat, July 4, 1942 to July 4, 1943*. Nova York: JosiahMacy Jr. Foundation, 1944.

"Head of Graylyn Offered University Post." 1949. Documentos pessoais de Douglas M. Kelley.

"Here and There with *Newsweek* Correspondents." *Newsweek,* 1945. Recortes de revistas não identificadas. Documentos pessoais de Douglas M. Kelley.

Hess, Rudolf. "Statement before the IMT at Nuremberg." 1945. MS MLR P 20, Box 6. National Archives and Records Administration.

"Hitler Gang's Personalities Are Discussed." *Richmond News Leader*, 5 de abril, 1947.

"Hitler's Own Physician Never Expected Trial for War Crimes, Dr. Douglas Kelley Reveals." n.d. Documentos pessoais de Douglas M. Kelley.

Holstrom, J. D., a Douglas McGlashan Kelley, 5 de julho, 1950. MS. Documentos pessoais de Douglas M. Kelley.

Hoover, J. Edgar. "Hermann Göring, Ingestion of Paracodeine Tablets." 1945. MS. Documentos pessoais de Douglas M. Kelley.

"Immaturity Threatens Nation, Noted Psychiatrist Declares." *Hazelton Standard-Sentinel,* 27 de janeiro, 1948.

"Ink Blots Test Hess's Sanity." *Philadelphia Inquirer*, 14 de outubro, 1945.

"Interview with Baldur Von Schirach." 1945. MS. Documentos pessoais de Douglas M. Kelley.

"Interview with Hans Fritzsche.", 1945. MS. Documentos pessoais de Douglas M. Kelley.

J. E. S. *Memorandum* a William Donovan, n.d. MS. Donovan Nuremberg Trials Collection, Cornell University Law Library.

Joyce, Nick. "In Search of the Nazi Personality." *Journal of the American Psychological Association* 40, n. 3 (2009): 18.

Juchli, Rene H. "Emergency Call for Dr. Robert Ley." 1945. MS. Documentos pessoais de Douglas M. Kelley.

Kaempffert, Waldemar. "New Test for Drunks." *New York Times*, 16 de novembro, 1941.

Kelley, Alice Vivienne. "Faux Invitation." 1942. MS. Documentos pessoais de Douglas M. Kelley.

———. "Inventory of Items for Sale." 1958. MS. Documentos pessoais de Douglas M. Kelley.

———. *Memorandum*. n.d. MS. Documentos pessoais de Douglas M. Kelley.

———, a Bill Mandel, 1 de setembro, 1985. MS. Documentos pessoais de Douglas M. Kelley.

———, a Bill Mandel, 4 de fevereiro, 1986. MS. Documentos pessoais de Douglas M. Kelley.

———, a Michael Selzer, n.d. Documentos pessoais de Douglas M. Kelley.

———, a Melody Starr. 25 de janeiro, 1959. Documentos pessoais de Douglas M. Kelley.

Kelley, Alicia, a Alice Vivienne Kelley, 1958. Documentos pessoais de Douglas M. Kelley.

Kelley, Doug. Entrevistas com o autor, agosto de 2008, setembro de 2009, março de 2012 e junho de 2012.

Kelley, Douglas McGlashan. "Annual Ward Report." 1943. MS. Documentos pessoais de Douglas M. Kelley.

———. "Appraisals of Prisoners." 1945. MS. Documentos pessoais de Douglas M. Kelley.

———. Bound Notebook of Interview Notes. 1945. MS. Documentos pessoais de Douglas M. Kelley.

———. "Clinical Reality and Projective Technique." *The American Journal of Psychiatry* 107, n. 10 (1951): 753–757.

———. "Clinical Summary of Neurological and Psychiatric Examination of Internee#31G 350013." 1945. MS. Documentos pessoais de Douglas M. Kelley.

———. "Conjuring as an Asset to Occupational Therapy." *Occupational Therapy and Rehabilitation* 19, n. 2 (1940): 71–82.

———. "Examination of Hermann Goering." 1945. MS. Documentos pessoais de Douglas M. Kelley.

———. "Gifted Children Follow up." 1955. Documentos pessoais de Douglas M. Kelley.

———. "Gravatt's Four-ace Trick." *GENII* (n.d.).

———. Anotação à mão, 1927. MS. Documentos pessoais de Douglas M. Kelley.

———. "Hess Rorschach." 1945. MS. Documentos pessoais de Douglas M. Kelley.

———. "History of Psychiatric Service." 1945. MS. Documentos pessoais de Douglas M. Kelley.

———. "Mania and the Moon." *The Psychoanalytic Review* 29, n. 4 (1942): 406–426.

———. "Medical Report on Rudolf Hess." 1945. MS File "Prison Psychiatric Reports." ARC 6291444, MLR P 20. National Archives and Records Administration.

———. "Medical Status of Prisoner Ernst Kaltenbrunner." 1945. MS. Documentos pessoais de Douglas M. Kelley.

———. "*Memorandum* on the Death of Leonardo Conti." 1945. MS. Documentos pessoais de Douglas M. Kelley.

———. "Mental Examination of Robert Ley." 1945. MS. Documentos pessoais de Douglas M. Kelley.

———. "The Nuremberg Trial." Palestra. 1946. Douglas McGlashan Kelley Archival Collection, University of California, Santa Cruz.

———. "Personal File, to 1937." n.d. MS. Documentos pessoais de Douglas M. Kelley.

———. Personal letter. "File to 1937." Documentos pessoais de Douglas M. Kelley.

———. "Preliminary Studies of the Rorschach Records of the Nazi War Criminals." 1945. TS. Documentos pessoais de Douglas M. Kelley.

———. "Prison Psychiatric Reports." 1945. ARC 6291444, MLR P 20. National Archives and Records Administration.

———. "Psychiatric Evaluations." 1945. MS. Documentos pessoais de Douglas M. Kelley.

———. "Psychiatric Profiles of Nazi Defendants." In: "Prison Psychiatric Reports." 1945. MS. ARC 6291444, MLR P 20. National Archives and Records Administration.

———. "Psychiatric Service." 1943. MS. Documentos pessoais de Douglas M. Kelley.

———. "Record of Professional Assignments." 1946. MS. Documentos pessoais de Douglas M. Kelley.

———. "Rorschach Report on Hermann Göring." 1945. MS. Documentos pessoais de Douglas M. Kelley.

———. "Rorschach Report on Joachim Von Ribbentrop." 1945. MS. Documentos pessoais de DouglasM. Kelley.

———. "Rorschach Technique." 1943. MS. Documentos pessoais de Douglas M. Kelley.

———. "Rudolf Hess." 1945. MS. Documentos pessoais de Douglas M. Kelley.

———. "Statement on Hess." 1945. MS. MLR P 20, Box 4. National Archives and Records Administration.

———. "TAT Test Results: Goering." 1945. MS. Documentos pessoais de Douglas M. Kelley.

———, a Alice Vivienne Kelley, 20 de agosto, 1935. MS. File "To 1937". Documentos pessoais de Douglas M. Kelley.

———, a Burton C. Andrus, 26 de outubro, 1945. "Mental Examination of Prisoner [Ley] to Commanding Officer." Documentos pessoais de Douglas M. Kelley.

———, a C. C. Carpenter, 26 de julho, 1949. MS. Documentos pessoais de Douglas M. Kelley.

———, a Chief Administrator, 18 de julho, 1955. MS. Special Collections, University of California, Santa Cruz.

———, a Commanding Officer, Internal Security Detachment, 14 de outubro,1945. "Psychiatric Status of Internee." MS. Documentos pessoais de Douglas M. Kelley.

———, a J. D. Holstrom, 30 de janeiro, 1950. MS. Documentos pessoais de Douglas M. Kelley.

———, a Lewis Terman, 6 de julho, 1955. MS. File "To 1937". Documentos pessoais de Douglas M. Kelley.

———, a William Donovan, 26 de outubro, 1945. Donovan Nuremberg Trials Collection, Cornell University Law Library.

———, a William Donovan, 9 de novembro, 1945. Documentos pessoais de Douglas M. Kelley.

———, a William Donovan, 10 de novembro, 1945. Donovan Nuremberg Trials Collection, Cornell University Law Library.

———, a William Donovan, 13 de novembro, 1945. Donovan Nuremberg Trials Collection, Cornell University Law Library.

———, a William Donovan, 17 de novembro, 1945. Douglas M. Kelley.

———, a William Donovan, 22 de novembro, 1945. Donovan Nuremberg Trials Collection, Cornell University Law Library.

———, a William Donovan, 26 de novembro, 1945. Donovan Nuremberg Trials Collection, Cornell University Law Library.

———. *22 cells in Nuremberg; a psychiatrist examines the nazi criminals*. Nova York: Greenberg, 1947.

———. "Use of General Semantics and Korzybskian Principles as an Extensional Method of Group Psychotherapy in Traumatic Neurosis." *The Journal of Nervous and Mental Disease* 114, n. 3 (1951): 189–220.

———. "The Use of Narcosis Therapy in the ETO." 1943. MS. Documentos pessoais de Douglas M. Kelley.

———. "Von Schirach." 1945. MS. Documentos pessoais de Douglas M. Kelley.

Kelley, Douglas McGlashan, e Gordon Waldear. "The Criminal." 1957. MS. Documentos pessoais de Douglas M. Kelley.

Kelley, Douglas McGlashan, e Howard Whitman. "Squeal, Nazi, Squeal!" *Collier's*, 31 de agosto, 1946.

Kelley, Douglas McGlashan, e Terry Hansen. "Dumb Cops Are Dangerous." n.d. Documentos pessoais de Douglas M. Kelley.

"Kelley Says Dictatorship Is Danger." *Winston-Salem Sentinel*, 27 de março, 1947.

"Kelley Suicide Mystery Deepens." 3 de janeiro, 1958. Documentos pessoais de Douglas M. Kelley.

"Kelley Teaches Battle Psychiatry." *Chattanooga Free Press*, 7 de abril, 1944.

Kirkland, E. H., a Douglas McGlashan Kelley, 26 de janeiro, 1946. "Promotion." MS. Documentos pessoais de Douglas M. Kelley.

Kitchin, Thurman, a Douglas McGlashan Kelley, 13 de agosto, 1946. MS. Documentos pessoais de Douglas M. Kelley, File "1946".

Klam, Najeeb, e Douglas McGlashan Kelley. "Clinical Lab Report on Leonardo Conti." 1945. MS. Documentos pessoais de Douglas M. Kelley.

Kodish, Bruce I. *Korzybski: a biography*. Pasadena, CA: Extensional Publishing, 2011.

Koehli, Harrison. "Ponerology 101: Psychopathy at Nuremburg—Science of the Spirit—Sott.net." *SOTT .net*, 6 de setembro, 2010. Disponível em: <http://www.sott.net/articles/show/214764-Ponerology-101-Psychopathy-at-Nuremburg#>.

Koopman, John. "Gordon Waldear–State's Film Chronicler." *San Francisco Chronicle*, 27 de abril, 2002.

KQED Television. "Application for a Grant from the Educational Television and Radio Center." n.d. MS. Documentos pessoais de Douglas M. Kelley.

"KQED Wins TV Award." 29 de janeiro, 1959. Documentos pessoais de Douglas M. Kelley.

"Lawmen Hear Crime Cause from Savant." [Logan, Utah], 1951. Documentos pessoais de Douglas M.Kelley.

Lebert, Stephan, and Norman Lebert. *My father's keeper: children of nazi leaders*. Nova York: Little, Brown, 2000.

Ley, Robert. Last Will and Testament. n.d. MS. Documentos pessoais de Douglas M. Kelley.

———. Statement. n.d. MS. Documentos pessoais de Douglas M. Kelley.

"Ley's Brain Sent a U. S. for Study." *San Francisco Chronicle*, 1 de novembro, 1945.

Long, Tania. "Hess Tells Court He Faked Illness as 'Tactical' Move." *New York Times*, 1 de dezembro, 1945.

Loosli-Usteri, Marguerite, a Douglas McGlashan Kelley, 8 de dezembro, 1953. Documentos pessoais de Douglas M. Kelley.

"Magic and Mickey Mouse." *Time*, 24 de novembro, 1941.

"Magic Helps Treat Insane." *San Francisco News*, 17 de novembro, 1941.

"Magicians Will Present Stunt at 10 Today" *Daily Californian* [Berkeley], 24 de fevereiro, 1932.

Malloy, George D., a Douglas M. Kelley, 28 de junho, 1952. Documentos pessoais de Douglas M. Kelley.

Mandel, William, a Alice Vivienne Kelley, 2 de agosto, 1985. "Kelley Project: Notes On: Description of Suicide." Documentos pessoais de Douglas M. Kelley.

Manvell, Roger, e Heinrich Fraenkel. *Goering: the rise and fall of the notorious nazi leader*. Nova York: Skyhorse, 2011.

McEwen, Jim. "Somnoform Promises Magic Aid to Victims of Amnesia." *Winston--Salem Journal and Sentinel*, 3 de julho, 1949.

McGlashan, M. Nona. *Give me a mountain meadow: the life of Charles Fayette McGlashan, 1847–1931, imaginative lawyer-editor of the High Sierra, who saved the Donner story from oblivion and launched winter sports in the west*. Fresno, CA: Pioneer, 1977.

McIlwain, Bill. "Liquor Can Curb Its Own Problems." *Twin City Sentinel*, 6 de agosto, 1949.

"Mental Health Held Serious U. S. Problem." *Wilkes-Barre Record*, 28 de janeiro, 1948.

Miale, Florence R., e Michael Selzer. *The Nuremberg mind: the psychology of the nazi leaders*. Nova York: Crown Group, 1976.

Miles, Steven. Entrevista com o autor, outubro, 2009.

Miller, Clint L. "Hermann Göring, Progress in Reduction of Paracodeine." 1945. MS. Documentos pessoais de Douglas M. Kelley.

———. "Medical Report on PWS with Serious Illness." 1945. MS. Documentos pessoais de Douglas M. Kelley.

"Miss Alice Hill Weds Dr. Kelley." n.d. Documentos pessoais de Douglas M. Kelley.

"Modernism Blamed for Delinquency." *San Francisco Chronicle*, 7 de abril, 1951.

Mosley, Leonard. *The Reich Marshal; a biography of Hermann Goering*. Garden City, NY: Doubleday, 1974.

Moss, Frank L., a Alice Vivienne Kelley, 4 de fevereiro, 1961. MS. Documentos pessoais de Douglas M. Kelley.

"Mrs. Pelton Not Insane, Declares UC Psychiatrist." 1952. Documentos pessoais de Douglas M. Kelley.

Muir, Jean. "Profile of Douglas M. Kelley." n.d. MS. Archives and Special Collections, University of California, Santa Cruz.

"Mystery in UC Suicide Deepens." *San Francisco Examiner*, 3 de janeiro, 1958.

"Nazis No Longer Swagger at Trial." 1945. Documentos pessoais de Douglas M. Kelley.

Neave, Airey. *On trial at Nuremberg*. Boston: Little, Brown, 1978.

"Neurosis Victims Return to Battle." n.d. Documentos pessoais de Douglas M. Kelley.

Newton, Dwight. "The Criminal Man." *San Francisco Examiner*, 12 de agosto, 1958.

Noyes, Arthur. "Ley Hangs Himself in Cell." *Stars and Stripes*, 28 de outubro, 1945.

The Nuremberg nazi trial: excerpts from the testimony of Hermann Goering, Albert Speer, Auschwitz commander Rudolf Hess, and others. São Petersburgo, FL: Red and Black, 2010.

"Nuremberg Rorschach Tests." 1945. TS. Documentos pessoais de Douglas M. Kelley.

Outline of the Training Plan in Clinical Psychology for the Department of Psychiatry, the Bowman Gray School of Medicine of Wake Forest College. 1947. MS File "1947". Documentos pessoais de Douglas M. Kelley.

Overy, Richard J. *Interrogations: the nazi elite in allied hands*. Nova York: Viking, 2001.

Palm, Henry. "Psychiatrist Says There Is No 'Criminal Type'." *San Francisco Examiner*, 22 de julho, 1951.

Perkin, Robert L. "Time-Benders Watch Their P's and C's." *Rocky Mountain News* [Denver], 23 de julho, 1949.

Pick, Daniel. *The pursuit of the nazi mind: Hitler, Hess, and the analysts*. Oxford: Oxford University Press, 2012.

"Politicians Should Get Mental Exams; and So Should the Psychiatrists!" *Twin City Sentinel*, 18 de fevereiro, 1948.

"Private Rites Mark Funeral for Dr. Kelley." *Berkeley Gazette*, 3 de janeiro, 1958.

"Psychiatrist Has Criticism for Pals." *San Francisco News*, 12 de novembro, 1951.

"Psychiatrists Using Shell Game to Treat Insane." *San Francisco Examiner*, 18 de novembro, 1941.

"Psychiatry and Crime." *Greensboro Record*, 17 de novembro, 1947.

"Quarter of U.S. Police Held Unfit." 24 de setembro, 1952. Documentos pessoais de Douglas M. Kelley.

Randebaugh, Charles. "Theories, but Not One Fits Kelley Suicide." *San Francisco Chronicle*, 4 de janeiro, 1958.

Rathgeb, Douglas L. *The making of* Rebel Without a Cause. Jefferson, NC: Mc-Farland, 2004.

Rees, J. R., a Douglas McGlashan Kelley, 4 de dezembro, 1945. MS. Documentos pessoais de Douglas M. Kelley.

Rickman, Joel Y. "2 Deputies Balk Jail Probe Lie Test." *San Jose Mercury News*, 10 de setembro, 1950.

Rogers, Marian. "Faster Mental Cures Found during War, Kelley Asserts." *Tulsa World*, 4 de dezembro, 1947.

Rosenberg, Alfred, a Douglas McGlashan Kelley, 26 de dezembro, 1945. MS. Documentos pessoais de Douglas M. Kelley.

Rosenberg, Lee G., a Alice Vivienne Kelley, 30 de maio, 1960. MS. Documentos pessoais de Douglas M. Kelley.

———, a Alice Vivienne Kelley, 23 de agosto, 1960. MS. Documentos pessoais de Douglas M. Kelley.

Ross, Helen. "Dr. Douglas Kelley Analyzes Neuroses of Hitler, Nuremberg Trial Principals." *Cataba New Enterprise* (1947).

Roth, Marschal, Jr. "Dr. Kelley Was Not Fooled by Hess's 'Faking of Amnesia'." *Chattanooga Daily Times*, 31 de janeiro, 1946.

"Rudolf Hess: Report of British Observation and Findings." n.d. MS. Documentos pessoais de Douglas M. Kelley.

Ryan, Joan. "Mysterious Suicide of Nuremberg Psychiatrist." *San Francisco Chronicle*, 6 de fevereiro, 2005.

Sauckel, Fritz, a Douglas McGlashan Kelley, 1945. MS. Documentos pessoais de Douglas M. Kelley.

Schacht, Hjalmar Horace Greeley. *Confessions of "the old wizard"; autobiography*. Bosan: Houghan Mifflin, 1955.

Schaefer, Virginia Chumley. "Virginia's Reel." [Chattanooga], 1945. Documentos pessoais de Douglas M. Kelley.

Schirach, Baldur von. "*Dem Tod*." ["To Death"]. 1945. MS. Documentos pessoais de Douglas M. Kelley.

Schroeder, Christa, a Douglas McGlashan Kelley, 1 de abril, 1952. MS. Documentos pessoais de Douglas M. Kelley.

Schurr, Cathleen. "The Gods Come Down." 1946. MS 229, Box 3: 9. Special Collections, University of California, Santa Cruz.

Schwarz, Wolfgang. "Hermann Rorschach, M. D.: His Life and Work." *Rorschachiana: Journal of the International Society for the Rorschach* 21, n. 1(1996): 6–17.

Sears, Robert R., a William Mandel, 8 de setembro, 1985. Documentos pessoais de Douglas M. Kelley.

"Semantics Held Key a Clarity in Thought." Denver Post, 21 de julho, 1949.

"SF Docar Predicts How 11 Nazis Will Die." *San Francisco Examiner*, 15 de outubro, 1946.

"S. F. Psychiatrist Is Amazed at Goering Suicide." *San Francisco Chronicle*, 16 de outubro, 1946.

Shurkin, Joel N. *Terman's kids: the groundbreaking study of how the gifted grow up*. Boston: Little, Brown, 1992.

Sprecher, Drexel A. *Inside the Nuremberg trial: a prosecutor's comprehensive account*. Vols. I–II. Lanham, MD: University of America, 1999.

Stack, Robert I. "The Capture of Goering." n.d. 36th Infantry Division Association. Disponível em: <http://www.kwanah.com/36division/ps/ps0277.htm>.

"Streicher's Lewd Sex Library May Play Part in Trial." 20 de outubro, 1945. Documentos pessoais de Douglas M. Kelley.

Stringer, Ann. "Hess's Aloofness Fails: Talks to Old Partners in World Crime." *Dunkirk Evening Observer*, 20 de novembro, 1945.

Summers, Scott. "Graylyn Ready for Treatment of Mental Ills." 17 de agosto, 1947. Documentos pessoais de Douglas M. Kelley.

Teich, Frederick. "Inventory: Alfred Rosenberg." 1945. MS MLR P 20, Box 3. National Archives and Records Administration.

———. "Inventory: Hermann Goering." 1945. MS MLR P 20. National Archives and Records Administration.

———. "Inventory: Rudolf Hess." 1945. MS MLR P 20, Box 4. National Archives and Records Administration.

"Tells Need of Training People to Grow up." *Los Angeles Evening Herald Express*, 1 de abril, 1952.

Terman, Lewis, a Douglas McGlashan Kelley, 23 de junho, 1955. MS. File "1955". Documentos pessoais deDouglas M. Kelley.

"Therapeutic Progress." *The American Practitioner* 48 (1914): 601–602.

"They Can't Tie Him." *Oakland Post-Inquirer*, 24 de fevereiro, 1932.

"Time-Bender Idea Bodes Ill for Russ." *Associated Press*, 1947. Documentos pessoais de Douglas M. Kelley.

"Totalitarianism Discussed." *Winston-Salem Sentinel*, 26 de junho, 1947.

"The Trial of Adolf Eichmann (Session 55, Part 1)." n.d. *Nizkor.org*. Disponível em: <http://www.nizkor.org/hweb/people/e/eichmann-adolf/transcripts/Sessions/Session-055–01.html>.

"The Trial of Adolf Eichmann (Session 55, Part 9)." n.d. *Nizkor.org*. Disponível em: <http://www.nizkor.org/hweb/people/e/eichmann-adolf/transcripts/Sessions/Session-055–09.html>.

Triest, Howard. Entrevista com o autor por telephone, janeiro, 2012.

Tucker, George. "Doctors Seek Way to Clear Hess's Mind, Put Him on Trial." *Fresno Bee*, 5 de novembro, 1945.

———. "Hess Gloomily Views Newsreels of Himself." *San Francisco Examiner*, 9 de novembro, 1945.

———. "'I Feel Better,' Hess Says after Confessing Ruse." *Los Angeles Times*, 30 de novembro, 1945.

Tusa, Ann, and John Tusa. *The Nuremberg trial*. Nova York: Atheneum, 1984.

"UC Criminologist Dr. Douglas Kelley Killed by Poison." *Berkeley Gazette*, 2 de janeiro, 1958.

"UC Doctors Use Drug to Aid Psychiatric Test." *San Francisco Examiner*, 22 de janeiro, 1942.

"U.C. 'Houdini' Sirkus Stunt." *Oakland Post-Inquirer*, 24 de fevereiro, 1932.

"UC Man Develops New 'Truth Serum' Method." *Berkeley Gazette*, 1950. Documentos pessoais de Douglas M. Kelley.

"UC Man Reports Better Truth Serum." 1949. Documentos pessoais de Douglas M. Kelley.

"UC's Dr. Kelley, Crime Expert, Commits Suicide." *San Francisco Chronicle*, 2 de janeiro, 1958.

University of California. "U.S. Neglects Mental Disease Research." 1942. Documentos pessoais de Douglas M. Kelley.

University of California, Berkeley. School of Criminology. Press Release. 30 de setembro, 1954. Documentos pessoais de Douglas M. Kelley.

Untitled News Clip. 1945. Documentos pessoais de Douglas M. Kelley.

Urban, Markus. *The Nuremberg trials: a short guide*. Nürnberg: Sandberg, 2008.

"U.S. Experts a Study Dr. Ley's Damaged Brain." *Chicago Daily Tribune*, 1 de novembro, 1945.

Volz, Matt. "Montana Pilot, 99, Recalls Flying Goering." *Azcentral.com*, 29 de janeiro, 2011. Disponível em: <http://www.azcentral.com/offbeat/articles/2011/01/29/20110129montana-pilot-recalls-goering-flight-ON.html>.

Waggoner, Walter H. "Walter Langer Is Dead at 82; Wrote Secret Study of Hitler." *New York Times*, 10 de julho, 1981.

Walker, James. "Lessons of War Will Help Now." *Greenville News*, 19 de fevereiro, 1947.

Walker, Keith. *A trail of corn*. Santa Rosa, CA: Golden Door, 1995.

Waller, Douglas C. *Wild Bill Donovan: the spymaster who created the OSS and modern american espionage*. Nova York: Free, 2011.

Waller, James. *Becoming evil: how ordinary people commit genocide and mass killing*. Oxford: Oxford University Press, 2002.

Walsh, Maurice N. "Historical Responsibility of the Psychiatrist." Archives of General Psychiatry 11, n. 4 (1964): 355–359.

———. *Memorandum*: "Interview with Prisoner #7". 1948. MS. History of Medicine Collection, the Mayo Clinic.

———. *War and the human race*. Nova York: Elsevier, 1971.

"Wedding Announcement." n.d. Documentos pessoais de Douglas M. Kelley.

Wertham, Frederick. "A Psychiatrist Examines the Master-criminals at Nuremberg: Review of *22 cells at Nuremberg*." *New York Times*, 2 de fevereiro, 1947.

West, Rebecca. *A train of powder*. Nova York: Viking, 1955.

Whitman, Howard. "Blots on Your Character." *Woman's Home Companion* (janeiro, 1947). Documentos pessoais de Douglas M. Kelley.

"Wife Who Killed Sons Called Insane." 1952. Documentos pessoais de Douglas M. Kelley.

Williams, Lena. "Dr. Gustave Gilbert Dead at 65; Trial Psychologist at Nuremberg."- *New York Times*, 7 de fevereiro, 1977.

Wilson, O. W., a Douglas McGlashan Kelley, 26 de julho, 1949. MS. File "1949". Documentos pessoais de Douglas M. Kelley.

"WWII Adolf Hitler Profile Suggests 'Messiah Complex'." BBC News, 4 de abril, 2012. Disponível em: <http://www.bbc.co.uk/news/world-europe-17949037>.

Wyllie, James. *The warlord and the renegade: the story of Hermann and Albert Goering*. Stroud, UK: Sutton, 2006.

Zillmer, Eric A., Molly Harrower, Barry A. Ritzler, and Robert P. Archer. *The quest for the nazi personality: a psychological investigation of nazi war criminals*. Routledge, 1995.

ÍNDICE REMISSIVO

Acreditamos
nos livros

Este livro foi composto em Adobe Garamond Pro e Bliss Pro e impresso pela Lis Gráfica para a Editora Planeta do Brasil em fevereiro de 2025.